T0243917

Griselda Herrero / Cristina Andrades

PSICO-
NUTRICIÓN

Aprende a tener una relación saludable
con la comida

Arcopress • Cocina, dietética y nutrición

Dirección editorial: Pilar Pimentel
Diseño y maquetación: Fernando de Miguel

www.editorialalmuzara.com
pedidos@almuzaralibros.com - info@almuzaralibros.com

Editorial Almuzara
Parque Logístico de Córdoba. Ctra. Palma del Río, km 4
C/8, Nave L2, nº 3. 14005 - Córdoba

Imprime: Liberdúplex
ISBN: 978-84-10521-30-8
Depósito Legal: CO-360-2024
Hecho e impreso en España - Made and printed in Spain

*A todas las personas que han decidido
mejorar su relación con la comida
y quieren cambiar sus hábitos.*

Índice

¿Y por qué esta actualización?

Cuando escribimos la primera edición de este libro, con una ilusión enorme por dar valor a una problemática que veníamos observando y trabajando muchos años atrás, y también por dar mayor visibilidad a este enfoque, lo hicimos desde la humildad y el respeto que merecen todas las personas que acompañamos y que nos escuchan o leen. Lo hicimos con el corazón y la ciencia en la mano, con todo el rigor que conocíamos entonces y con la escasa (pensamos ahora) sabiduría de la que disponíamos. Pero el paso del tiempo, el cuestionarse constantemente las cosas, el seguir aprendiendo y leyendo, y el contacto con otros profesionales (es lo bonito de trabajar en equipo) nos han permitido darnos cuenta de que muchas de las cosas que escribimos en su día no nos hacían sentir cómodas: ya no las sentíamos identificadas con nuestro discurso actual, ni con la evidencia de la que disponemos hoy. Esa primera edición no nos representaba al 100 %, ¡y eso que la habíamos escrito nosotras mismas! Ese es uno de los motivos que nos hizo plantearnos la posibilidad de reescribir el libro, de actualizarlo, de modificar todo aquello que sentíamos alejado de nuestra visión actual. Y este es el fruto: tienes entre manos una edición no solo actualizada sino ampliada, y lo más importante, mucho más alineada con los valores que defendemos ahora. Una edición en la que hemos eliminado el propio estigma de peso del que éramos presas entonces (aunque creyéramos que no era así), en la que te animamos a reflexionar y a cuestionarte muchas de las acciones que se han normalizado socialmente y que, sin ninguna duda y con toda la evidencia, influyen en nuestra forma de relacionarnos con la comida. Debe ser así, porque la ciencia, afortunadamente, cambia, y con ella las personas lo hacemos también; seguir aprendiendo y trabajando nos ha permitido darnos cuenta de todo lo que nos habíamos dejado por el camino. Y aquí estamos, con una nueva edición que ojalá te haga sentir más arropada y comprendida, que estamos seguras que es más inclusiva y respetuosa, y mucho más completa y acorde con la evidencia actual. Es el poder que tiene la autocrítica, que, a su vez, puede llegar a ser demoledora, pues te das cuenta de lo poco que sabes y de lo mucho que te queda por aprender. Pero es enormemente enriquecedora y gracias a ella tienes en tus manos estas páginas escritas con todo nuestro cariño y con el máximo respeto que sentimos hacia todas las personas que sufren con su relación con la comida.

El secreto para salir adelante es empezar.

Mark T

■ Capítulo 1

Psiconutrición: un nuevo enfoque

Cuando no somos capaces ya de cambiar una situación,
nos enfrentamos al reto de cambiar nosotros mismos.

Viktor Frankl

1.1 ¿A qué nos referimos cuando hablamos de psiconutrición?

El término psiconutrición ha empezado a ser más popular en este último tiempo, aunque nosotras lo llevamos poniendo en práctica y conviviendo con él, codo con codo y a diario, desde hace bastantes años. Es muy importante conocer qué significa exactamente el término y así evitar confusiones, no solo entre los propios profesionales, sino también entre la población general. De hecho, nos encontramos muchas veces con que personas que acuden a la consulta o a cursos de formación buscan algo diferente a lo que implica realmente el trabajo en psiconutrición. Y, por eso, queremos comenzar aclarando conceptos.

Cuando hablamos de psiconutrición nos referimos a un enfoque integral de la persona que se basa en el abordaje conjunto entre, al menos, dos profesionales sanitarios que son el dietista-nutricionista y el psicólogo sanitario o clínico. Este planteamiento en la forma de trabajar en consulta permite que se realice una labor más profunda para evitar abordar el problema desde un punto de vista superficial. Así, se puede conocer en detalle las necesidades de las personas que acompañamos, gracias a la comunicación y al esfuerzo sinérgico entre dos especialistas quienes, en base a las conclusiones conjuntas, determinarán el tratamiento. Y es que como señala Jessica Moya (2019): «La consulta nutricional es en sí misma un encuentro de enseñanza-aprendizaje, y por ello posee un gran valor tanto para el profesional como para la persona que recurre a ella». Y lo mismo ocurre en el contexto de una consulta de psicología donde la visión integral de la persona y el vínculo terapéutico se convierten en dos de las herramientas principales de trabajo.

El hecho de limitarnos a trabajar el motivo inicial por el que se acude a la consulta nos impide ahondar en las variables que han llevado a la situación actual, es decir, no se trabaja la raíz, sino el síntoma. Por ejemplo, imaginemos que la persona que acude a cambiar sus hábitos ha realizado numerosas dietas de adelgazamiento sin éxito y/o suele comer más cantidad cuando está estresada; en este caso, las consecuencias del historial dietético anterior, la vinculación con la comida, los alimentos prohibidos, así como la vivencia personal sobre el cambio de hábitos son variables a las que necesitamos prestar atención y que influyen en el proceso. Atender a estos factores puede implicar trabajar en equipo, realizar derivación, incluso pausar el tratamiento nutricional para continuar de forma única con tratamiento psicológico, o viceversa.

Así, la psiconutrición sería como un iceberg: las personas acuden a pedir ayuda por un motivo en concreto (sería la parte externa del iceberg) y nuestra labor es conocer las causas, las variables y las relaciones subyacentes que le han llevado a encontrarse en la situación actual (sería la zona del iceberg que se encuentra bajo el agua) y trabajarlo todo en conjunto. No nos quedamos en un sistema de roles en el cual los profesionales «enseñan» desde el conocimiento, sino que aplicamos recursos que permitirán a la persona participar de forma activa en su propio proceso de cambio de hábitos.

La imagen muestra en la parte superior los motivos más habituales por los que los pacientes acuden a la consulta. No obstante, como profesionales, no debemos centrarnos en ellos sin tener en cuenta muchas otras variables que están relacionadas con esa necesidad. Además, es fundamental poder trabajar en profundidad dichos objetivos con el fin de no simplificarlos. Como pacientes, debemos entender que esos propósitos pueden venir influenciados por el estigma, la presión social o los mitos alimentarios, entre otros aspectos.

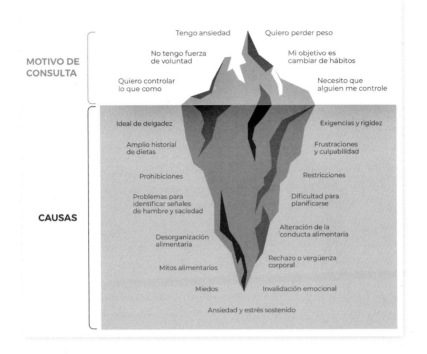

Antes comentábamos que al menos debe haber dos profesionales que trabajen en psiconutrición: el psicólogo y el dietista-nutricionista. Sin embargo, el equipo de trabajo puede necesitar incorporar a otros expertos, dependiendo de las necesidades de la persona, incluyendo médicos, entrenadores personales, cocineros, educadores, fisioterapeutas, logopedas, pedagogos, psiquiatras, etc. Por otro lado, puede que en algún momento del proceso no se necesite el trabajo conjunto de psicología y nutrición, pero sí se debe tener presente la visión integral de la persona. Como veremos en el punto 1.3, el trabajo en equipo es fundamental en el tratamiento del paciente, que es el eje central de este puzle en el que todos tenemos un papel que jugar, una responsabilidad y un compromiso.

Las personas somos complejas, y no tenemos problemas aislados, por lo que disponer de una visión genérica y holística del asunto a tratar nos hará mejores profesionales.

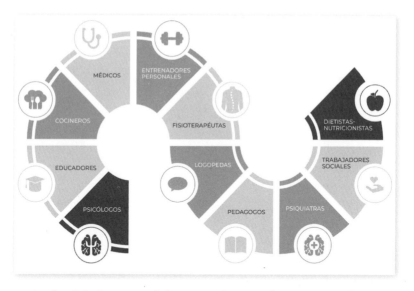

La finalidad principal de este enfoque es buscar aprendizajes a largo plazo que perduren en el tiempo: **«Haz aquello que seas capaz de mantener en el tiempo, pues de lo contrario, estará destinado al fracaso».**

Cambiar de hábitos implica deconstruir algunas creencias sobre lo que es alimentación saludable y acercarnos a una flexibilidad alimentaria que nos permita no desatender nuestras necesidades. Para alcanzar este objetivo es fundamental que cada profesional se centre en su campo, sin obviar que está afectando a otras áreas de la vida del paciente y que algunas de ellas también se están trabajando al mismo tiempo. En primer lugar, habrá que adentrarse en el iceberg y buscar los motivos reales que han llevado a la persona a comer diferente, a desorganizarse o a tener unos hábitos que la perjudiquen, y tratar de que la comida no se convierta en un factor de malestar y sufrimiento.

Ahora sí, profundicemos en la definición de psiconutrición, indicando puntos importantes en los que se fundamenta este planteamiento.

→ Como ya hemos comentado, y es el pilar fundamental, se trata de un trabajo en equipo, con todo lo que ello implica. Sobre todo, en lo que se refiere a respetar, compartir y aprender de otros profesionales.

→ La psiconutrición permite que los profesionales se adentren en aspectos más profundos de la alimentación y los hábitos saludables que no son estrictamente dietéticos, sino que conciernen a otros factores: emocionales, sociales, laborales, etc. De ahí que se trabajen aquellas variables psicológicas que conducen a desarrollar o instaurar hábitos de salud poco adecuados a fin de mejorarlos.

→ Cuando hablamos de psiconutrición nos centramos en aquello que motiva a la persona a cambiar, y la ayudamos a conocerse (limitaciones, recursos, habilidades, etc.) para conseguir modificar su patrón alimentario y su relación con la comida.

→ Entre los aspectos más importantes que se suelen tratar desde psicología se encuentra el historial dietético y las emociones relacionadas, las exigencias y el estrés, la ansiedad generalizada y la relación con nuestro cuerpo. Por otro lado, nos interesa prestar una especial atención a los motivos que nos llevan a querer cambiar de hábitos y lo más importante: ¿Es necesario, realmente?

→ Debemos tener siempre presente que las personas somos mucho más que un sujeto que come: sentimos, nos rodean unas circunstancias concretas, vivimos en un entorno determinado, etc., y todo ello va a influir de una manera u otra en el tratamiento y en el enfoque individualizado.

→ Implica trabajar la adherencia al proceso de cambio y la toma de consciencia con lo que ello conlleva, pues no es un camino sencillo.

→ Significa un acompañamiento al paciente en el proceso de cambio, atendiendo a sus necesidades en cada momento y buscando la mejor forma de ayudarle, sin juicios.

→ Conlleva trabajar conceptos muy arraigados, muchos de ellos asociados a aspectos psicológicos y comportamentales como la dieta, el cambio de hábitos, los mitos alimentarios, el compromiso, etc.

→ Permite mejorar la eficiencia y la comunicación en el tratamiento, no solo bidireccional paciente-profesional, sino también en el equipo.

→ Implica mejorar la relación con los alimentos, gestionando de forma más adecuada las elecciones a través de un trabajo de educación alimentaria y escucha de las propias necesidades.

→ Supone trabajar el empoderamiento en la toma de decisiones, a través de, por ejemplo, el aprendizaje de la lectura de etiquetas de productos, así como de la construcción de un plato saludable. El objetivo es buscar siempre la independencia de la persona en su cambio de hábitos.

Evidentemente es algo complejo, pero no por ello imposible, y te aseguramos que precioso. Y si no, a continuación, te describimos los beneficios que tiene trabajar siguiendo este concepto, tanto si eres profesional como si no lo eres.

A pesar de ser un trabajo conjunto, cada profesional debe desarrollar sus funciones teniendo en cuenta las circunstancias y necesidades específicas del paciente. Aunque estemos abordando un problema de relación con la comida, no podemos olvidarnos de

SI ERES PROFESIONAL	SI NO ERES PROFESIONAL
Fortalece la creatividad	Mejora la adherencia al tratamiento
Aumenta el aprendizaje y la comprensión del trabajo de otros profesionales	Permite identificar las variables influyentes
Ayuda a crear soluciones más efectivas	Favorece la toma de consciencia
Mejora la profesionalidad y la calidad del trabajo	Aumenta el compromiso
Aumenta la eficiencia	Ayuda a afianzar conceptos
Maximiza el potencial de cada uno	Mejora la motivación
Reduce el estrés: las tareas se reparten	Favorece el proceso de cambio
Une ideas y fortalezas y disminuye debilidades	Trabaja la autoestima, la seguridad y la sociabilidad
Ofrece nuevas opciones y posibilidades	Se adapta a la persona y sus circunstancias
Mejora el entendimiento y la comunicación	Genera mayor sensación de comunidad (grupo)

profundizar en todo aquello que consideremos necesario, desde nuestra profesión, esté o no directamente relacionado con el motivo inicial de consulta.

El profesional de la psicología necesita explorar la línea de vida, historia dietética, relación con la alimentación y con el propio cuerpo, habilidades de regulación emocional, historia de aprendizaje, estigma social, contexto familiar, genograma, conciencia del problema, identificación de necesidades, recursos y estrategias de autocuidado, diagnóstico diferencial; en definitiva, todo aquello que forme parte del trabajo en salud mental.

La base del trabajo del dietista-nutricionista y TSD (técnico superior en dietética) se centrará en ayudar a mejorar los hábitos alimentarios, de forma que hay que analizar los hábitos dietéticos y la organización, trabajar mitos y conceptos relacionados con la comida y el peso, abordar rechazos y aversiones con alimentos, ayudar en el cambio de hábitos, enseñar a identificar señales de hambre y saciedad y fomentar la alimentación consciente e intuitiva.

Por otro lado, aunque en este libro nos vamos a centrar en el trabajo de psiconutrición vinculado a la relación con la comida, este enfoque se puede utilizar en otros muchos ámbitos sanitarios como, por ejemplo, en determinadas patologías para las que se requiere un cambio importante en los hábitos alimentarios y de vida (como puede ser el caso de una diabetes o una intolerancia), y/o que puedan afectar de una forma u otra a aspectos emocionales, conductuales y de salud (como en casos de oncología o en trastornos de la conducta alimentaria).

En definitiva, entre todos trabajamos aspectos alimentarios, emocionales y físicos que, conjuntamente, permiten a la persona ser más consciente de sus elecciones y fomentar su bienestar.

1.2. ¿Qué no es psiconutrición?

Como os decíamos anteriormente, la psiconutrición actualmente está cobrando mayor importancia, y una de las razones es la necesidad de combinar el trabajo en equipo entre dos profesiones —psicología y nutrición—, para poder lograr abarcar algunas problemáticas concretas como la relación alterada con la alimentación, dificultades para el cambio de hábitos o diferentes alteraciones de la conducta alimentaria (incluso aunque no alcancen la magnitud de trastorno alimentario). Sin embargo, se encuentran diferentes vertientes o modos de usar dicho término que pueden confundirse con otras formas de actuación que se quedan al margen del trabajo en equipo, base de la psiconutrición.

El equipo debe estar compuesto por los siguientes profesionales:

→ Licenciados o graduados en Psicología: con titulación de Psicología Sanitaria o Psicología Clínica.
→ Diplomados, graduados o licenciados en Dietética y Nutrición, así como TSD.

Por tanto, cuando un profesional trabaja solo y no se integra en un equipo multidisciplinar o interdisciplinar, no se podrían aceptar términos como psiconutricionista (pues esta titulación, por el momento, no existe), ni tampoco «psicólogo experto en nutrición/alimentación/dietas» o «nutricionista experto en psicología/emociones/ansiedad». Ninguno de estos vocablos hace alusión a psiconutrición, para la que se requieren, al menos, los dos profesionales indicados y la comunicación en el equipo.

Dejando de lado las cuestiones técnicas, vamos a aclarar un poco más a qué no nos referimos cuando hablamos de psiconutrición.

Pasando un rato en cualquiera de las redes sociales de moda podemos encontrar algunos conceptos que bajo nuestro punto de vista no corresponden al trabajo en psiconutrición. Un ejemplo de ello es la asociación que se establece entre determinadas pautas dietéticas y un cierto efecto en el estado de ánimo; cosa muy diferente a que el estado de ánimo nos lleve a comer de determinada forma (ingesta compulsiva) o que el estado de ánimo pueda verse afectado por la ingesta de determinados componentes de los alimentos o por la conducta de comer asociada a alivio o placer (ingesta emocional). Hasta la fecha, los nutrientes de los alimentos, *per se*, no tienen la capacidad de modificar nuestras emociones, puesto que estas, como veremos más adelante, dependen de numerosos factores.

La psiconutrición trabaja estas últimas asociaciones y llena la caja de herramientas propia de la persona para poder tener otras estrategias (además de la comida). Concretamente, se trata de ampliar y mejorar el repertorio de habilidades, así como de entender la funcionalidad de la conducta que se está llevando a cabo.

Como señala Lazarevich *et al.* (2015): «Comer es una estrategia de defensa para enfrentar el estrés y la ansiedad, en ausencia de otras estrategias más adaptativas». Esta definición nos continúa encantando, ya que, aunque actualmente sabemos que la ingesta emocional no solo aparece en situaciones de estrés y ansiedad y que no necesita ser modificada en todas las ocasiones; también es cierto que, si nos acercamos a la ingesta compulsiva o a algunas dinámicas presentes en una alteración alimentaria con atracones, esta situación puede ser una de las causas más habituales en su presentación. Más adelante profundizaremos un poco más en este concepto, ya que no se trata de una causalidad, sino que son numerosas las variables que interaccionan para que esa ingesta cubra una función determinada.

¿Y la prevención? Parte del trabajo en psiconutrición es conocer e identificar la necesidad de derivación en el tiempo correcto para poder establecer una labor preventiva:

«El creciente interés político y sanitario en el campo de la prevención de la obesidad, con un foco situado en la dieta, la actividad física y el control del peso, podría, de forma no intencionada, tener efectos negativos en áreas tales como la imagen corporal, el seguimiento de dietas, las burlas relacionadas con el peso y la apariencia, la obsesión con el peso y otros factores de riesgo de los TCA».
(Sánchez-Carracedo *et al.*, 2011).

Ello apunta a la necesidad de dar un giro al enfoque y alejarnos del pesocentrismo, el control y la rigidez. Y es que, si centramos el tratamiento nutricional en calorías, dietas hipocalóricas, estigma de peso, etc., estamos sesgando la información de la que partimos e ignoramos si la persona verdaderamente necesita o no cambiar sus hábitos. Por ello la necesidad de realizar una exploración sobre la alimentación, la actividad física, el nivel de estrés o la estabilidad emocional.

Los últimos avances en prevención de salud nos orientan hacia trabajar con un enfoque centrado en promocionar hábitos saludables y alejarnos del peso que tiene la persona, así como desarrollar y potenciar los recursos que se consideren protectores.

Como se señala en la *Guía de prevención de trastornos de la conducta alimentaria* realizada por el Gobierno de Aragón (2022), la promoción de hábitos de vida saludables debe incorporar (entre otros): la promoción de una educación centrada en los aspectos positivos para la salud, una educación para la libertad y responsabilidad, así como la concienciación individual y colectiva para crear y construir hábitos y estilos de vida saludables. Por tanto, sería un trabajo de prevención si, en un proceso de cambio de hábitos, acompañamos a la persona en estos objetivos en vez de colocarnos en el miedo («Si no cambias tus hábitos, enfermarás») o en el control externo («Para estar sano debes comer esto que te indico aquí», sin capacitar a la persona a realizar una lectura de etiquetas).

En este sentido, es función del dietista-nutricionista saber identificar y derivar a un paciente al profesional correspondiente al reconocer factores de riesgo tanto de Trastornos de la Conducta Alimentaria (TCA) como de aspectos relacionados con ingesta compulsiva, atracones o variables psicológicas asociadas a la desregulación emocional, a la relación con nuestro cuerpo, al historial dietético o a las dificultades familiares, entre otros muchos aspectos. Y, por su lado, es función del profesional de la psicología reconocer patrones alimentarios afectados, hábitos inadecuados, mitos e ideas erróneas con respecto a los alimentos, alteración de las señales de hambre y la saciedad, miedos o rechazo a determinados alimentos, así como identificar variables que pueden provocar déficits nutricionales o patrones alimentarios poco saludables.

Visto de este modo, podemos deducir que no estaremos hablando de trabajo desde un enfoque psiconutricional si los profesionales que componen el equipo ignoran estas variables y no se produce una derivación en caso de necesitarlo. Por ejemplo, es comprensible y forma parte de nuestro vínculo con los pacientes el acompañarlos y usar el lenguaje y la empatía para calmarlos en situaciones difíciles durante el tratamiento; y también es cierto que en la mayoría de los casos hay una necesidad de trabajo de gran importancia escondido tras la sintomatología; y que, aunque nuestro vínculo emocional pueda ser de recurso y apoyo para la persona que visita nuestras consultas, eso no elimina la necesidad de consultar con profesionales de la psicología.

Por otro lado, no solo es importante la adecuada derivación, sino la comunicación entre ambas disciplinas, es decir, no estaremos hablando de un trabajo en equipo si ambos profesionales no mantienen contacto periódico para que el trabajo y los objetivos vayan encaminados en la misma dirección y no sean contradictorios ni se superpongan. Aunque el tratamiento no se realice en paralelo, es igualmente necesaria una comunicación entre profesionales donde se detalle la situación de la persona que ha estado en consulta hasta el momento de la derivación. Pongamos un ejemplo:

Prohibir y cumplir una dieta estricta puede ser desencadenante de mayor deseo por ciertos productos/alimentos, así como de desgaste emocional para la persona. Si desde su correspondiente trabajo, el profesional de la psicología comienza una labor para eliminar las prohibiciones autoimpuestas (o impuestas externamente), no tendría sentido que el profesional dietista-nutricionista implantara una dieta con prohibiciones. Si esto ocurre se estarían estableciendo incongruencias en el tratamiento, provocando confusión en la persona que se está atendiendo, y además sería perjudicial para su salud física y mental.

El trabajo en equipo también implica conocer cuáles son las funciones del profesional que trabaja con nosotros. Por ejemplo, en psicología durante años se ha establecido que las funciones se centran en «motivar» a la persona para el cambio, pero centrar el trabajo de la psicología en dicha palabra sería una visión muy simplista de la problemática: la terapia psicológica no consiste solo en motivar. La mayoría de estudios y publicaciones que ubican a los profesionales de la psicología en esta forma de trabajo se centran también en conceptos dañinos como la fuerza de voluntad.

La labor de los profesionales de la psicología es acompañar en las dificultades que pueden aparecer a la hora de generar un cambio de hábitos, trabajar a nivel psicológico la consecuencia emocional derivada de amplios historiales dietéticos (como el rechazo a nuestro cuerpo), así como atender a las numerosas variables psicológicas que se asocian a nuestra conducta alimentaria.

Es decir, trabajar en psiconutrición va más allá de las competencias básicas de los profesionales que forman este equipo (dietista-nutricionista o técnico superior en dietética y psicólogo), e implica una serie de competencias adicionales que aseguran la correcta relación de los siguientes factores: capacidad de cooperación, coordinación, negociación o asertividad, entre otros. Un equipo que no actúe de esta forma estaría obviando una parte muy importante de la ecuación. En la siguiente tabla encontrarás un resumen con los aspectos fundamentales que no implican un trabajo en psiconutrición.

QUÉ NO ES PSICONUTRICIÓN
Una nueva titulación que puede ejercer un único profesional
Considerar que los alimentos tienen la capacidad *per se* de cambiar nuestras emociones
Dotar a la persona de recursos para soportar una dieta estricta y rígida
Una solución mágica al problema
Derivar la responsabilidad a otro profesional para que resuelva el problema
Un tipo de terapia psicológica
Aplicar *coaching* en la consulta de nutrición y/o de psicología
Un abordaje generalizado que tiene que hacer todo el mundo
Un camino pasivo donde solo llevamos a cabo las pautas impuestas externamente

Resulta ahora más fácil imaginar las labores y competencias a tener en cuenta para trabajar bajo un enfoque psiconutricional. ¿La base de todo?: el trabajo en equipo.

1.3. Por qué es importante trabajar en equipo

Para hablar de trabajo en equipo —y específicamente de un equipo dedicado al tratamiento para el cambio de hábitos—, es necesario que este se componga de numerosos profesionales, algunos de los cuales ya veíamos anteriormente: médicos y/o endocrinos, fisioterapeutas, cocineros, licenciados en la actividad física y el deporte, educadores, psiquiatras, etc. La salud mental y física están interrelacionadas, y tener a mano profesionales adecuados en los distintos aspectos nos ayuda a resolver las problemáticas con un enfoque más amplio.

Comer se ha convertido en un acto conductual donde los factores sociales, psicológicos —y concretamente emocionales— cobran especial importancia. El mundo de la moda ya no es el único en mandarnos mensajes sobre nuestro cuerpo y nuestros hábitos que nos inducen a comportamientos obsesivos; también han entrado en juego los medios de comunicación y en especial las redes sociales. Actualmente, relacionar la comida con las emociones es un recurso de *marketing* habitual en la industria alimentaria, como hemos visto, por tanto, las asociaciones que ya se han establecido desde pequeños (cuando todo nos lo han reforzado con comida) se continúan consolidando aún más con la exposición como adultos a este tipo de publicidad.

¿Se centraría entonces la psicología exclusivamente en los casos que presentan estas asociaciones? Por supuesto que no; además, de ser así, todas las personas necesitaríamos intervención, ya que todos estamos expuestos a este tipo de variables sociales y culturales.

La psicología puede ser necesaria en un proceso de cambio de hábitos cuando se encuentran dificultades: contexto familiar o de pareja, dificultades en variables relacionadas con componentes emocionales (como son la tolerancia al malestar o la desregulación emocional), amplio historial dietético donde las situaciones vividas con determinados alimentos han creado fuertes asociaciones y se rechaza su introducción, todo lo relacionado con la imagen corporal negativa o el desarrollo de una imagen corporal positiva y, por supuesto, el estigma de peso y sus consecuencias. Esto último es bastante frecuente, ya que la mayoría de las personas que acuden a un tratamiento nutricional para cambiar de hábitos suelen tener un peso que ha sido estigmatizado y criticado. ¿Por qué ocurre esto? Porque existe la falsa creencia de que si una persona tiene un peso (mal llamado) «normativo» no necesita cambiar sus hábitos aunque su consumo de fruta y verduras sea inexistente, y, por el contrario, si tiene un peso no normativo se da por hecho que sus hábitos son inadecuados.

Por otro lado, cuando existe alguna psicopatología el acompañamiento psicológico se hace imprescindible. Por ejemplo, una persona con un funcionamiento de rasgos obsesivos necesita que el cambio de hábitos y el procedimiento de educación alimentaria se adapte a sus necesidades para no propiciar un aumento de la sintomatología. Lo mismo ocurre si tenemos un perfil más impulsivo o por ejemplo si en nuestra historia de vida hemos padecido una alteración alimentaria. Por otro lado, en presencia de atracones (aunque no se cumplan criterios diagnósticos de TCA) o de ingesta compulsiva, el cambio de hábitos pasaría a un segundo lugar y previamente necesitaríamos que el trabajo nutricional se centrara en mitos y creencias alimentarias construidas, que además suelen funcionar como mantenedoras de la problemática.

Dejando a un lado los casos en los cuales las variables psicológicas nos llevan a trabajar en equipo, también podemos tener presentes las patologías digestivas en las cuales el tratamiento nutricional es indispensable pero el acompañamiento psicológico (especialmente en los trastornos funcionales digestivos) también lo es. No únicamente para solventar las dificultades en la adherencia al tratamiento o en variables psicológicas relacionadas, como la gestión del estrés y ansiedad, sino también para prevenir una relación alterada con la alimentación o el desarrollo de un trastorno alimentario. En los tratamientos de patologías funcionales digestivas puede ser necesaria la restricción alimentaria y así mismo debemos prestar especial atención a este aspecto.

¿Por qué es importante conocer todos estos factores? Principalmente para normalizar las derivaciones entre profesionales. No es raro encontrar preocupación o miedo en el paciente cuando planteamos derivarlo a un compañero, pero hay que tener claro que siempre que se realizan este tipo de propuestas, los profesionales estamos trabajando por y para la salud de la persona, intentando ofrecer el tratamiento más completo para la necesidad que se plantea.

1.4. Trabajando conceptos

Un aspecto fundamental del trabajo en equipo es trabajar en una misma dirección, no solo entre profesionales que trabajan juntos, lo cual es básico, sino también hacia las personas que necesitan ayuda profesional. Es por ello por lo que vamos a analizar los términos y conceptos más importantes a tener en cuenta y cuyo cambio de paradigma es fundamental para aprender a tener una relación saludable con la comida.

✓ **Dieta.** La palabra dieta procede del griego *dayta* y significa «régimen de vida», aludiendo a las cantidades de alimentos que se consumen habitualmente, independientemente de que sean más o menos nutritivos. Este concepto, que debería quedar simplemente en el conjunto de alimentos que ingerimos a lo largo del día, la semana, el mes o la vida, ha ido derivando, quizá por su significado original de «régimen», en su asociación con la restricción de la ingesta con el fin de perder peso. Es decir, cuando hablamos coloquialmente de *dieta* nos referimos a un plan nutricional restrictivo y bajo en calorías, y no a la forma de alimentarnos; de ahí la importancia de trabajar este concepto y que pierda su significado de restricción calórica y se transforme simplemente en un estilo de alimentación, como veremos en el capítulo 5. Dentro de este apartado hay que destacar otros conceptos como «dieta equilibrada» o «dieta variada» que también deben ser abordados, puesto que el hecho de que una dieta sea equilibrada (proporcionada en nutrientes) o variada (incluya diferentes grupos de alimentos) no la hace en sí misma saludable desde el punto de vista nutricional. Por tanto, hay que saber utilizar bien los términos con que hablamos y centrarnos más en la salud que en el equilibrio o la variedad. Más adelante hablaremos de las elecciones conscientes y cómo esto se relaciona con la creencia errónea de etiquetar y categorizar los alimentos como saludables o no saludables.

✓ **Calorías.** Aunque parezca sencillo, hablar de calorías es algo complejo: nuestro organismo tiene múltiples mecanismos de regulación que se relacionan entre sí y con otros factores externos (ambiente, emociones, circunstancias, pensamientos, rutas metabólicas, etc.), de manera que no es tan importante la cantidad como la calidad, pues los nutrientes que ingerimos y la forma en que lo hacemos son pilares fundamentales. Por otro lado, el concepto de «calorías» se relaciona directamente con la restricción, pero la realización de dietas hipocalóricas buscando un ideal de belleza es, como iremos viendo a lo largo de las páginas, un factor de riesgo y de vulnerabilidad para desarrollar alteraciones de la conducta alimentaria. Así, es mejor centrarse en la calidad de lo que se come, sin entrar en la rigidez en ninguno de los extremos.

✓ **Compensar.** Si en una conversación en consulta, o en el día a día, aparece frecuentemente la palabra compensar, debemos encender las alarmas y prestar atención a cómo nos estamos sintiendo con la comida. Compensar nos muestra que la comida que estamos «compensando» de alguna forma fue un error, un fallo o algo que tenemos que corregir; por otro lado, nos aleja de escuchar y atender las sensaciones de hambre y saciedad, ya que ignoramos los estímulos que nos manda nuestro cuerpo para decidir desde el control externo lo que «debemos» o no «debemos» comer. La clave está en entender y aprender a gestionar esas situaciones en las que puede cambiar la ingesta de alimentos y ser capaces, desde la flexibilidad, de tomar las elecciones más adecuadas en cada momento para no generar malestar.

✓ **Alimentos prohibidos y permitidos.** Aunque de ello hablaremos más específicamente en el capítulo 4, es muy importante poder abordar estos conceptos para evitar tener listas de alimentos prohibidos o permitidos, pues como en el caso del punto anterior, no ayudan a generar hábitos saludables. De hecho, esta dualidad nos aleja de poder relacionarnos de forma flexible y respetuosa con los distintos productos y alimentos. No existen alimentos prohibidos ni permitidos para la salud, puesto que ningún alimento en sí mismo es perjudicial ni tampoco es un «superalimento» indispensable para la vida (a excepción de la leche materna).

✓ **Alimentos que engordan o adelgazan.** De la misma forma que los alimentos prohibidos o permitidos, ningún alimento es capaz de hacer cambiar el peso por sí mismo. Como veremos a lo largo del libro, las oscilaciones de peso vienen determinadas por múltiples factores, la mayoría no ligados a la alimentación, por lo que atribuir esta capacidad a los alimentos es simplificar demasiado la ecuación. Así pues, hablar de alimentos que engorden o adelgacen es un error conceptual. De nuevo, es mejor centrarse en la calidad, en la consciencia y en la flexibilidad, y romper muchos de los mitos dietéticos relacionados con este concepto.

✓ **La báscula, el peso y el IMC.** Nos han enseñado que el éxito en un cambio de hábitos tiene que ver con el peso que tenemos antes, durante y después del tratamiento; sin embargo, como veremos más adelante, el estigma de peso ha sesgado numerosos estudios en los que la investigación daba por sentado que en un peso determinado los hábitos serían más adecuados o inadecuados. Los últimos estudios muestran que el IMC (Índice de Masa Corporal) no debe ser usado como indicador de salud, ya que tiene un valor predictivo muy limitado para estimar la grasa corporal, la masa ósea y la masa magra a nivel individual (Suárez-Carmona *et al.*, 2018). Al alejarnos de esta idea, la báscula o el IMC se tornan muy innecesarios, y resulta mucho más interesante poner el foco en la alimentación, los hábitos de actividad física, el resultado de analíticas o incluso el porcentaje de grasa visceral o de masa muscular de la persona que nos visita. Y, por otro lado, centrar el objetivo de cambio de hábitos en el número de la báscula es demasiado simplista y equivocado.

✓ **Mitos alimentarios.** Uno de los trabajos más laboriosos del dietista-nutricionista es desmentir la inmensa cantidad de mitos alimentarios que existen, fáciles de instaurar, pero difíciles de erradicar, y que van transmitiéndose de generación en generación, a los que se van añadiendo los nuevos que surgen con frecuencia. Por ello, es fundamental indagar en ellos y justificar su falta de rigor científico.

✓ **Hambre y saciedad.** No estamos acostumbrados a escuchar a nuestro cuerpo ni a identificar las señales que nos transmite, como es el caso de las sensaciones de hambre y saciedad, de las que hablaremos más extensamente en el capítulo 2. Saber identificarlas permite regular de forma mucho más específica y concreta las cantidades que se ingieren, así como aprender a comer cuando se necesita y a parar cuando se está saciado. Además, nos ayuda a realizar elecciones más conscientes y flexibles, conociendo y respetando nuestras necesidades físicas y emocionales.

✓ **Hambre física y emocional.** Aunque frecuentemente se ha presentado esta dualidad, la práctica clínica nos enseña que no las podemos diferenciar de forma tan específica. Consideramos hambre «real o física» a la sensación que nos envía nuestro estómago de hambre fisiológica (nuestras células necesitan energía y nutrientes); sin embargo, también es real la sensación de hambre que puede despertarse cuando olemos ese alimento que tanto nos gusta. Por otro lado, al concepto de hambre emocional se le otorga en esta dualidad una connotación negativa que los últimos estudios comienzan a cuestionar y nos indican que no es correcta, considerándose algo que ocurre a todas las personas y que, cuando es disfuncional, hace que se necesiten trabajar los recursos que la persona tiene disponibles y el uso excesivo de la regulación a través de la ingesta. El hambre es una señal y, como tal, sea del tipo que sea, debemos atenderla y entenderla.

✓ **Publicidad emocional.** El mundo de la publicidad es un tema aparte al que podríamos dedicar un libro entero, y lo comentaremos un poco más en el capítulo 6. Las estrategias de *marketing* que utiliza la industria alimentaria con el fin de vender sus productos, cosa muy loable (querer vender), han empezado a adentrarse en el mundo de las emociones, de manera que es cada vez más fácil encontrar eslóganes que invitan a comer para sentirse de tal o cual forma, normalmente positiva (feliz, tranquilo, libre, bello, etc.), o para paliar una emoción que es categorizada como negativa o neutra (tristeza, enfado, estrés, frustración, aburrimiento, etc.). Sin querer, nuestro cerebro va recibiendo esos mensajes que luego se transforman en acciones inconscientes, como veremos en el capítulo 2. Por eso, debemos aprender a ser críticos y a analizar la información que nos llega, sabiendo discriminarla para que, al menos, la elección sea propia y consciente.

✓ **Comida real o *Real Food*.** En los últimos años se ha empezado a hablar mucho del concepto de comida real, haciendo referencia al consumo de alimentos poco o nada procesados como parte del estilo de vida saludable. Y ciertamente, como concepto es bastante acertado: comer como comían nuestras abuelas. Sin embargo, se debe tener especial cuidado en que no se convierta en una obsesión por la comida sana puesto que, en este caso, estaríamos hablando también de una inadecuada relación con los alimentos. De hecho, es cada vez más habitual encontrar a personas en consulta con unas exigencias muy altas respecto al cumplimiento del Real Food y una posterior frustración cuando no son capaces de cumplirlo al 100 % (rigidez absoluta). El trabajo realizado por Torreblanca-Valero en 2022 muestra cómo las personas que siguen este movimiento mostraban mayores actitudes alimentarias de riesgo. En este sentido se debe ser consciente del entorno y la sociedad en la que vivimos, pues aspirar a no consumir absolutamente ningún procesado puede no ser realista (ni implica ser más saludable).

✓ **Educación alimentaria.** Se considera educación alimentaria a la «combinación de estrategias educativas, acompañadas de apoyos ambientales, diseñadas para facilitar la adopción voluntaria de elecciones nutricionales que conducen a un estado óptimo de salud y bienestar». Es decir, que hay que tratar de adquirir conocimientos sobre los alimentos, sobre técnicas de cocinado, proporción de nutrientes, etc. Además, esta educación debe proporcionarse a través de una comunicación efectiva y teniendo en cuenta aspectos relacionados con la psicología de la alimentación (Espejo JP *et al.*, 2022).

Como has podido observar, muchos de estos conceptos están profundamente arraigados en la sociedad y se convive con ellos día a día, casi sin darnos cuenta. Este es uno de los motivos que dificultan la tarea de relacionarnos bien con la comida, pues en parte son responsables de que se hagan unas elecciones u otras. Así pues, te animamos a que, antes de continuar, hagas una pequeña reflexión sobre lo que significa para ti cada uno de ellos y cómo los transformarías para mejorar tu relación con la comida y/o alcanzar hábitos saludables.

	CONCEPTO ACTUAL	CONCEPTO TRANSFORMADO
Dieta		
Calorías		
Compensar		
Alimentos prohibidos / permitidos		
Alimentos que engordan / adelgazan		
Báscula, peso e IMC		
Mitos alimentarios		
Hambre y saciedad		
Hambre real y emocional		
Comida real		
Educación alimentaria		

■ Capítulo 2

Aspectos fisiológicos y nutricionales relacionados con la conducta alimentaria

Solo cuando prometes solemnemente descartar las dietas
y sustituirlas por el compromiso de comer intuitivamente,
consigues liberarte de la prisión del efecto yo-yo
y la obsesión con la comida.

Evelyn Tribole y Elysa Resch

2.1. Hablemos un poco sobre el concepto de obesidad

Antes de profundizar en los factores que afectan a los hábitos dietéticos, te queremos hablar un poco del concepto de obesidad.

Desde 1975 hasta la actualidad, se ha triplicado la prevalencia mundial de obesidad, según el IMC, no solo en población adulta sino también en población infantil.

Aunque desde el siglo XVI se usa el término de obesidad (sin establecer una definición específica y global), no se definió este concepto como «una acumulación anormal o excesiva de grasa corporal, que puede ser perjudicial para la salud» hasta 1997 (OMS, 2018). No obstante, esta definición se ha realizado en base a la evaluación y clasificación de obesidad con relación al IMC, lo cual es bastante simplista como veremos más adelante. Si nos fijamos en la propia definición que se otorga, la palabra «puede ser» es la que frecuentemente cae en olvido, y ello hace que nos centremos exclusivamente en asociar el término obesidad a enfermedad, ignorando todas las demás variables que deberían ocurrir para que así fuese. Este índice se calcula dividiendo el peso (en kilos) por la altura (en metros) al cuadrado. Según el valor que se obtenga, podremos clasificarlo en bajopeso, normopeso, sobrepeso u obesidad. No obstante, como indican las últimas evidencias, esta clasificación no es correcta ni específica, ya que no tiene en cuenta la composición corporal. Según autores como Cortez *et al.* (2020), la definición de obesidad debe ir más allá del IMC y tener en cuenta sobre todo la medición del porcentaje de grasa corporal.

Por otro lado, la Sociedad Española para el Estudio de la Obesidad (SEEDO) y la Sociedad Española de la Cirugía de la Enfermedad Mórbida y de las Enfermedades Metabólicas (SECO) apuntan a que el hecho de que disminuya el IMC no es indicativo de salud, puesto que existen otras comorbilidades que no influyen en el peso. De hecho, una persona podría tener un IMC «elevado» y «no necesitar» modificar su peso, dado que este peso se deba a un gran porcentaje de masa muscular; por ejemplo, un culturista. De esta forma, si analizamos los estudios que relacionan el IMC con indicadores antropométricos, se observa que un IMC elevado suele asociarse a mayor mortalidad. Pero cuidado, esto no implica causalidad. De hecho, como veremos más adelante, los cambios de peso son multifactoriales, por lo que no es correcto concluir que el peso es el responsable de los problemas de salud. Del mismo modo, tampoco podemos decir que un IMC bajo se asocie a mayor salud, puesto que en ninguno de los dos casos se están teniendo en cuenta otros factores que pueden estar influyendo sobre dicha medida (edad, sexo, etnia, situación fisiológica —embarazo, lactancia, menopausia, ciclo menstrual—, tipo y funcionalidad de la grasa y el músculo, etc.).

Si nos centramos en los últimos estudios que tratan de romper la visión simplista de la definición de obesidad basada en el IMC, encontramos cómo la Asociación Americana de Endocrinólogos Clínicos (AACE) y el American College of Endocrinology (ACE) consideran la obesidad como una enfermedad crónica basada en la adiposidad. En este sentido, el impacto en la salud de la persona dependerá de la cantidad, distribución y función de este tejido adiposo, tal como describe Arrieta *et al.* (2020).

Así, debes tener claro que **el IMC solo nos mide peso, pero no nos indica de qué está compuesto dicho peso, ni nos da información de otros factores relevantes, por lo que no podemos obtener conclusiones sobre el estado de salud.** Aunque el IMC se utiliza para realizar mediciones globales o a gran escala, en el caso de individuos concretos es mucho mejor medir la composición corporal y analizar el resto de hábitos de salud, lo que nos dará una idea más exacta de los niveles de grasa y de dónde está ubicada esta grasa. En este sentido, como apunta Mora *et al.* (2023), las nuevas definiciones de obesidad hablan de las complejas interacciones que se producen entre factores biológicos y ambientales, más que en centrarse en el peso.

Analizando todo lo anterior, encontramos datos que nos «alarman» sobre el incremento de las cifras, pero también sobre los efectos que tiene por ejemplo el estigma de peso en el mantenimiento de la «obesidad». Sin embargo, los tratamientos que siguen recomendando algunas publicaciones están cargados de connotaciones negativas relacionadas con el peso, dietas hipocalóricas y demás pautas que a su vez se correlacionan positivamente con un deterioro de los hábitos alimentarios y de la salud mental. Se nos olvida que «comer sano debe aportar una sensación de bienestar, tanto física como psicológica, lo que a la larga da como resultado una experiencia satisfactoria» (Tribole *et al.*, 2020).

Las líneas de investigación actuales se centran en señalar el reconocimiento de la obesidad como enfermedad como una manera de facilitar tratamientos y atención sanitaria; sin embargo, ¿cómo afecta esto a las personas que son categorizadas de esta forma? Y vamos más allá: ¿cómo podemos generalizar los tratamientos si la horquilla de IMC que categoriza la obesidad es tremendamente amplia y la variedad de cuerpos y personas que podrían encajar también? Además de tener en cuenta solo las medidas, ¿tenemos presentes los hábitos de la persona o ponemos en marcha protocolos de dieta de forma generalizada sin interesarnos por la salud nutricional? Como indican Müller *et al.* (2019), necesitamos reconsiderar las bases sobre las que abordamos las ENT (enfermedades no transmisibles) y realizar cambios en el enfoque de la investigación sobre este tema, ya que las asociaciones epidemiológicas que se establecen entre el estilo de vida y la obesidad son débiles. Además, las estrategias de tratamiento y prevención dirigidas a la obesidad tienen efectos escasos, por lo cual es necesario que comprendamos que la visión actual que tenemos de la obesidad es muy limitada como para poder obtener «soluciones». Así mismo, apunta Müller, las futuras estrategias de intervención deberían centrarse en el estilo de vida (promoción de salud) y no en la obesidad en sí misma.

Por otro lado, la OMS (Organización Mundial de la Salud) también categoriza la obesidad como factor de riesgo. Sin embargo, ¿se presta igual atención a los demás factores de riesgo que interrelacionan? Más allá del peso que la persona tiene, nos interesan sus hábitos, su nivel de actividad física, su descanso, etc., en definitiva, su estado de salud integral.

Con relación a esto, existen otros tres conceptos que consideramos interesante que conozcas:

«Obesidad metabólicamente sana». Se define así a los casos en los que hay un IMC por encima de 30 y que no presentan más de dos complicaciones cardiometabólicas (diabetes tipo 2, hipertensión arterial y dislipemias), es decir, que mantiene un perfil lipídico adecuado, factores inflamatorios favorables, sensibilidad a la insulina preservada y presión arterial normal. Es lo que el médico diría coloquialmente como «analítica de libro». Se estima que entre el 10 y el 25 % de las personas que tienen obesidad pertenecen a este grupo. En el debate de la comunidad científica a este respecto se habla de la pregunta «¿sería necesario recibir un tratamiento nutricional, dado que no existen patologías?». A pesar de que desde el punto de vista metabólico se considere un sujeto sano —pues se ha visto que tienen una mejor función del tejido adiposo y un menor almacenamiento de grasa ectópica (Goossens, 2017)—, habría que analizar otros parámetros antes de decidir si se debe realizar un abordaje dietético-nutricional, puesto que podría haber otras alteraciones funcionales (apnea del sueño, alteraciones músculo-esqueléticas, incremento en el riesgo de algunos tipos de cánceres, alteraciones en la reproducción o alteraciones a nivel psicológico). En este sentido, Phillips *et al.* (2015) concluyeron que estos individuos tienen mayor riesgo de ansiedad y depresión, aunque también es cierto que las últimas investigaciones señalan la discriminación y estigma de peso como variables que se relacionan con la ansiedad y depresión manifestada en personas con «obesidad». Por tanto, ¿dónde tenemos que poner el foco? También se ha determinado que el riesgo de cardiopatía coronaria, enfermedad cerebrovascular e insuficiencia cardíaca es superior en la obesidad metabólicamente sana (Caleyachetty *et al.*, 2017), y que es más frecuente la aparición de otras alteraciones como osteoartritis, dolor crónico, alteraciones en la piel, menor condición física y envejecimiento prematuro (Blüher *et al.*, 2014). Todo ello viene determinado no solo por el peso corporal o la grasa, sino también por otros factores que, como comentamos, deben ser analizados en conjunto. En cualquier caso, lo más importante será definir si los hábitos de salud, de forma global, son adecuados o se requiere intervención para mejorarlos.

«Delgadez metabólicamente enferma». Se trata de los casos en los que el IMC se encuentra por debajo de 25, pero que presentan alguna de las características principales del síndrome metabólico (diabetes tipo 2, hipertensión arterial y dislipemias). Según estudios realizados en el Servicio de Endocrinología y Nutrición del Hospital Universitario Virgen de la Victoria (Málaga), alrededor del 20 % de las personas con un IMC entre 18,5 y 24,9 podrían estar metabólicamente enfermos. En este sentido, parece que el riesgo se debe al porcentaje y funcionalidad del tejido adiposo y no al IMC, puesto que la disfuncionalidad del tejido adiposo ejerce efectos sobre el organismo. Además, si entendemos el término salud como un concepto integral, no podemos simplificarlo a la medida de peso corporal sin tener en cuenta otras variables (no solo físicas, sino también emocionales, sociales, culturales, etc.). Por tanto, la delgadez tampoco es sinónimo de salud.

Diabesidad. Es un término que hace referencia a la asociación entre diabetes tipo 2 y obesidad: ambas situaciones pueden ser causa y/o consecuencia la una de la otra, estando interrelacionadas.

De hecho, el 85 % de los casos de diabetes tipo 2 se relacionan con «exceso» de peso, y tener un menor peso corporal disminuye el riesgo de padecer diabetes, según estudios observacionales (este tipo de estudios tienen ciertas limitaciones a la hora de obtener conclusiones que establezcan una causalidad real). Una de las explicaciones de la relación obesidad-diabetes es que cuando el tejido adiposo subcutáneo (la grasa que hay bajo la piel) comienza a ser disfuncional al inicio del proceso —cuando todavía no se ha producido un aumento de peso—, se produce una infiltración de macrófagos en el tejido, lo que hace que se pierda la función de acumular grasa. Sin embargo, este incremento de los macrófagos está asociado a un mayor riesgo de resistencia a la insulina, diabetes y enfermedades cardiovasculares. Debemos tener en cuenta también que la mayor parte de estas investigaciones miden la obesidad a través del IMC, lo cual podría suponer un sesgo en los resultados, dado que no se está teniendo en cuenta el porcentaje de grasa corporal ni su funcionalidad, que es precisamente lo que aumenta el riesgo de diabetes. Además, no podemos olvidar que la diabetes es una enfermedad crónica no transmisible y multifactorial, lo que implica que no debemos focalizar su causalidad en un único factor.

En conclusión, **no debemos centrarnos en el peso ni tampoco en las patologías, sino tener una visión más global e integradora** donde podamos atender a las necesidades de la persona que acompañamos (o a las nuestras propias) sin dejarnos sesgar por estigmas o estereotipos relacionados con distintos tipos de cuerpos.

Como hemos ido viendo a lo largo de este punto, los estudios en obesidad no tienen presentes los cambios en los patrones dietéticos y cómo estos se modifican. Como señalan Müller *et al.* (2019), ¿se podría considerar que estos estudios tienen suficiente evidencia para demostrar que la obesidad por sí misma es un factor determinante de las principales enfermedades no transmisibles?

Para terminar este apartado, es importante destacar que hay que tener muy presente todo lo que nos podría interesar conocer de una persona para abordar si es necesario realizar un cambio de hábitos, tanto desde la consulta de nutrición, como desde la de psicología. Pero de esto hablaremos en el capítulo 8.

2.2. Factores que influyen en el cambio de hábitos

En un proceso de cambio de hábitos, habrá numerosas variables y conceptos con los que nos enfrentemos. Uno de los más frecuentes y que especialmente aparece cuando se busca un cambio corporal (motivo más habitual en consulta) a través del cambio de hábitos es el balance energético. Desde los inicios de la dietética moderna (y no hablamos de Hipócrates, uno de los principales precursores de esta ciencia con su famosa frase «que tu alimento sea tu medicina y tu medicina sea tu alimento») allá por los años 1940 cuando Francisco Grande Covián inició sus investigaciones en nutrición y bioquímica, se ha hablado de este concepto. El balance energético se basa en la primera ley de la termodinámica «la energía ni se crea ni se destruye, solo se transforma», de forma que, según nos dice la teoría, en función de lo que ingieras y lo que gastes (medido en calorías), así será el efecto sobre el peso. Aunque, como veremos a continuación, esto no es tan sencillo.

BALANCE ENERGÉTICO TEÓRICO		
TIPO	CAUSA	CONSECUENCIA
POSITIVO	Calorías ingeridas > Calorías gastadas	Aumento de peso
NEGATIVO	Calorías ingeridas < Calorías gastadas	Pérdida de peso
CERO	Calorías ingeridas = Calorías gastadas	Mantenimiento de peso

¿Qué problema nos encontramos con el balance energético? Pues, por resumir mucho, que es demasiado simplista. Por un lado, no tiene en cuenta que somos sistemas energéticos abiertos y no cerrados; por otro lado, se centra exclusivamente en las calorías, sin tener en cuenta, por ejemplo, la calidad de las mismas. De tal manera que, según este balance, tendría el mismo efecto a nivel metabólico ingerir 500 calorías de brócoli que 500 calorías de filetes, cuando sabemos que no es así. Tampoco tiene en cuenta los diferentes compartimentos corporales, ya que se reduce exclusivamente al tejido graso. Pero si lo pensamos bien, también debería afectar a otros compartimentos como el músculo, ¿no crees?

Es decir, según el concepto de balance energético, siempre que se realice un elevado gasto energético (ejercicio físico), y se coman menos calorías de las gastadas, o bien las mismas (es casi imposible ser exactos), no se produciría un aumento de peso. Sin embargo, cuando se incrementa el gasto calórico mediante ejercicios de fuerza, se desarrolla más masa muscular (aunque se coma lo mismo), lo que se puede traducir en un aumento de peso y en un mayor gasto energético basal (por el aumento en el número de mitocondrias y por ende en la actividad del tejido). Este ejemplo demuestra que no podemos tomar los datos teóricos, que además son difíciles de medir, para concluir si se va a aumentar o disminuir de peso.

Por otro lado, el balance energético solo hace referencia a cambios a corto plazo, pero no a los efectos a largo plazo de un cambio en la alimentación, donde el efecto en la transformación corporal deja de ser tan acusado con el tiempo, ya que el organismo acaba adaptándose.

Y ello se debe, principalmente, a que estamos dejando de tener en cuenta factores que también están influyendo en este balance energético o, al menos, en la forma en la que el organismo genera cambios de peso. En una revisión sistemática realizada por Gómez-Acosta *et al.* (2020), se muestra que el balance energético no solo se ve determinado por la alimentación o el ejercicio físico, sino también por la higiene del sueño y la regulación emocional, concluyendo que existe una gran heterogeneidad de variables que afectan a dicho balance (diferencias en estilos de personalidad, contexto socio-cultural, procesos cognitivos y sociales, etc.). Este mismo grupo de investigación publicó otro estudio posterior (Gómez-Acosta *et al.*, 2021) en el que plantean un modelo predictor de conductas que conforman el balance energético, en el que determinan que el contexto físico y social, la flexibilidad en la regulación emocional, el optimismo disposicional (rasgo de personalidad que predispone a tener expectativas y comportamientos adaptativos frente a los sucesos) y las creencias compensatorias también afectan al equilibrio del balance energético.

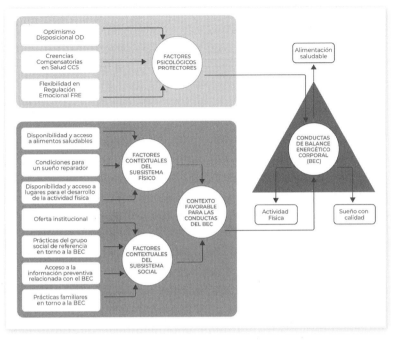

Modelo hipotético de relaciones de interdependencia entre los factores predictores contextuales y personales de las Conductas del Balance Energético Corporal BEC. Adaptada de Gómez-Acosta et al. (2021)

Adicionalmente, Sánchez-Ochoa *et al.* (2022) y su equipo nos muestran que existen también muchos marcadores nutrigenéticos asociados al balance energético, que además sabemos que pueden modificarse por marcas epigenéticas asociadas al estilo de vida.

Después de este análisis, te animamos a reflexionar sobre este estigma social de la obesidad una vez que termines de leer este apartado (aunque hablaremos más profundamente de ello en el capítulo 4).

La obesidad es una situación fisiológica multifactorial, lo que significa que no está causada por un único componente, sino por la confluencia de varios que analizaremos a continuación. Aunque hasta ahora en la literatura científica hablar de cambio de hábitos era hablar de pérdida de peso o de «combatir la obesidad», las últimas evidencias nos acercan a que un cambio de hábitos (de ser necesario) no se tiene que dar exclusivamente en estas circunstancias, y que enfocar únicamente el proceso de cambio a este aspecto actúa como mantenedor del malestar a nivel psicológico. Como señalan Evelyn Tribole y Elyse Resch en su libro *Alimentación Intuitiva*, hay tres aspectos a tener presentes para el cuidado de la salud y la prevención de enfermedades crónicas (además de la nutrición): la conexión social, las experiencias adversas durante la infancia y los factores sociales determinantes de la salud como serían el acceso a la sanidad, al agua potable, etc.

En nuestra práctica clínica, esto es algo que evidenciamos cada día; de hecho, siempre decimos a nuestros pacientes que **realizar un cambio de hábitos es una tarea difícil que conlleva un trabajo interno importante en el que se deben trabajar aspectos alimentarios y no alimentarios con el fin de buscar objetivos a largo plazo, flexibles y respetuosos con la persona y sus circunstancias.**

Y por eso os queremos acercar a aquellas variables que influyen en un proceso de cambio de hábitos más allá del peso que tenga la persona que lo inicia.

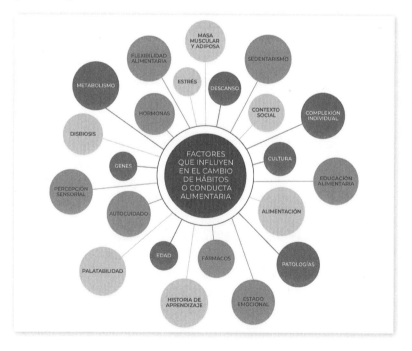

Teniendo en cuenta todos estos factores es un error simplificar el proceso de cambio de hábitos en abordar la alimentación y el ejercicio de forma exclusiva.

Veamos un poco algunos de los factores que influyen en nuestra salud física y en un proceso de cambio de hábitos:

→ **Genes.** Existe una predisposición genética a los niveles de adiposidad o la conducta alimentaria, entre otros factores, pero debemos tener en cuenta que la influencia de la genética oscila entre el 5-10 %; el resto se debe a factores ambientales. Es más, los factores ambientales, como comentábamos anteriormente, pueden modificar dicha predisposición. De esta forma, tener un número significativo de genes predisponentes no va a determinar que se produzca un cambio determinado, puesto que llevar unos hábitos de vida saludables en todo su contexto puede impedir que estos genes se expresen. Y por el contrario, estar protegido genéticamente tampoco es un boleto ganador, puesto que una vida no saludable podría impedir la función protectora de esos genes.

→ **Descanso.** Dormir poco o mal se asocia a peor estado de ánimo, irritabilidad, dificultad en la concentración y atención a las tareas del día a día. Por otro lado, mientras estamos dormidos se secretan una serie de hormonas que regulan el sueño (entre ellas la melatonina) y que ejercen una acción sobre el hambre, la acumulación de grasas y el consumo de energía. En experimentos realizados en ratas, el déficit de melatonina provoca un síndrome metabólico. De esta forma, las personas que trabajan por turnos suelen tener alteraciones en la sensación de hambre y saciedad, aumentando el apetito, lo que hace que tiendan a elegir alimentos de peor calidad. También se ha visto que la actividad física ejerce un papel protector en el mantenimiento y estabilidad de los ritmos circadianos (sueño-vigilia). Como veremos más adelante, el descanso y nuestros patrones de sueño resultan muy importantes a la hora de considerar los factores que influyen en la llamada «ingesta nocturna», debido a la mayor sensibilidad a estímulos hedónicos, como apunta Zuarikat *et al.* (2021).

→ **Estrés.** El estrés ha aumentado en nuestra sociedad en las últimas décadas de forma paralela a la falta de atención a las necesidades para nuestro autocuidado. A menudo se habla del estrés como factor vinculado con el aumento de desconexión con la comida o ingestas compulsivas. Si bien es cierto que las investigaciones de hace unos años giraban en torno a considerar el estrés como un factor que afectaba al aumento de peso (entendiendo en estas investigaciones el aumento de peso como una problemática), recientemente se han incorporado nuevos estudios con resultados muy interesantes donde nos alejamos del efecto en la báscula para acercarnos de forma global a cómo el estrés y los ritmos de vida nos acercan a una desconexión de todas nuestras necesidades (emocionales y físicas), y nos invitan a actuar de forma automática sin «estar» en el momento presente y sin escuchar lo que nuestro cuerpo o nuestra «cabeza» nos quiere mostrar. La relación entre los niveles de estrés y los hábitos alimentarios está cobrando cada vez mayor relevancia. Así, en un estudio realizado por Medina-Guillen *et al.* (2022) tras la pandemia se observó que se producía una asociación entre el consumo de ciertos alimentos y los elevados niveles de estrés, ansiedad y depresión. Por otro lado, el amplio historial de regímenes y sus consecuencias aumenta el estrés relacionado con todo lo que tiene que ver con la ingesta: cocinar, hacer la compra, comer... y a su vez con la insatisfacción que nos produce.

→ **Cultura.** La cultura del lugar donde nacemos influye en muchos sentidos en nuestra vida. Uno de ellos es en nuestra forma de alimentarnos y de relacionarnos con la comida. La cultura alimentaria en países industrializados suele girar en torno a las celebraciones que tienen a los alimentos, a la opulencia y al consumismo como protagonistas, de forma que los hábitos alimentarios se ven influenciados por las costumbres de cada país. No debemos obviar este hecho, pues es un factor cultural muy arraigado. ¿Te has preguntado alguna vez por qué cuando celebras algo o quedas con alguien para contarle un problema lo sueles hacer alrededor de comida y/o bebida? ¿Y te has parado a pensar de qué forma lo haces y qué sueles comer/beber en esos casos? Este es otro de los factores que nos hace reflexionar sobre lo viable que es pedir a una persona que deje de relacionarse socialmente para así poder mantener un patrón dietético determinado. El supuesto beneficio para la salud de la persona deja de lado el bienestar psicológico que podemos experimentar con dichas relaciones sociales. Cuando se analizan los patrones alimentarios en situaciones concretas, como comer fuera de casa, se observa que la elección de los establecimientos depende, a su vez, del nivel socioeconómico, cultural y social, así como de la edad, el sexo o el significado que la comida tenga para la persona, entre otros (Sánchez-Salguero, 2020).

→ **Sedentarismo.** Como hemos comentado anteriormente, no podemos categorizar la relación entre el peso y el ejercicio. En este sentido, influye mucho más la falta de actividad física o sedentarismo en la salud que el hecho de realizar más ejercicio. Asimismo, el ejercicio tiene múltiples efectos sobre la salud, más allá de la composición corporal, tanto física como emocional y social. La importancia de la actividad física y de encontrar y motivar al movimiento en todo tipo de cuerpos cada vez es algo más presente a nivel social y científico. Centrar el enfoque en la actividad con los beneficios para nuestra salud nos permite focalizar en cómo nos hace sentir, alejarnos de la perfección y por tanto de la frustración. No se trata de hacer una actividad determinada para quemar una cantidad específica de calorías, hablamos de poder prestar atención, por ejemplo, a cómo los ejercicios de fuerza son reconocidos actualmente como una de las mejores elecciones con mayores beneficios para nuestra salud. Como dice Sara Tabares en su libro *Ellas entrenan* (2022), «El entrenamiento de fuerza es una herramienta de salud y calidad de vida, y evita que nuestro cuerpo, con el paso de los años, sea un factor limitante».

→ **Fármacos.** Muchos medicamentos utilizados en determinadas patologías tienen como efecto secundario cierto riesgo de aumentar la adiposidad o de afectar a la regulación del hambre y la saciedad. Entre los más conocidos están los corticoides, pero también algunos antidepresivos, antiepilépticos, fármacos de terapia hormonal, betabloqueantes o esteroides. Estos efectos se deben, entre otros factores, a que estimulan el apetito, dificultan la oxidación de las grasas o favorecen la retención de líquidos, principalmente. En cualquier caso, no se debe abandonar un tratamiento médico por miedo a que nos genere cambios a nivel físico. En el caso de que este miedo apareciera de forma recurrente, se recomienda acudir a un profesional de la psicología para abordarlo.

→ **Metabolismo.** Estamos seguras de que alguna vez has escuchado la frase «es que mi metabolismo es muy lento», pues bien, es cierta: nuestro metabolismo basal puede ser más o menos rápido, y esto hace referencia a la eficacia en la utilización de la energía. En general, los niños suelen tener un metabolismo muy rápido, debido a que están en una etapa de crecimiento y desarrollo, y a medida que cumplen años, el metabolismo basal se va haciendo más lento. Además, el metabolismo basal depende de cuatro factores individuales (sexo, edad, altura y peso), y puede verse modificado por muchos motivos, como por ejemplo el estrés o la actividad física.

→ **Hormonas.** El sistema por el que se regula el hambre y la saciedad, como veremos más adelante, está mediado por determinadas hormonas y neurotransmisores, siendo un sistema muy complejo. La alteración de cualquier mecanismo fisiológico relacionado con dichas hormonas, como ocurre por ejemplo durante la menopausia, puede hacer que sus efectos se vean trastocados, modificando la conducta alimentaria y afectando a nivel emocional.

→ **Masa muscular y adiposa.** Todos los tejidos no se comportan de la misma forma a nivel metabólico. De ahí la importancia de la composición corporal. El tejido muscular es mucho más activo metabólicamente y ejerce funciones diferentes a las del tejido graso. Por su parte, el componente graso es fundamental para el desarrollo de numerosas funciones en el organismo. Este aspecto frecuentemente es olvidado, y se le atribuyen connotaciones negativas a la grasa cuando esta es necesaria para que algunas de las funciones vitales se puedan llevar a cabo.

→ **Disbiosis.** La disbiosis es el desequilibrio de las bacterias que se albergan en nuestro intestino (microbiota intestinal). Esta ausencia de equilibrio se puede producir tanto en las proporciones entre unas bacterias y otras, como en los tipos. Se ha observado que una microbiota intestinal adecuada juega un papel fundamental en la prevención de enfermedades. Aunque en los últimos años se ha asociado mucho la disbiosis a alteraciones en el peso corporal (teoría de la inflamación en la vía vagal-microbiota-intestino), parece que los mecanismos asociados a la disbiosis y la obesidad no están tan claros y resulta difícil establecer qué cambios en las especies bacterianas se deben a los cambios de peso debido a la cantidad de factores que influyen sobre la microbiota (que son también similares a los que influyen sobre la conducta alimentaria), tal como describe Cortés *et al.* (2020).

→ **Estado emocional.** Nuestro estado emocional influye en las elecciones alimentarías, así como en la rutina y organización de nuestro día a día. La estabilidad en salud mental nos permite atender nuestras necesidades o aparcarlas a un lado en caso de estar afectadas. En los siguientes capítulos ampliaremos esta información.

→ **Patologías.** Al igual que te comentábamos en el caso de los fármacos, es importante ponerse en manos de profesionales para regular nuestros hábitos y que nos ayuden a mantener un estado óptimo de salud en cada caso.

→ **Edad.** A medida que aumenta la edad, el metabolismo basal se hace más lento y esto afecta a la forma en que utilizamos y metabolizamos lo que comemos.

→ **Autocuidado.** Las conductas de autocuidado entendidas como la atención a lo que necesitamos para nuestro bienestar físico y emocional forman parte de una de las variables más influyentes en un proceso de cambio de hábitos. No existen unas conductas de autocuidado únicas que debamos poner en marcha de forma genérica, cada persona necesita trabajar y descubrir cuáles son sus necesidades y por tanto cuáles son las conductas de autocuidado que puede necesitar implementar. El autocuidado puede distinguirse en tres aspectos fundamentales: en primer lugar, la capacidad de valorarnos y querernos a nosotros mismos; en segundo lugar, la ausencia de conductas de autorrechazo; y en tercer lugar, las acciones específicas que nos hagan crecer y valorarnos (González *et al.*, 2012).

→ **Educación alimentaria.** A lo largo de nuestra vida vamos aprendiendo conceptos relacionados con la alimentación que en muchos casos pueden ser erróneos y llevarnos a tomar decisiones poco adecuadas que van a determinar la conducta alimentaria y pueden influir en el cambio de hábitos. Por ello es fundamental poder trabajar todos estos conceptos, así como los mitos alimentarios, que suelen estar muy arraigados, con el fin de dotar de la suficiente información veraz para poder decidir en consonancia.

→ **Flexibilidad alimentaria.** La gran relación entre un historial dietético extenso a lo largo de la vida de las personas que buscan ayuda nutricional y la presencia de alteraciones de la conducta alimentaria, hace que en los últimos años estén apareciendo nuevas formas de trabajar el cambio de hábitos como pueden ser la alimentación intuitiva o el concepto de flexibilidad alimentaria. Desde la flexibilidad alimentaria se trabaja para lograr un equilibrio en el consumo de los distintos alimentos y productos, sin prohibiciones y realizando elecciones respetuosas con nuestra salud física y emocional (aunque esto a veces implique el consumo de alimentos no considerados como «saludables»).

Todos estos factores no son independientes y están interrelacionados entre sí, de manera que unos afectan a otros y viceversa. Esto nos refuerza la idea de que el abordaje del cambio de hábitos no es sencillo y debemos realizarlo de forma integral y teniendo en cuenta todos los factores que pueden determinar la conducta alimentaria.

2.3. Evolución humana en el comportamiento alimentario

La evolución de nuestra especie radica en la supervivencia, que se ha visto influenciada en gran medida por el comportamiento alimentario. Así, los cambios que se han producido a lo largo de la historia y que han afectado a la biología, al metabolismo y a la genética son los que han determinado lo que somos actualmente. La selección natural ha venido determinada por la alimentación, entre otros aspectos. Hace 4,5 millones de años, los primeros homínidos (Australopithecus) obtenían energía a base de frutas, verduras, raíces y nueces (dieta herbívora). Por lo tanto, su eficiencia energética era muy alta, pues con pequeñas cantidades de energía y escasa variedad de nutrientes debían ser capaces de sobrevivir. Es lo que se conoce como «fenotipo ahorrador» (recuerda este término porque hablaremos de él más adelante). Posteriormente —hace 2 millones de años—, conseguimos una posición erecta (Homo erectus) que se acompañó de la aparición de las glándulas sudoríparas y de un color de la piel más oscuro, lo que favoreció la síntesis de vitamina D. En este momento también comenzaron las migraciones y apareció la carroñería, la cacería y la antropofagia (ingerir carne o tejidos humanos), lo cual permitió incorporar proteínas, grasas y médula ósea en la dieta (dieta omnívora), dando lugar a una alimentación más eficiente, la cual fue clave en la evolución humana, ya que permitió el desarrollo de cerebros más grandes.

El paleolítico, considerado como el origen del hombre moderno, hace 60.000 años, fue una era de cambios. El crecimiento de la población y el cambio climático supusieron dos fenómenos que generaron un patrón dietético más diverso, contribuyendo a establecer la genética básica del hombre actual. Se incorporaron a la alimentación peces, mariscos, más vegetales y técnicas culinarias nuevas, de forma que la dieta estaba constituida por un 37 % de proteínas, un 41 % de hidratos de carbono y un 22 % de grasas (principalmente insaturadas).

A partir del siglo XIX, los cambios en la ganadería, la agricultura y la revolución industrial conllevaron la modificación del patrón dietético sin afectar a la genética; es lo que se conoce como discordancia evolutiva, es decir, que dichos cambios no han sido suficientemente fuertes como para generar transformaciones notorias a nivel de la secuencia génica. Estas modificaciones se centraron en una ingesta mayor de energía, un incremento en el consumo de grasas *trans* y omega-6, así como un menor consumo de ácidos grasos omega-3, carbohidratos complejos y fibra, lo cual ha dado lugar a una mayor prevalencia de enfermedades asociadas a la alimentación. Por tanto, aunque la diversidad del código genético ha disminuido a partir de las migraciones, debemos ser conscientes de que **la alimentación (calidad de la dieta y eficiencia para obtener energía) influye en la configuración de la estructura genética, lo que determina la selección natural de la especie.** En este sentido, dicha selección se inclina a que seamos consumidores más flexibles de alimentos.

En las últimas décadas se han producido más modificaciones importantes en el comportamiento alimentario, basados en cambios sociales, políticos y económicos, que han afectado principalmente a la diversificación de la dieta (disponibilidad de alimentos de otros países) y a la abundancia (y también escasez) de alimentos. De esta forma, se ha incrementado el consumo de harinas refinadas, lácteos, azúcares refinados, aceites vegetales refinados, carnes grasas, sal y alcohol, lo que ha conllevado consecuencias importantes en la aparición de enfermedades crónicas no transmisibles. Además, **las modificaciones en el estilo de vida también han afectado a nuestra forma de comer.** El mayor poder adquisitivo, el avance en el conocimiento de la nutrición y la tecnología de alimentos, la urbanización, o la incorporación de la mujer al mundo laboral han supuesto cambios tanto en las elecciones alimentarias (tipos de comidas) como en el ambiente que rodea al momento de comer. Por ejemplo, la comida se realiza con la televisión, se han permutado los horarios (antiguamente dependían de la luz solar, luego se adaptaron a los horarios de las faenas en el campo y actualmente dependen de las necesidades individuales y suelen ser bastante irregulares), se suele comer más rápido (a veces incluso mientras se conduce, habla o trabaja), cada vez se come menos en familia, se dedica poco tiempo a cocinar y a disponer de alimentos saludables, etc.

	ANTERIORMENTE	AÑOS 50 (ESPAÑA)	ACTUALIDAD (ESPAÑA)
POSITIVO		6:00 h	Según la luz solar
NEGATIVO	Según la luz solar	12:00-14:00 h	14:00-16:00 h
CERO		18:00-20:00 h	21:00-23:00 h

Modificación de las horas de las comidas

Y, aunque nos parezca que es una forma de adaptarnos a la vida moderna, sin duda tiene unas consecuencias en nuestra forma de relacionarnos con la comida, pues hemos de añadir a todo ello otros componentes como el estrés generalizado instalado en la sociedad actual, o la importancia que se le da al culto al cuerpo y al ideal de belleza (cuya relación con la comida es determinante). En relación con esto último, la realización de dietas restrictivas para modular el peso corporal tiene consecuencias negativas para la salud (física y mental), como veremos en el punto 2.7. A su vez, si esta adaptación implica sostener altos niveles de estrés y ansiedad, eso nos invita a desconectar de nuestras necesidades. No poder hacer lectura de lo que necesitamos emocionalmente para nuestra estabilidad nos hace activar sistemas automáticos de respuesta que implican no estar presentes. Por el contrario, tendríamos que desarrollar e implementar, como parte de nuestro aprendizaje, habilidades de *mindfulness*. La práctica de *mindfulness* es el proceso a través del cual desarrollamos la intención de observar, describir y participar en nuestra realidad sin juzgarla (Linehan, 2020).

A pesar de que todavía no se hayan visto efectos sobre la genética a nivel evolutivo tras los cambios en nuestra conducta alimentaria de los últimos siglos, sí se están produciendo modificaciones, pues los factores ambientales (la comida es uno de ellos) ejercen un claro papel en la expresión de los genes a través de la epigenética, como hemos visto anteriormente, y a largo plazo (aunque nosotros no lo veremos) se producirán adaptaciones génicas que determinarán los factores que ayudan a la supervivencia (y una inadecuada alimentación y estilo de vida no serán los candidatos).

En conclusión, y según las leyes de la evolución, solo sobrevive el que se adapta al cambio. Pero debemos reflexionar sobre si la situación de cambio actual nos lleva a sobrevivir (a qué precio y en qué condiciones de esperanza y calidad de vida) o estamos destinados a extinguirnos si seguimos por este camino.

2.4. Mecanismos que regulan el hambre y la saciedad

Las elecciones alimentarias pueden venir determinadas por influencias emocionales, sociales, disponibilidad de alimentos, educación e historia de vida, pero también por factores más fisiológicos como son las señales de hambre y saciedad. No obstante, ambas señalizaciones (psicológicas y somáticas) están relacionadas.

Antes de adentrarnos en el mundo de la fisiología del hambre y la saciedad, es necesario que sepas la diferencia entre estos conceptos.

El hambre es la necesidad fisiológica vital de ingerir alimentos para obtener los nutrientes necesarios que nuestro organismo requiere. Y no debe confundirse, aunque se utilicen indistintamente, con el *apetito*, que implica la necesidad consciente de ingerir algo para aportarnos placer y no está relacionado con una necesidad fisiológica de recibir nutrientes y/o energía, sino más bien se asocia a experiencias sensoriales (olor, presentación, color, sabor, textura, recuerdos, etc.) y está condicionado por el contexto social y personal (aprendizaje, recuerdos, etc.).

Por su lado, la saciedad es la sensación de llenado gástrico que ocurre tras ingerir cantidades elevadas de alimento y que conduce a dejar de comer. Existe un tipo de saciedad que se llama Saciedad Sensorial Específica, descrita por Wilkinson *et al.* (2016), y que hace referencia a cuando dejamos de comer parte de un plato para «hacer hueco para el postre». Este concepto está relacionado con el de *saciación*, más amplio que la saciedad (hace referencia a los mecanismos neuroendocrinos que determinan la finalización de la ingesta), y que tiene lugar durante la ingesta de alimentos, en el que intervienen factores sensoriales, la densidad energética, la palatabilidad o la composición de macronutrientes. Como explica Valassi *et al.* (2008), los mecanismos neureoendocrinos que regulan la ingesta alimentaria son muy complejos. Cuando se han realizado numerosos regímenes en la historia de vida y se ha ejercido un fuerte control externo en la alimentación, es frecuente que la sensación de hambre y saciedad esté alterada y sea necesario un trabajo desde el punto de vista nutricional y psicológico junto con la incorporación de prácticas de *mindful-eating*.

Tribole y Resch nos recuerdan en su libro *Alimentación intuitiva* una serie de derechos que guían este tipo de alimentación y entre los cuales se encuentra la relación con la saciedad y el hambre. Concretamente, hacemos referencia al derecho «a honrar la sensación de saciedad, incluso si eso significa decir: no, gracias… a la hora del postre o en la repetición de un plato». Además, las autoras insisten en la necesidad de no dar explicaciones. Y es que al igual que hablamos de cómo los regímenes afectan a la desconexión del hambre y la saciedad, el complacer, no molestar o satisfacer a los demás a veces también nos hace olvidar nuestras sensaciones y afecta de alguna manera a nuestras elecciones (sea comer menos, comer más o comer distinto). Al fin y al cabo, la mayoría hemos sido criados con frases del tipo: «termínatelo todo» o «no dejes nada en el plato».

Si continuamos hablando de los mecanismos fisiológicos, el equilibrio energético está controlado por el hipotálamo, que a su vez va a determinar la activación o inhibición de rutas neuroendocrinas y metabólicas que regulan las sensaciones de hambre y saciedad y, por tanto, la ingesta de alimentos. Así, el cerebro recibe señales propioceptivas de olor, temperatura, sabor o apariencia, que van desde los receptores gastrointestinales (lengua a intestino) y el nervio óptico hasta el sistema nervioso central para informar de cómo se está produciendo la ingesta, poder medir el estado nutricional y guiar hacia los niveles adecuados de señalización según el objetivo a alcanzar. La información que se transmite va desde aspectos más básicos (sensoriales o velocidad a la que se come) hasta otros más complejos como la integración con áreas del cerebro asociadas a la conducta, el aprendizaje o la memoria. Es decir, que experiencias psicológicas, comportamiento y aspectos fisiológicos confluyen e integran el proceso alimentario. Por eso, el llamado «comer emocional» a veces nos puede redirigir al recuerdo de aquella sopa que siempre te realizaba tu abuela y que te transmite sensaciones de calma y tranquilidad que te generan bienestar, además de hacer que continues comiendo a pesar de percibir las señales de saciedad. En sí mismo, esto no es algo que deba ser cambiado, es más, puede suponer un recurso para determinadas ocasiones en las que lo necesitemos. También es cierto que el uso exclusivo de esta ingesta como habilidad para la calma (sin disponer de otras formas de regulación) podría considerarse una señal de necesidad de atención psicológica.

La señal de hambre mejor percibida se origina en el estómago (a través del nervio vago). Está determinada por los niveles de glucosa en sangre y por la distensión estomacal, en función de lo cual manda información al cerebro del estado de vaciamiento o llenado gástrico. En caso de que se encuentre vacío, los enterocitos (células de la mucosa del estómago) liberarán grelina, induciendo sensación de hambre. Por su lado, la saciedad está controlada por determinadas hormonas (GLP-1, CCK, PYY), por los niveles de

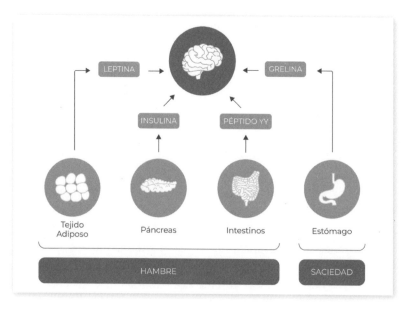

insulina, glucosa y aminoácidos en sangre, por la acumulación de tejido graso (en los adipocitos, células que acumulan grasa) y por la oxidación de nutrientes en el hígado. Todas estas señales hacen que, tras la ingesta de alimento, los adipocitos «sensen» los niveles de reservas energéticas y cuando detectan que están cubiertas, secretan leptina, una hormona con efecto saciante.

Podríamos entonces resumir el circuito cerebral del hambre y la saciedad en la secreción de grelina y leptina, respectivamente. Pero esto no es tan sencillo, pues numerosas hormonas, neurotransmisores, péptidos, citoquinas, metabolitos y otros compuestos están implicados en este proceso —tal como puedes ver en la tabla—, e interaccionan entre sí, haciendo aún más complejo el sistema de regulación.

	HAMBRE	SACIEDAD
PÉPTIDOS	· Grelina · NPY · AGRP · Beta-endorfinas · Orexinas	· CCK · POMC CART PrRP · Enterostatina PYY · Somatostatina · GLP-1
HORMONAS	· Hormonas tiroideas · Glucocorticoides · MCH	· Leptina · Insulina · CRH · MSH
OTROS COMPUESTOS	· Endocanabinoides · Noradrenalina (receptor alfa2) · GABA	· IL-6 · TNF-alfa · Cuerpos cetónicos · Dopamina · Histamina · Serotonina (5-HT) · Noradrenalina (receptor alfa1 y beta2)

Los compuestos que actúan a nivel periférico están marcados en negrita y los que actúan a nivel central, marcados normal

Se ha observado que los ratones a los que se les induce una obesidad tienen elevados niveles de leptina en sangre, lo que parece contradictorio, pues implicaría una mayor sensación de saciedad.

Sin embargo, el exceso de leptina está causado porque su receptor no es funcional, por lo que la leptina no se puede unir al receptor y ejercer su función (saciar). Otro mecanismo por el que se ve alterado el sistema hambre-saciedad es que la leptina tampoco sea funcional, aunque el receptor se encuentre en perfecto estado de funcionamiento. En cualquiera de los casos, la sensación de saciedad se ve mermada.

En los últimos años numerosas investigaciones se han centrado en buscar fármacos que modulen el apetito (hambre) a través de su efecto sobre las vías neuronales que controlan la homeostasis energética. Aunque se han desarrollado varias drogas con una diana concreta en una molécula determinada, se ha visto que tienen consecuencias en otras localizaciones. Por ejemplo, la 5-HT (serotonina) es capaz de disminuir la sensación de hambre, pero afecta a las válvulas cardíacas, aumentando el riesgo de hipertensión arterial. El CB1, un fármaco descrito como antiobesidad, ha mostrado tener efectos psiquiátricos; el MC4R, aprobado para pacientes con déficit en el receptor de leptina, también incrementa la presión arterial; o la semaglutida, un mimético de la incretina que ayuda al páncreas a liberar insulina tras la ingesta de glucosa (utilizado para el tratamiento de la diabetes tipo 2), que puede aumentar el ritmo cardíaco o provocar cambios en la visión.

Por tanto, la terapia farmacológica actual dirigida a la pérdida de peso no solo debe seguir siendo estudiada para tratar de conocer mejor sus implicaciones neurofisiológicas y evitar efectos no deseados, sino que no debe ser utilizada con la finalidad de modificar el peso, pues de esta forma perdemos el foco en el cambio de hábitos y en el aprendizaje de una adecuada relación con la comida. Así, estos tratamientos farmacológicos están siendo usados de forma inadecuada. A través del uso de los mismos, se pretende modular el apetito para conseguir una pérdida de peso, focalizándonos de nuevo en la falsa creencia de que salud es igual a delgadez (o cuerpo normativo). Sin embargo, como acabamos de explicar, los efectos secundarios del uso de estos medicamentos, cuando los destinamos a un objetivo diferente para el cual han sido diseñados, pueden generar daños en nuestra salud física y emocional. Por tanto,

¿estaríamos haciendo un uso adecuado de ellos? ¿Podemos considerar que es ético?

Antes de terminar este apartado, hagamos un pequeño análisis de los principales factores que pueden determinar la ingesta de alimentos, y que podemos resumir en 7 puntos:

a) **Hambre y saciedad.** Como acabamos de ver, las sensaciones de hambre y saciedad, junto con las de apetito y saciación, van a determinar qué, cuánto y cuándo ingerimos comida (a veces también cómo). Y en este sentido no debemos dejar toda la responsabilidad a la fisiología o la bioquímica, porque como hemos comentado hay otros aspectos que también pueden influir en una mayor o menor sensación de hambre y/o saciedad. Por ejemplo, la calidad del alimento que se consume o la percepción que tengamos del plato antes de empezar a comer. El efecto sobre la saciedad de alimentos muy azucarados o con cantidades elevadas de grasa de peor calidad es mucho menor que el de alimentos ricos en fibra o proteína. Esto explica, por ejemplo, que seamos capaces de comernos una bolsa de *croissants* de crema de cacao y no sentirnos llenos, pero no podamos comernos 15 manzanas seguidas sin sentir saciedad extrema.

Como ya vimos en el capítulo anterior, no todos los alimentos son iguales y debe prevalecer siempre la calidad. Otro ejemplo sería la masticación o la velocidad a la que comemos. Masticar bien los alimentos ayuda a activar la sensación de saciedad, lo cual va ligado a comer más despacio y a reconocer mejor los sabores. El cerebro necesita al menos 20 minutos para que se generen los mecanismos fisiológicos que darán lugar a la sensación de saciedad. Cualquiera de estos factores puede alterar los mecanismos que regulan el hambre y la saciedad.

b) **Palatabilidad.** Ya hemos hablado antes de ella: es la sensación agradable que se tiene al introducir un alimento en la boca. Esta característica, a nivel de composición alimentaria, la generan los azúcares simples, las grasas, las harinas refinadas, la sal y los potenciadores del sabor. Se ha observado (Vinda-Smith *et al.*, 2022) que los productos que contienen estas sustancias, o mezclas de ellas, inducen cambios neuroplásticos en el sistema de recompensa, del que hablaremos más adelante, lo que tiende a aumentar el número de porciones ingeridas, lo cual se asocia a una mayor ingesta y a un mayor componente emocional. Es por ello que debemos tener en cuenta la importancia del retraso de la exposición a alimentos palatables en población infantil, de cara a los posibles efectos que esto pueda tener en la conducta alimentaria en el futuro.

c) **Aspectos sensoriales.** El olor, el sabor, el color o la textura juegan también un papel importante en los mecanismos que regulan la elección de alimentos. Nos resulta más apetecible un plato bien presentado y decorado, con colores atractivos (aunque la materia prima no sea muy buena o incluso no nos guste) que un alimento que nos encante, pero mal presentado. Ahondaremos en este tema en mayor profundidad en el apartado 2.6.

d) **Aspectos psicológicos.** Como veremos en los próximos capítulos, los aspectos psicológicos (estados de ánimo, estrés, patologías psiquiátricas, etc.) pueden determinar las elecciones alimentarias que se realizan, pues influyen, directa o indirectamente, en mecanismos hormonales relacionados con las emociones y a su vez con la homeostasis energética.

e) **Accesibilidad, variabilidad y coste.** La disponibilidad de alimentos y productos alimentarios hace que nos sea más complicada la elección de alimentos. De esta forma, por ejemplo, cuando vamos a un bufete libre, el simple hecho de ver grandes cantidades de comida y mucha variedad de esta determina una mayor ingesta, pues se estimula la sensación de hambre y apetito. Bárbara Rolls, investigadora de la Universidad Estatal de Pensilvania, observó ya en 1981 que, a mayor cantidad de colores, texturas, sabores o aromas, la persona pierde la capacidad de escoger en función de su apetencia, pues todo le resulta atractivo. Además, tener delante más platos (en número) también afecta a la cantidad que se ingiere. Estos resultados se han confirmado por varios investigadores, como Anouk Hendriks *et al.* (2021). Este tipo de situaciones son especialmente complicadas si la persona presenta una alteración alimentaria o ingesta compulsiva. Por otro lado, las personas con menores recursos económicos tienden a llevar una alimentación menos equilibrada, pobre en frutas y verduras, dada la diferencia de precio entre productos frescos en comparación con otros productos; mientras que un nivel económico mayor no siempre se asocia con un mayor equilibrio nutricional. Finalmente, el lugar donde se compren los alimentos también será determinante, de modo que comprar en un supermercado tendrá un efecto muy diferente en las elecciones de compra en comparación con comprar en un mercado, principalmente por los estímulos a los que estamos sometidos y de los que hablaremos en el capítulo 6.

f) **Entorno social.** Según indican las encuestas de hábitos dietéticos, las clases sociales más bajas se preocupan más por saciar el hambre, sin incidir tanto en la calidad de lo que consumen (dedican el poco dinero que tienen a comer con el fin de obtener energía); mientras que las clases sociales más altas suelen preocuparse más por la salud (al tener mayor disponibilidad económica, se pueden permitir seleccionar), lo cual no se traduce directamente en una mejor alimentación aunque sí en una tendencia a mejores hábitos en general. La zona geográfica donde se resida, así como los aspectos culturales, también van a determinar nuestras elecciones dietéticas como indican Kohen (2011) y Dip (2014).

g) **Educación y conocimientos.** El nivel educativo y de conocimientos juega un papel muy importante en la conciencia alimentaria. De hecho, la inclusión de la nutrición en el currículum académico durante la enseñanza básica se asocia a patrones alimentarios más saludables durante la infancia y la adultez. A su vez, el desarrollo de aptitudes positivas hacia el cuerpo y la imagen corporal positiva en la adolescencia es un factor de prevención de futuras alteraciones de la conducta alimentaria.

Como conclusión, la regulación del hambre y la saciedad puede verse modificada por muchos aspectos, de forma que tanto la conducta alimentaria como la presencia o no de trastornos alimentarios pueden generar alteraciones en las percepciones de estas señales y modificar así el resultado de la ingesta alimentaria.

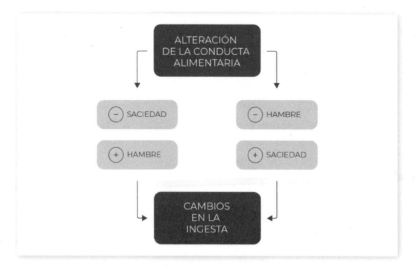

2.5. Sistema de recompensa y adicciones

Frecuentemente cuando se habla de las elecciones de alimentos, tendemos a simplificar la ecuación de variables que afectan al resultado final: comer o no comer. Como hemos ido viendo a lo largo de este punto, son numerosos los factores fisiológicos que se ven implicados en un mecanismo que creemos sencillo y por tanto, fácil de controlar.

La determinación de la ingesta alimentaria no solo hace referencia a las calorías ingeridas, sino también al tipo y a la calidad de alimento, a la forma de ingerirlo y a las asociaciones cerebrales que se hayan establecido entre dichos alimentos y aspectos más emocionales (un recuerdo, una emoción positiva o una negativa, los conceptos aprendidos, el contexto, el ámbito social, etc.).

En este sentido, el aprendizaje de las emociones asociadas a la alimentación tiene gran relevancia durante toda nuestra vida, especialmente en la infancia, ya que es cuando mayor plasticidad neuronal hay y es el momento en que se crean estas alianzas. Asociaciones que, por cierto, comienzan a establecerse desde el embarazo. Según estudios realizados por Menella (2001), el feto es capaz de identificar sabores y relacionarlos con las emociones que su madre le transmite, pues a través del líquido amniótico, las experiencias sensoriales pueden influir en su comportamiento alimentario y en sus preferencias. Por ejemplo, si la madre come anacardos cada vez que está nerviosa, las neuronas del cerebro del feto crearán una asociación: nervios-anacardos. Este fenómeno no solo se limita al embarazo, sino también a la lactancia. En los estudios realizados con bebés alimentados con lactancia materna se observó que estos bebés aceptaban con más rapidez nuevas verduras cuando se les presentaban que los bebés que no tomaron pecho, dado que están expuestos a mayor variedad de sabores, transmitidos a través de la leche materna. Así mismo es fundamental prestar atención a las asociaciones que realizamos con distintos alimentos y disminuir el premiar, castigar, prohibir y obligar a los niños con comida, pues vamos a potenciar el sistema de recompensa y/o a alterar la relación natural con la comida y/o la conducta alimentaria. Pongamos algunos ejemplos:

→ Cuando **premiamos** con dulces al niño para que deje de llorar o se coma toda la comida del plato, le estamos diciendo al cerebro del niño: «Cada vez que me sienta triste, necesito comer dulces», además de alterar su sensación de saciedad, puesto que le forzamos a comer quizá más de lo que necesita solo para conseguir comerse la «chuche»; por ejemplo: «Cuando te termines todo comerás la chuche». Por otro lado, el premio posterior a la ingesta de fruta y verdura asocia esta primera comida a algo «más feo y desagradable» que se debe superar para poder comer lo rico: la chuche. Por último, si por comerse el dulce ha de terminar toda la comida, abandonamos la toma de decisiones propias del niño con relación a cuánto y cómo ingiere (pues puede ir más rápido para lograr el premio). Todo ello generará mayor apetencia por los dulces y mayor activación del sistema de recompensa. Esta apetencia se genera por el incremento de la conducta asociada, es decir, si hago las cosas bien, logro un premio, y así el premio queda reforzado. De esta forma la comida adquiere un valor especial, se convierte en un «regalo», sin que esto se considere algo negativo en sí mismo.

→ Cuando **castigamos** a un niño con comerse las verduras o con no comer dulces si no recoge sus juguetes, le estamos diciendo al cerebro del niño: «Las verduras no son buenas» o «Los dulces solo son para momentos buenos». En este sentido, castigar con alimentos saludables que además suelen ser rechazados habitualmente solo fomenta una mayor aversión por los mismos.

→ Cuando **prohibimos** a un niño cualquier alimento, su cerebro genera mayor curiosidad por probarlo. Esto no tiene por qué ser algo negativo en sí mismo, pero sí puede serlo en tanto en cuanto prohibimos alimentos que deben ser de consumo menos frecuente y que están asociados a la activación del sistema de recompensa, como pueden ser los dulces o las chucherías. Según el estudio de Rollins *et al.* (2016), las prácticas de alimentación restrictiva (fomentadas por el temperamento infantil y los comportamientos relacionados con la motivación alimentaria del niño) pueden aumentar la ingesta desregulada de alimentos prohibidos por parte de los niños. Este efecto es extrapolable a los adultos. **NO PROHIBIR, NO OFRECER** es una frase que resume lo expuesto anteriormente pero en la que debemos buscar el equilibrio. ¿Qué ocurre cuando los peques comienzan a estar expuestos a estos alimentos en otros contextos, aunque no sea un producto habitual en casa? Es entonces cuando comienza una de las etapas más difíciles de gestionar por las familias y de la que hablaremos más adelante. Cuando llega esta etapa, hay que prestar atención a la flexibilidad, la incorporación y normalización de determinados productos o alimentos, continuar con la NO PROHIBICIÓN y mantener las recompensas y castigos con la comida a un margen. Imaginaros cuánto de difícil es introducir flexibilidad en la alimentación de los más pequeños, cuando para los propios adultos que tienen que introducirla es un gran reto.

→ Cuando **obligamos** a un niño a comer cualquier alimento, ya sea más o menos nutritivo, su cerebro genera mayor rechazo y se produce una alteración de la sensación de saciedad, pues le estamos forzando a comer en contra de su voluntad.

PREMIO (DULCE)	CASTIGO (VERDURA)	PROHIBICIÓN (DULCE)	OBLIGACIÓN (VERDURA)
· Apetencia · Mayor deseo · Asociación emocional	· Rechazo · Aversión · Asociación emocional	· Apetencia · Mayor deseo	· Rechazo · Alteración saciedad

Todas estas asociaciones emocionales que se establecen desde la infancia, potenciadas aún más por el entorno, generan conductas alimentarias inadecuadas en la edad adulta mucho más difíciles de gestionar, pues llegan a convertirse en elecciones involuntarias e inconscientes que han llegado a instaurarse como patrones. No son pocas las veces que hemos escuchado a personas que, aun sintiendo saciedad, no pueden dejar nada en el plato, ya que su aprendizaje les marcaba esta norma para poder dar por finalizada la comida; o al contrario, que siempre necesitan servirse en platos pequeños por miedo a ser juzgadas por la cantidad de comida que ingieren.

Y ¿cómo actúa y funciona el sistema de recompensa cerebral? Para poder entender este mecanismo debemos recordar primero los tres tipos genéricos de hambre que se producen:

a) **Hambre fisiológica:** es la sensación de hambre que se produce por la escasez de energía y por la necesidad de nutrientes.

b) **Hambre emocional:** es la sensación de hambre que se produce como consecuencia de una emoción.

c) **Hambre hedónica:** es la sensación de hambre que se produce exclusivamente por el placer de comer.

Cuando nuestro cerebro detecta que hay una necesidad energética, como vimos anteriormente, se genera sensación de hambre, y esta está mediada principalmente por la grelina e inhibida por la leptina. Por su parte, el hambre emocional vincula nuestras emociones con la comida, viéndose influenciada por nuestra historia de aprendizaje, habilidades disponibles, etc. Además, en la mayoría de los casos suele ser usada como mecanismo de gestión. Rajita Sinha, del Departamento de Neurociencia de la Universidad de Yale, explica que los alimentos «gratificantes» son capaces de estimular la motivación de recompensa del cerebro y los circuitos de estrés para influir en los comportamientos alimentarios, estimulando hormonas metabólicas y de estrés, que a su vez secuestran las vías emocionales (límbicas) y motivacionales (estriatales) del cerebro para promover el antojo de alimentos. En este caso no estamos hablando de una necesidad fisiológica de ingerir nutrientes, sino de una necesidad emocional. Por último, el hambre hedónica es aquella en la que, *a priori*, no interviene un mecanismo de gestión emocional, sino que simplemente se trata del propio disfrute del acto de comer. Sin embargo, nuestros sentidos se vinculan con recuerdos y asociaciones que hemos construido a lo largo de nuestras vidas y que inevitablemente nos hacen sentir. Igualmente, numerosos autores utilizan terminologías muy variadas como hambre lúdica usada por Evelyn Tribole y Elyse Resch o el concepto de hambre de corazón usado habitualmente en *mindful-eating*. En estos dos últimos casos de hambre emocional y hedónica, aunque de forma distinta, entra en juego el sistema de recompensa, una compleja red de estructuras cerebrales interconectadas que, en respuesta a estímulos externos, genera emociones agradables mediadas por la liberación de dopamina, que nos lleva a modificar o potenciar comportamientos a consecuencia del refuerzo positivo.

Este sistema existe como mecanismo básico de supervivencia, de forma que repite acciones beneficiosas para el organismo. El ejemplo más claro es el sexo, que genera placer para asegurar la supervivencia de la especie. Del mismo modo, si un veneno es muy amargo y se rechaza, no se activará el sistema de recompensa y no se querrá volver a probar, mientras que, si el hecho de estar en un

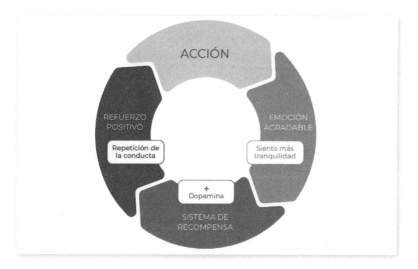

lugar cálido nos permite mantener la temperatura corporal y sentirnos mejor, el sistema de recompensa tratará de buscar y repetir esa conducta. Lo mismo ocurre con la comida: aquellos productos o alimentos asociados a emociones, sobre todo positivas, activarán el sistema de recompensa y fomentarán conductas de repetición, incrementándose la necesidad de comer para sentirse bien. Y aquí no hablamos de nutrientes, es decir, que la activación de este sistema no depende del nutriente ingerido de forma directa (aunque es cierto que hay sustancias que son más propensas a activarlo), sino de los estímulos sensoriales y emocionales que subyacen a la ingesta. Del mismo modo, la respuesta no solo es emocional, sino que también actúa a nivel de la memoria y el aprendizaje, base que sustenta las conductas repetidas.

Entre las estructuras que forman parte de este sistema y que trabajan de forma conjunta se encuentran: la amígdala (regula las emociones), el núcleo accumbens (controla la liberación de dopamina), el área tegmental ventral (donde se libera la dopamina), la glándula pituitaria (libera oxitocina y endorfinas), el cerebelo (funciones musculares), el sistema límbico y la corteza prefrontal (modulan la conducta y las emociones y están interconectados con el núcleo accumbens y el área tegmental). Este enrevesado sistema actúa de forma extremadamente rápida, integrando la información para dar lugar a acciones voluntarias que generen placer. ¿Y este sistema está siempre ligado a los dulces? No tiene por qué. Puede estar ligado a cualquier acción que nos induzca una sensación de satisfacción (comida más o menos nutritiva, drogas, alcohol, sexo, deporte, etc.). Es más, debemos ser cautos con esta afirmación o con el uso que se le da a esta información, ya que como señalan Tribole y Resch en su libro *Alimentación intuitiva*: «El exceso de atención a la nutrición ha creado a personas que desarrollan sentimientos de culpabilidad por consumir una comida tradicional en una fiesta». Lo que sí debemos tener en cuenta es la importancia de los comportamientos que pueden activar este sistema y generar modificaciones en la conducta en consecuencia, si fuera necesario.

¿Significa esto que debemos evitar asociar emociones-comida? Aunque la literatura científica suele conceptualizar la ingesta emocional como algo con connotaciones negativas que necesita ser trabajado; también es cierto que cada situación que encontramos en consulta requiere que prestemos atención al funcionamiento y creación de dichas asociaciones. Veamos un ejemplo: si una persona se encuentra atravesando un mal momento, una situación muy complicada en la cual la ingesta emocional es de las pocas cosas que le permiten mantenerse a flote y tener un momento del día en el que encontrarse en paz, ¿debemos y necesitamos prohibir ese momento? ¿Con qué objetivo terapéutico? Es mucho más interesante dotar a la persona de más recursos y de un sostén para su situación, ya que la falta de habilidades es lo que mantiene la necesidad de la comida de forma recurrente.

¿QUÉ CREO QUÉ ACTIVA MI SISTEMA DE RECOMPENSA?	¿QUÉ EMOCIONES ME HACE SENTIR?

Otra de las grandes cuestiones sobre este tema es: ¿existe la adicción a la comida? Un debate que aún sigue sin una respuesta contundente. Sin embargo, hay estudios que han establecido una asociación entre la ingesta de grasa y azúcar con la activación de determinadas áreas cerebrales de forma muy similar a lo que ocurre con el consumo de drogas (cocaína). Existe evidencia científica de que algunos alimentos pueden alterar el circuito de recompensa y convertirse en potenciales adicciones. En el caso concreto del azúcar se ha visto que su consumo repetido genera niveles de dopamina prolongados, lo cual induce tres respuestas: por un lado, se activan las vías de gratificación, lo que da lugar a la necesidad de consumir más cantidad de azúcar; por otro lado, aumenta la tolerancia, es decir, el umbral es más alto y se necesita mayor dosis para generar el mismo efecto; y por último, hay una mayor susceptibilidad, con lo que se libera dopamina con más facilidad. Como consecuencia, al igual que ocurre con otras drogas, cada vez se necesita consumir más cantidad de azúcar, provocando sensación de ansiedad e incluso depresión si dejamos de tomarla. Además, se ha observado que, si el dulzor desaparece de forma rápida, se incita a comer más cantidad. Por otro lado, la secreción de dopamina no se produce exclusivamente durante y después de la ingesta, sino que puede tener lugar antes, cuando pensamos en lo bien que nos sentiremos al comer un alimento, en cuánto nos apetece o en el recuerdo positivo que tenemos de él.

La adicción a la comida está siendo muy estudiada en los últimos años, aunque es un concepto que lleva siendo investigado desde 1956 cuando fue descrito por primera vez por Randolph. Esta conducta adictiva está relacionada con el tipo de alimento, de forma que los alimentos más palatables son los que dan lugar a síntomas similares a la adicción: preocupación excesiva, consumo elevado, *craving* (antojo), tolerancia, abstinencia, malestar, según afirma la revisión sistemática llevada a cabo por Gordon *et al.* (2018). La situación actual es que existe mucha controversia con este término de adicción a la comida, puesto que se plantean varios escenarios diferentes, según Hebebrand *et al.* (2014) y Meule (2019): por un lado, la posibilidad de que sean determinadas sustancias que forman los alimentos las que generen el comportamiento adictivo, y por otro, que exista una adicción conductual hacia la comida en general. En cualquier caso, la «adicción a la comida» puede ser un indicador de gravedad de los TCA, tanto en la sintomatología como en la psicopatología y en la menor consciencia interoceptiva (Romero *et al.*, 2019). No obstante, se necesitan más investigaciones para establecer patrones y síntomas que caractericen a la adicción a la comida (Hauck *et al.*, 2020). El ciclo propuesto para la adicción a la comida de la figura muestra que cuando se consumen los alimentos más sabrosos (palatables), el cerebro libera dopamina junto a otros neurotransmisores opioides, dando lugar a la regulación de sus receptores a la baja. Esto genera una reducción de la sensación de placer durante el consumo de estos alimentos. Al combinar este efecto con los síntomas de tolerancia, ansia, retraimiento y otras dificultades sociales, emocionales y conductuales, la persona adopta comportamientos compensatorios aumentando la ingesta de estos alimentos. Como consecuencia, el consumo de alimentos puede volverse compulsivo, creando así un ciclo de adicción a la comida (Adams *et al.*, 2019), como muestra la imagen.

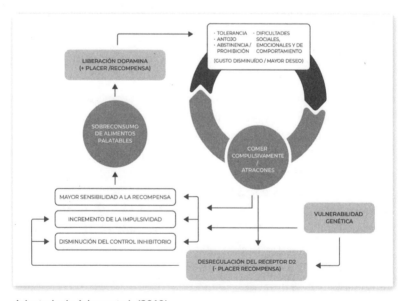

Adaptado de Adams et al. *(2019)*

Desde el punto de vista psicológico, son tres las teorías que se barajan actualmente. Por un lado, tenemos compañeros/as que se centran en descartar el discurso orientado hacia la adicción a la comida; por otro lado, otro grupo de profesionales afirman que podemos hablar de adicción a la comida al igual que otras adicciones sin sustancias. El tercer grupo se centra en la diferencia entre adicción a la comida (al igual que adicción a las sustancias), haciendo referencia a la adicción física y a la adicción comportamental (del mismo modo que otras adicciones comportamentales como la adicción al juego). Lo que sí parece claro es que los problemas de control (comportamental) y la recompensa cerebral asociada (sustancia) son dos factores relacionados con el concepto de adicción a la comida.

A la hora de llevar a cabo un tratamiento psicológico, es importante que tengamos en cuenta la incapacidad de trabajar la adicción a la comida de la misma forma que se hace con otras adicciones a sustancias, dado que la comida es un estímulo al que debemos estar expuestos, pues sin ella no podríamos sobrevivir. A pesar de que muchos factores relacionados sean similares, no podemos obviar algunas diferencias como la imposibilidad (y dudosa ética) de mantener la abstinencia, el no poder prescindir de la comida, la amplia variedad y disponibilidad de productos y la forma de actuar a nivel social sobre este tipo de conducta.

Por todos estos motivos, debemos ser cautos a la hora de hablar de «adicción a la comida»; y no únicamente por el debate que aún se encuentra en ciencia en referencia a este concepto, sino por la construcción de una nueva etiqueta con la que algunas personas asumen una serie de creencias del tipo «No puedo hacer nada, soy adicto a la comida» o «No tengo remedio, necesito quitarme de todo como si fuera adicto a otra sustancia». Este tipo de afirmaciones sitúan en control externo (y en sobrecontrol) el trabajo que habitualmente necesitamos realizar en una alteración alimentaria. Por último, no podemos obviar la realidad en la comorbilidad, frecuente entre adicciones comportamentales y de sustancias con alteraciones de la conducta alimentaria (especialmente con la presencia de atracones).

Dejando a un lado los mecanismos fisiológicos y lo que dice la ciencia sobre este concepto, al fin y al cabo, nos encontramos ante una persona que sufre y siente tal descontrol con su alimentación que necesita que desaparezca cuanto antes ese malestar, por lo que está dispuesta a emplear incluso recursos que la pueden dañar. Por ese motivo, es importante que como profesionales de la salud sepamos mirar a las personas que acompañamos con respeto y comprensión de su situación y como personas que entendemos estas circunstancias, desarrollar autocompasión y no olvidar que nuestro juez interno se activa sin tener presente todo lo que realmente influye.

2.6. Los sentidos en la alimentación

¿Te imaginas comer sin activar ninguno de tus sentidos? Eso es lo que a veces nos pedimos y exigimos cuando seguimos dietas muy estrictas que implican relacionarnos con platos que no resultan llamativos a ninguno de nuestros sentidos.

El comportamiento alimentario no solo viene regulado, como hemos visto, por mecanismos homeostáticos, sino que la parte hedónica también interviene en el hambre y la saciedad. Así, aspectos cognitivos, sociales, emocionales, culturales, económicos y también organolépticos son fundamentales para tratar de comprender la forma de alimentarse de cada individuo. Estos factores organolépticos interaccionan con una serie de complejos procesos que implican preferencias, aversiones, valores, tradiciones o simbolismo.

Los sentidos generan una representación interna del mundo externo a través de la información que es enviada al cerebro, encargado de interpretar las señales y determinar cuál será el comportamiento alimentario a seguir. Veamos, uno por uno, los cinco sentidos y cómo pueden influenciar en nuestras elecciones relacionadas con la comida.

La vista. El primer sentido por el que percibimos la comida es la vista y quizá sea el más importante, pues junto con el olfato, determina la aceptación o el rechazo del alimento en un 90 % de los casos. A través de la vista captamos el color, la cantidad, la forma, la presentación e incluso la técnica culinaria con que se ha elaborado el plato. Si todos estos factores unidos generan una sensación apetecible a la vista, la probabilidad de modificar la ingesta aumenta, independientemente de que se tenga o no hambre. Por otro lado, se ha determinado que cuando hay una gran variedad de alimentos a la vista se incrementa el consumo, y si además la cantidad de comida es *ad libitum* (se puede comer cuanto se quiera), se ha observado que la ingesta aumenta en un 23 %. El orden de presentación de los platos, así como el color o el tamaño del plato también determinan la cantidad ingerida de alimento. Por ejemplo, si la misma cantidad de comida se presenta en un plato pequeño, se percibe como una cantidad mayor. Otro ejemplo es el de un estudio en el que presentaban un bizcocho sobre un plato blanco y los participantes percibieron un sabor más dulce. Cuando se genera el fenómeno de segmentación (cortar el alimento en trozos más pequeños), la ingesta suele cambiar. Es una cuestión de percepción; lo que nos muestra Hernández Ruiz de Eguilaz *et al.* (2018) es que, si percibimos que hay una gran cantidad en el plato, la sensación de hambre percibida es menor. Por tanto, cualquier aspecto que pueda ser relevante a la vista (colores, tamaños, formas, presentación, variedad, etc.) va a influir en el consumo.

El olfato. Tenemos más de 400 receptores olfativos que nos sirven para identificar unos 20.000 olores diferentes. Las partículas olfativas son reconocidas por la glándula pituitaria, enviando la información al cerebro para estimular, o no, el apetito. Este sentido es algo más particular que los demás, puesto que está asociado a recuerdos y sensaciones que nos evocan los aromas, de forma que la apetencia puede verse incrementada por un simple recuerdo de la infancia, por ejemplo. Además, posee una función fisiológica importante como es la de impulsar la secreción de jugos gástricos para el proceso de digestión y para identificar alimentos que se encuentran en mal estado. Se ha observado que personas con un IMC clasificado como no normativo tienen un menor sentido de precisión olfativa. Por otro lado, se ha observado que el ayuno genera una mayor sensibilidad olfativa, y que existe una relación entre los mayores niveles de percepción olfativa y un mayor grado de neofobia alimentaria (Sorokowka *et al.*, 2022).

Así, la estimulación sensorial olfativa induce una mayor ingesta de alimento. El olfato también está relacionado con una región cerebral que regula el metabolismo, de manera que cuando se siente hambre, la sensibilidad olfativa se incrementa con el fin de ingerir más alimento y poder almacenar calorías como mecanismo de prevención al hambre.

El tacto. Mediante el tacto, determinado por la lengua y el paladar, se identifica la textura y la temperatura del alimento. Se sabe que temperaturas más altas generan mayor sensación de saciedad. Por otro lado, tanto las texturas mezcladas como las texturas crujientes estimulan la ingesta. En un estudio realizado comparando alimentos con y sin condimentos (salsas) se observó que el consumo aumentaba hasta en 500 kcal cuando se mezclaban los alimentos y se presentaban con salsas (*brownie* con salsa de vainilla o patatas fritas con salsa de tomate), cosa que no ocurría cuando se ofrecían los mismos alimentos por separado. Otro factor que estimula la ingesta es la presencia de texturas crujientes, bien sean solas o mezcladas con otros alimentos. Además, el ritmo de consumo varía por la textura; las texturas más viscosas y duras se asocian a un ritmo más lento, mientras que las texturas más suaves están vinculadas a ritmos de ingesta más rápidos. También la forma larga y gruesa es percibida como más abundante y más saciante.

El oído. El sonido es el sentido que menos participa en la elección de alimentos, aunque oír crujir un alimento estimula el deseo de comerlo. La atracción por lo crujiente viene de lejos, según el antropólogo John S. Allen, pues una manera de distinguir si un alimento está o no en buen estado es por el crujido; por ejemplo, una verdura blanda indica que está menos fresca que una crujiente. Los estudios de percepción sensorial de Spence (2015) muestran que la manera en que percibimos el sabor de un alimento viene determinada por el sonido que produce al ser masticado, siendo el rango de frecuencia del sonido crujiente que más nos gusta el que va de los 90 a los 100 decibelios.

El gusto. Existen 5 sabores básicos: ácido, amargo, dulce, salado y umami, que pueden combinarse entre ellos y generar nuevos sabores. En los últimos años, investigadores de la Universidad de Purdue (Indiana) han comenzado a hablar de un nuevo sabor: el sabor a grasa, llamado *Oleogustus* (Running *et al.*, 2015). De todos ellos, los más relacionados con una mayor ingesta alimentaria son el dulce y el salado, aunque el umami y el *oleogustus* también parecen tener efectos, debido a las consecuencias sobre el grado de palatabilidad que tienen. El sabor de un alimento, junto con el resto de información que nos proporcionan los sentidos, nos ayudará a decidir si el alimento nos gusta o no, lo cual determinará el tiempo que dicho alimento pase en la boca, contribuyendo a la saciedad en caso de que el tiempo sea mayor. En este sentido, Jian You Lin *et al.* (2014) mostraba cómo las experiencias gustativas seguidas de malestar gastrointestinal generan una asociación de aversión al sabor que implica una reducción aprendida en la palatabilidad de un sabor, lo cual tendrá efectos a nivel de la ingesta y la elección alimentaria. Debemos tener en cuenta que el sabor y la apetencia por un alimento van a cambiar durante la ingesta de este.

Las modificaciones de las características sensoriales influyen en la ingesta, pudiendo variar las cantidades ingeridas hasta en un 300 %, y afectando también a otros aspectos como la forma en la que se come, pues la información que los receptores sensoriales envían al cerebro se mezcla con nuestro aprendizaje, emociones, pensamientos, contexto, etc., antes de generar una señal de respuesta. Partiendo de la base de que no todo el mundo tiene la misma capacidad de percepción sensorial, de que factores como el envejecimiento inducen una pérdida sensorial (volviéndose los sabores más homogéneos) y de que algunas enfermedades o tratamientos pueden alterar la capacidad sensitiva, no debemos dejar de lado el papel que tienen los sentidos en nuestras elecciones alimentarias, muchas veces influenciados también por las emociones asociadas al entorno o a recuerdos y experiencias vividas. Por último, nos gustaría hacer una reflexión con relación a los sentidos en la comida. Y es que, más allá de lo que nuestras capacidades sensoriales nos afecten y de en qué grado determinen nuestra ingesta, hemos pasado de comer por necesidad a buscar nuevas sensaciones a través de los alimentos. ¿Para qué crees que necesitamos buscar estas sensaciones en la comida? ¿Piensas que puede estar vinculado con la relación emocional con la comida? En nuestra opinión, consideramos que se debe más a una necesidad de innovación (nuevas texturas, olores, colores, formas, etc.) que de búsqueda de emociones que paliar comiendo. Las estimulaciones externas cada vez son mayores y esto a su vez nos lleva a la incansable búsqueda de nuevas sensaciones.

De este tema hablaremos en el próximo capítulo.

2.7. Efectos fisiológicos de las dietas restrictivas

¿Qué pasa en nuestro cuerpo a nivel fisiológico con el tejido adiposo? El tejido adiposo se asocia al almacenamiento del exceso de energía en forma de grasa, pero este concepto de tejido adiposo ha cambiado en los últimos años. Actualmente es un tejido con una alta actividad metabólica, siendo un órgano endocrino capaz de establecer comunicación con otros órganos a través de la liberación de moléculas llamadas adipoquinas. Estas sustancias participan en el control de la ingesta, en la homeostasis de la glucosa, en procesos pro y antiinflamatorios, en la reproducción y desarrollo sexual o en el balance de energía y el metabolismo lipídico, entre otras funciones. Dicho esto, debemos entender el tejido adiposo como un órgano mucho más complejo que una bolsa que acumula grasa.

Cuando se produce un aumento de la grasa, tiene lugar una remodelación del tejido adiposo, dado que los adipocitos (células que acumulan grasa) deben ser capaces de almacenar todos los depósitos (Vega-Robledo *et al.*, 2019). En este sentido se pueden producir dos sucesos: hipertrofia (aumento del tamaño de los adipocitos) e hiperplasia (aumento del número de estas células). El primer suceso que tiene lugar es la hipertrofia, en la que, si la vascularización es adecuada, los adipocitos empiezan a incrementar su tamaño. Esto ocurre hasta que se llega a un punto crítico en el que ya no es posible seguir creciendo. En este punto, si todo funciona bien, se empieza a producir la hiperplasia (aumenta el número de adipocitos a partir de preadipocitos) sin que haya una anormalidad metabólica; es cuando hablamos de la obesidad metabólicamente sana. Estas nuevas células pueden seguir creciendo (hipertrofia) para seguir acumulando grasa. Pero si el crecimiento en tamaño es muy elevado, el adipocito se puede volver disfuncional, dando lugar a alteraciones de la función endocrina y metabólica (Morigny *et al.*, 2021).

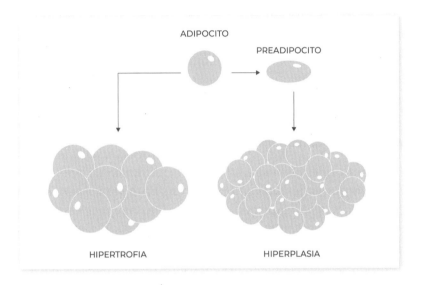

Retomando el concepto de fenotipo ahorrador que veíamos en el punto 2.3, acuñado por David Barker en 1989, el organismo está diseñado, desde el punto de vista evolutivo, para ahorrar energía, como muy bien explica José Enrique Campillo, catedrático de Fisiología en la Facultad de Medicina de la Universidad de Extremadura, en su libro *El Mono Obeso*. Es decir, estamos programados para acumular energía en forma de grasa debido a las épocas de hambruna que ha sufrido nuestra civilización. De esta forma, se ha visto que los sujetos que nacieron con bajo peso al nacer y cuya madre sufrió deprivación de alimentos, tienen mayor tasa de *obesidad* y de mortalidad por enfermedades crónicas no transmisibles. Los bebés que nacen bajo estas condiciones tienen una impronta génica que supone una especie de marcaje de carencia alimenticia, por lo que su metabolismo suele ser muy bajo, orientado a ahorrar energía en lugar de quemarla. No obstante, cuando la disponibilidad alimentaria es alta y la abundancia permite poder comer cualquier tipo de alimento, al tener este fenotipo ahorrador, se tiende a acumular en mayor medida lo que se come en forma de grasa, incrementando así la probabilidad de sobrepeso y obesidad. Perder esta huella genética (la herencia del hambre) no es fácil, y puede requerir de varias generaciones. No obstante, no podemos olvidar que la genética no lo es todo y que hay numerosos factores que pueden hacer que esa «huella» se modifique, como veremos más adelante en el capítulo 3.

¿Cómo afecta a todo este proceso la realización de numerosas dietas restrictivas? Los cambios bruscos de peso no son buenos aliados para la funcionalidad de nuestro organismo, en ningún sentido. Cuando se realiza una dieta muy hipocalórica con la finalidad de perder peso, el organismo comienza a utilizar la grasa almacenada en el tejido adiposo como fuente de energía para sobrevivir, ya que estas dietas suelen estar muy por debajo de nuestras necesidades fisiológicas mínimas y pueden comprometer nuestra vida. Esto implica que los adipocitos que hubieran aumentado de tamaño, volverán a su tamaño inicial. No obstante, en el caso de que se hayan generado nuevas células grasas, estas ya pasan a formar parte de nuestro tejido adiposo para siempre, por lo que, aunque disminuyan de tamaño, no lo harán en número. Por ello, durante el desarrollo infantil es importante mantener una tasa adecuada de adipocitos (en número), ya que el incremento de este nos va a acompañar en la adultez. En el momento en que se abandona la dieta hipocalórica, pues no es sostenible en el tiempo, se suele producir una recuperación tanto de la grasa como del peso. De hecho, lo que nos dicen los estudios es que las personas que aumentan y disminuyen de peso de forma drástica acaban teniendo una mayor capacidad de almacenar grasa y una mayor dificultad para perderla.

Además, al hilo del fenotipo ahorrador, las dietas altamente hipocalóricas van a fomentar esta práctica de ahorro energético, dado que durante un tiempo prolongado se ingiere una cantidad ínfima de calorías, por lo que el cuerpo entra en modo «ahorro», disminuyendo el metabolismo para gastar lo menos posible. El problema es que después de estos procesos tan dañinos, se retoman los hábitos que se tenían antes de la *dieta*. Al estar nuestro organismo en modo ahorrador, cualquier cosa, por pequeña que sea, será exprimida al máximo para obtener energía suficiente, puesto que ha pasado mucho tiempo sin saber cuándo se podrá recibir energía suficiente. Por tanto, tal como nos dicen Busetto *et al.* (2021), esta adaptación metabólica explica que el 90-95 % de las personas que realizan dietas restrictivas acaben recuperando el peso, lo cual nos hace reflexionar sobre si, como sociedad, estamos poniendo el foco en el lugar adecuado. Y la conclusión a esta reflexión es que no.

Por otro lado, cuando se lleva a cabo una dieta restrictiva se produce una alteración en las sensaciones del hambre y de la saciedad. Dejar de comer o comer pequeñas cantidades de comida impide que se llegue a sentir saciedad, pudiendo afectar posteriormente a la capacidad de poder sentirnos saciados, con lo que la cantidad de comida ingerida una vez abandonada la dieta puede no atender a nuestras necesidades fisiológicas, ya que no podemos identificar las señales que nos envía el cerebro. También se altera la sensación de hambre, que se hace más persistente y presente durante el periodo «dieta», dado que normalmente al principio se pasa bastante hambre, aunque luego el organismo se adapta y se pierde dicha sensación, lo cual no significa que no se necesite aportar energía y nutrientes al organismo, sino que más bien perdemos la capacidad de darnos cuenta de dichas necesidades.

Más allá de la relación de las dietas con el metabolismo lipídico, la homeostasis y las señales fisiológicas de hambre y saciedad, el uso de este tipo de estrategias como mecanismo para bajar de peso tiene numerosos efectos negativos para la salud. Como nos indican Carlos Colmena-Zaragoza *et al.* (2019) y ya en su día fue publicado por Julio Basulto *et al.* (2012), la carencia de nutrientes esenciales (proteínas, vitaminas, minerales, grasas o hidratos de carbono) para el funcionamiento del organismo que acarrean estas dietas (que podemos denominar dietas milagro) da lugar a un desequilibrio nutricional que conlleva consecuencias a nivel de salud, entre las que podemos encontrar: alteraciones del sistema nervioso, desnutrición, enfermedad cardiovascular, alteraciones hepáticas o renales, deshidratación, alteraciones endocrinas, mayor riesgo de atracones o de TCAs, acidosis, etc. Pero, sobre todo, y además de estos riesgos, se genera un patrón inadecuado de alimentación que nada tiene que ver con la instauración de unos hábitos de vida que promuevan la salud.

Por otro lado, en los últimos años se han puesto de moda otras estrategias dietéticas que también implican ciertas restricciones alimentarias, aunque no estén focalizadas en la energía, como con la dieta cetogénica o el ayuno intermitente. El primer caso se trata de una dieta alta en grasas y muy baja en hidratos de carbono. Normalmente, nuestro organismo obtiene la energía de los carbohidratos, por lo que si los restringimos se ponen en marcha otros mecanismos para el mantenimiento de las funciones metabólicas, lo que da lugar a la generación de cuerpos cetónicos. Este tipo de dietas se utilizan en casos como la epilepsia refractaria, sobre todo en niños y adolescentes (Wells *et al.*, 2020) o la diabetes mellitus, donde se ha observado una mejora de la sintomatología, como muestran Dashi *et al.* (2021). A pesar de que hay varios estudios que apuntan al uso de esta estrategia para perder peso, la evidencia nos muestra que estos estudios pueden estar sobreestimados por los sesgos de publicación, lo cual hace innecesario el uso de esta dieta para el control del peso (Díaz-Muñoz *et al.*, 2021). De nuevo, poniendo el foco en el lugar equivocado. En el segundo caso, el ayuno intermitente, que consiste en la privación de la ingesta durante una ventana de tiempo que varía en función del tipo de ayuno, a pesar de que parece que puede mejorar el perfil metabólico en ciertas situaciones, no existe un consenso al respecto como para afirmar que existan beneficios sobre la salud, tal como afirma Patikorn *et al.* (2021), por la falta de estudios a largo plazo. Además de estar desaconsejado en numerosas situaciones (…), se ha observado que el ayuno intermitente está asociado con una mayor sintomatología de trastornos alimentarios (Cuccolo *et al.*, 2022;

Ganson *et al.*, 2022). En cualquiera de los dos casos, lo que sí vemos a nivel clínico es que el uso y/o abuso de estas dietas genera patrones alimentarios disfuncionales que, más allá de sus efectos a nivel metabólico (posibles déficits nutricionales u otros efectos indeseables), generan alteraciones importantes sobre las señales de hambre y saciedad, así como sobre la percepción e identificación de necesidades, fomentando en muchos casos una rigidez con la comida que no está alineada con una alimentación saludable. Tomarse estas modas precipitadamente es un error, y cualquier abordaje dietético-nutricional debe estar siempre supervisado por un profesional, pues hacerlo sin supervisión puede conllevar serios problemas de salud, tanto a nivel físico como a nivel psicológico.

■ Capítulo 3

El papel de las emociones

El efecto de las experiencias emocionales positivas puede tener un mayor impacto sobre la salud que los alimentos que se consumen.
Evelyn Tribole y Elyse Resch, *Alimentación Intuitiva*

3.1. Evolución del concepto «ingesta emocional»

Adentrarnos en las emociones es imprescindible cuando hablamos de alimentación y hábitos. Las emociones se relacionan con nuestra forma de comer y, ante diversos tipos de emociones, podemos modificar nuestro comportamiento. Trabajar con las emociones implica una gran conexión y conocimiento desde los profesionales de la psicología, como señala María José Pubill en su libro *Guía para la intervención emocional breve*: «Trabajar con las emociones en psicoterapia es como hacer sonar un instrumento de música. Has de conocer el instrumento y saber manejarlo bien. Tienes que dominar la pieza y, para ello, has de haber practicado. Pero, ante todo, has de fundirte con el instrumento y meterte en la pieza para que aquello suene de forma adecuada».

La emoción a veces puede sentirse como una ola que nos invade, es una reacción que implica activación fisiológica ante un activador interno o externo. Cuando esa emoción aparece, nuestros pensamientos y el sentido que le damos a la misma (nutrido por nuestra historia de aprendizaje, contexto social, recuerdos, etc.) nos acerca a lo que llamamos sentimiento. En este momento, probablemente la intensidad de la emoción se haya reducido y seamos capaces de manejar la situación activando otros recursos y habilidades.

Seguro que alguna vez has notado que decirle a alguien «relájate» cuando se encuentra con una alta intensidad emocional, no solo no va a ayudar a la persona a llegar a dicho estado, sino que además actuará como un mensaje invalidante de la emoción que generará mayor rechazo hacia ella; esto ocurre porque habitualmente esos «relájate» los damos justo en el momento de alta intensidad, cuando aún la ola emocional nos invade. ¿Te imaginas que te pidan relajarte cuando te encuentras frente a una gran ola que no sabes surfear? A eso hacemos referencia cuando hablamos de intensidad emocional y falta de recursos para gestionarla.

Podemos encontrarnos con emociones que suelen resultar más cómodas y otras consideradas «incómodas», pero todas igual de necesarias. Son numerosos los estudios que ya demuestran que todas las emociones nos vinculan con la alimentación. Hasta hace unos años, se consideraba que las emociones mal llamadas negativas eran las que casi de forma exclusiva se asociaban a la ingesta emocional. Sin embargo, aunque las emociones consideradas negativas son las que se relacionan con mayor frecuencia, es cierto que las celebraciones y las recompensas de buenas noticias también desencadenan un funcionamiento similar, así como otras emociones «neutras» como el aburrimiento. Algunos autores respaldan esta idea señalando que las emociones positivas también pueden estar relacionadas con esta forma de comer (Macht *et al.*, 2004). Por ejemplo, Peña *et al.* (2015) señalan cómo las emociones que los universitarios experimentan con mayor frecuencia durante la alimentación son: alegría, alivio, amor, arrepentimiento, asco, culpa, disfrute, felicidad, placer, remordimiento, repulsión y ternura. Las autoras reivindican la necesidad de estudiar en mayor profundidad las emociones consideradas positivas relacionadas con la alimentación.

Adentrándonos en las emociones consideradas «negativas» o incómodas, no son solo aquellas que se relacionan con «me encuentro mal». Esta es una de las frases que más usamos pero que es tan frecuentemente referenciada, que a veces carece de un verdadero mensaje, para el cual necesitaríamos ampliar nuestro lenguaje emocional. Para ello, es interesante que conozcamos un poco más sobre las emociones y su clasificación.

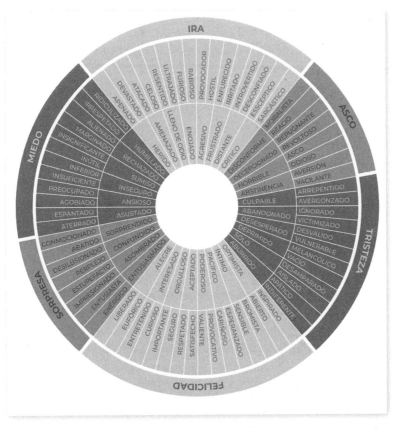

En esta rueda se muestran las distintas emociones agrupadas en las 6 emociones básicas. Modificado de Adrián Silisque (basado en Ekman P, 1999)

La forma de clasificar las emociones puede seguir dos enfoques diferentes. El primero se basa en el modelo categórico, donde hay un número de emociones básicas, innatas y fruto del proceso evolutivo. De hecho, resultan de las funciones de la parte más ancestral de nuestro cerebro (amígdala y sistema límbico). Su objetivo básico es la supervivencia, sin importar la consciencia o los pensamientos, por lo que están asociadas a funciones involuntarias (ritmo cardíaco, respiración, sudoración, etc.). Tras la aparición del córtex prefrontal, se empezaron a desarrollar los estados emocionales secundarios, donde la conciencia sí juega un papel, convirtiéndose en una compleja red de conexiones neuronales. No obstante, estudios recientes apuntan a que las emociones primarias siguen controlando la respuesta emocional y la creación de emociones secundarias.

Por otro lado, el modelo dimensional explica la integración cerebral que se genera cuando hay situaciones emocionales, de forma que se produce una combinación de experiencias, emociones y juicios (agrado o desagrado), lo que conlleva a que la persona reaccione de una forma u otra (acercamiento o alejamiento del estímulo). Lang *et al.* (1998) añadieron una tercera dimensión, que hace referencia a la percepción de control que tiene el individuo sobre sus propias emociones y el entorno que las propicia. Es la dominancia. Esto explicaría que una misma situación o circunstancia genere distintas respuestas en cada persona.

En general, vamos a referirnos a las definiciones de Paul Ekman sobre las seis emociones básicas para poder comprender mejor nuestro mundo emocional. Según Ekman, esas emociones son: asco, miedo, sorpresa, alegría, tristeza e ira. Cinco de ellas puedes verlas en la película *Inside Out* (*Del Revés*), que te recomendamos encarecidamente. Estas emociones primarias son estados afectivos que tienen una función adaptativa, pues tratan de que el organismo sea capaz de reaccionar ante un estímulo determinado. A partir de estas emociones básicas se genera una amplia variedad de emociones secundarias. Otros autores nos hablan de emociones primarias y secundarias desde otro enfoque. A veces, aquello que somos capaces de identificar que sentimos es una emoción específica como «enfado», debajo de la cual encontramos otras posibles emociones que dan significado a esta: frustración, rabia…, pero que quizás tenemos más resistencias para llegar a ellas.

Nuestra escasa educación emocional nos hace presentar dificultades en la identificación de cómo nos sentimos, no solo por la incapacidad de reconocer nuestro estado, sino también por el poco conocimiento que a veces disponemos de las distintas emociones que podemos nombrar. En la siguiente tabla te mostramos algunas de ellas y te animamos a buscar información sobre aquellas cuyo significado te genera dudas.

Aburrimiento	Culpa	Empatía	Inseguridad	Rabia
Aceptación	Curiosidad	Espanto	Ira	Rebeldía
Admiración	Decepción	Esperanza	Irritación	Rechazo
Alegría	Desamparo	Euforia	Melancolía	Remordimiento
Alivio	Desaliento	Excitación	Mezquindad	Rencor
Amor	Desamor	Éxtasis	Miedo	Resentimiento
Angustia	Desánimo	Fastidio	Nostalgia	Resignación
Ansiedad	Desasosiego	Felicidad	Obstinación	Satisfacción
Añoranza	Desconcierto	Frustración	Odio	Seguridad
Apatía	Desconfianza	Fobia	Optimismo	Serenidad
Apego	Deseo	Gratitud	Orgullo	Solidaridad
Asco	Desesperación	Hostilidad	Paciencia	Soledad
Asombro	Desgana	Humillación	Pánico	Sorpresa
Calma	Desidia	Ilusión	Pasión	Tensión
Cariño	Desprecio	Impaciencia	Pena	Ternura
Celos	Dolor	Impotencia	Pereza	Timidez
Cólera	Duelo	Incomprensión	Pesimismo	Tranquilidad
Compasión	Enfado	Indiferencia	Placer	Tristeza
Confianza	Entusiasmo	Indignación	Plenitud	Vacío
Confusión	Envidia	Insatisfacción	Prepotencia	Vergüenza

A continuación, te animamos a realizar la siguiente reflexión:

¿QUÉ EMOCIONES SIENTES MÁS PRESENTES A LO LARGO DEL DÍA?

Las emociones forman parte de nuestra vida. Desde que nos levantamos, en el primer momento en que abrimos los ojos, nuestras emociones están ya en juego. Llamaremos «alimentación emocional» a una circunstancia específica: nuestras emociones y nuestra alimentación se relacionan.

Continúan pasando los años y una de nuestras definiciones favoritas de lo que se considera ingesta emocional es la realizada por Lazarevich *et al.* (2015), que da importancia a la descripción de este comer como una respuesta a emociones ante la falta de otras estrategias más adaptativas. Otros autores nos hablan de la ingesta emocional como habilidad o estrategia relacionada con la evitación y el distanciamiento de aquello que está ocurriendo. Si hablamos de la relación entre los factores que influyen en la ingesta emocional (como en este caso el estrés percibido) y en el estigma, Gómez-Perez *et al.* (2019) encuentran que el aumento de la ingesta de productos menos interesantes nutricionalmente, durante estrés percibido, solo ocurre en mujeres estigmatizadas por su peso. Por otro lado, autores como Van Strien *et al.* (2016b) nos hablan del comer emocional en relación con las emociones negativas y los sentimientos depresivos; por su parte, Perpiñá (2015) nos habla de la adicción a la comida señalando la importancia de la ingesta ligada a las emociones, donde la comida se convierte en la sustancia que alivia y regula las emociones disfóricas (las llamadas comúnmente emociones negativas) y eufóricas (las conocidas como positivas). Hay autores, como Macht (2008), que distinguen entre comedores compulsivos y comedores emocionales, especificando que estos últimos aumentan su ingesta de dulces y alimentos ricos en grasas a través de la emoción, y que los comedores compulsivos simplemente aumentan la ingesta sin distinguir entre los tipos de alimentos seleccionados.

Concretamente, Macht (2008) nos habla de un modelo en el que, según distintos factores, la ingesta se ve afectada por las emociones de forma diferente. En el primero de sus puntos señala que las características propias de cada alimento pueden llevarnos tanto a tener mayores preferencias por comer algunos de ellos como a rechazar otros. Por ejemplo, el sabor amargo puede provocar rechazo debido a la alta sensibilidad de las papilas gustativas a las sales inorgánicas de alto peso molecular que proporcionan este sabor, como veremos en el punto 3.3. Se trataría de algo similar a lo que señalaban los autores Penaforte *et al.* (2018), al hacer referencia a las características propias de los alimentos y al deseo que provocan.

Un segundo factor de su modelo nos señala que ante emociones intensas se produce una disminución o supresión de la ingesta, algo que no ocurre ante emociones más moderadas. Un ejemplo sería cuando nos ocurre algún acontecimiento grave que nos afecta emocionalmente, y como consecuencia se nos «cierra el estómago».

El tercer punto habla de las emociones moderadas en intensidad, que afectan a la ingesta según la motivación para comer. Aquí podemos diferenciar dos casos:

1) Cuando restringimos la alimentación y ocurre alguna circunstancia que requiere nuestra atención somos incapaces de mantener el control cognitivo en la restricción, por lo que esta desaparece y la ingesta aumenta. Por ejemplo, que mientras se realiza una dieta muy estricta tenga lugar una circunstancia inesperada, como la muerte de un familiar, que impida que puedas seguir prestando la atención necesaria a la restricción dietética.

2) Sería el comer emocional en sí mismo, es decir cuando comemos para aliviar una emoción, principalmente negativa, lo cual nos lleva a incrementar el consumo especialmente de grasas y azúcar. Por ejemplo, tras una discusión con un amigo te encuentras muy triste y decides ir a comprar esos bollos que tanto te gustan.

Y, por último, Macht describe una situación de comer emocional congruente con las motivaciones personales, sin que sea percibido como algo negativo. Por ejemplo, que celebres un reencuentro con una cena especial. Aquí te dejamos un gráfico que resume estos cuatro factores, adaptado de la imagen usada por Macht (2008).

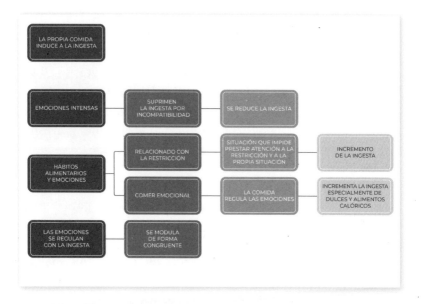

Por otro lado, Ana Teresa Rojas y Mirna García establecieron en el año 2017 las llamadas «categorías de la alimentación emocional» con seis categorías que ayudan a definir el constructo de alimentación emocional y su significado para las personas. Estas autoras, además, indican una serie de factores que se relacionan directamente con esta ingesta: emoción, familia (demostración de afecto familiar), indiferencia (con relación a la alimentación), cultura y efecto del alimento (cambios en el estado de ánimo antes, durante y después de comer).

Otros autores como Baños *et al.* (2011) nos hablan sobre tres patrones de ingesta: ingesta emocional, ingesta relacionada con variables externas e ingesta restringida. Por un lado, la ingesta relacionada con variables externas se relaciona con el uso de los sentidos a la hora de comer. Estos autores encontraron que este tipo de ingesta es la que menos se correlaciona con categorías específicas de peso y que, además, se corresponde en mayor medida con lo que entendemos por comer desde el punto de vista evolutivo. Por último, se identifica la ingesta restringida, que se relaciona con aquella en la que usamos el control para reducir la cantidad de comida e ignorar nuestras sensaciones internas de hambre y saciedad.

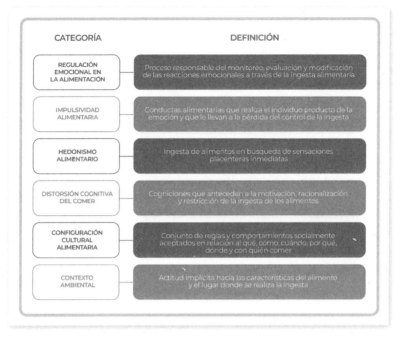

CATEGORÍA	DEFINICIÓN
REGULACIÓN EMOCIONAL EN LA ALIMENTACIÓN	Proceso responsable del monitoreo, evaluación y modificación de las reacciones emocionales a través de la ingesta alimentaria
IMPULSIVIDAD ALIMENTARIA	Conductas alimentarias que realiza el individuo producto de la emoción y que le llevan a la pérdida del control de la ingesta
HEDONISMO ALIMENTARIO	Ingesta de alimentos en búsqueda de sensaciones placenteras inmediatas
DISTORSIÓN COGNITIVA DEL COMER	Cogniciones que anteceden a la motivación, racionalización y restricción de la ingesta de los alimentos
CONFIGURACIÓN CULTURAL ALIMENTARIA	Conjunto de reglas y comportamientos socialmente aceptados en relación al qué, cómo, cuándo, por qué, dónde y con quién comer
CONTEXTO AMBIENTAL	Actitud implícita hacia las características del alimento y el lugar donde se realiza la ingesta

Adaptado de Rojas y García (2017)

Basándonos en las definiciones anteriores realizadas por los distintos autores y en la ingesta emocional como mecanismo de afrontamiento de las emociones más incómodas, encontramos datos que nos indican el aumento de prevalencia en personas categorizadas con obesidad según el criterio IMC, así como una mayor presencia en mujeres (Palomino-Pérez, 2020). Sin embargo, ¿qué variables o factores pueden explicar este resultado? Por ejemplo, las personas categorizadas con obesidad son sometidas a mayor presión estética (al igual que las mujeres) y a mayores periodos dietéticos que implican restricción y refuerzo con distintos alimentos o productos. ¿Se está teniendo en cuenta esto en la mayoría de los estudios realizados?

¿Sería entonces esto de vincular emociones con comida algo negativo o dañino? ¡Para nada! Como señala Palomino-Pérez (2020), nuestras emociones afectan a la ingesta a lo largo de todo el proceso: ganas de comer, deseo, respuestas emocionales con los alimentos, elección o masticación y forma de la ingesta. Relacionar nuestras emociones con comida es algo que comenzamos a realizar desde muy pequeños, exactamente desde que somos bebés. Tanto si es a través de la lactancia materna como si se produce a través de la alimentación artificial; cuando un bebe está emocionalmente afectado se calma a través de la alimentación y del contacto con su cuidador. Esta relación no es negativa en sí misma, es una conducta de cuidado que hacemos desde la infancia y que tiene gran relevancia para nuestro desarrollo emocional y para la construcción de vínculos. Sin embargo, llegados a la edad adulta, la asociación emociones-comida no solo es vista como algo negativo, sino que además todos los tratamientos enfocados a su abordaje se centran en tratar de eliminar ese tipo de ingesta.

A lo largo de nuestro crecimiento, estas asociaciones son reforzadas (como hemos hablado en capítulos anteriores) y aumentan la probabilidad del uso de la comida como calmante emocional; esto hace que queden desplazadas las posibilidades de aprendizaje de otros recursos o habilidades. Más allá de las asociaciones relacionadas con nuestra propia historia de vida, hay múltiples factores que favorecen que la comida sea un recurso casi exclusivo en nuestra maleta de habilidades. Algunos de estos factores son por ejemplo el *marketing* alimentario, como ocurre en esa estrategia de acompañar con regalos a diversos productos, o de diseñar productos exclusivamente para realizar regalos o transmitir unas emociones determinadas. El cine o la televisión también favorecen este tipo de aprendizajes, mostrando escenas constantes en las cuales la comida actúa de calmante o de estrategia de evitación de la emoción o sentimiento. Y por último, el uso de comida como recompensa o premio (por sacar buenas notas, por los cumpleaños, como refuerzo a una conducta deseada, etc.) también va a fomentar el uso de la comida como recurso de gestión emocional.

Pongamos una situación ejemplo con dos opciones de respuesta: menor que llega a casa llorando.

Opción 1:

Familiar: «Ven, verás qué rápido se te pasa con esta pizza».

Opción 2:
Familiar: «Ven, vamos a hablar de lo ocurrido mientras se calienta la cena».

Como vemos, son dos maneras muy distintas de enfrentar y afrontar la situación. Mientras que la opción 1 impide la posibilidad de actuar o de gestionar la situación, afectando de esta forma al aprendizaje de estrategias más adaptativas, en la situación 2 se permite conectar con lo ocurrido y analizarlo, buscando soluciones. Ambas implican comer, ese no es el problema.

Veamos otro ejemplo:
Hija: «No quiero hacer los deberes».
Cuidador: «Si haces los deberes, después puedes comer helado».

Hacer los deberes es algo desagradable para esta menor, por lo que, con la intención de que sea lo menos fastidioso posible, después de hacer los deberes recompensamos con el premio: HELADO. De esta forma el helado adquiere un valor reforzante que si lo sumamos a los estímulos sociales que nos incitan a usarlo cuando estamos tristes (películas, anuncios, etc.), tenemos los ingredientes perfectos para que se convierta en una herramienta más de gestión emocional. ¿Significa eso que no debemos comer helado? Lo veremos en el capítulo 4, donde hablaremos de los alimentos prohibidos, pero a modo de pequeño adelanto: NO. Lo que significa es que es mucho más recomendable usar otro tipo de refuerzos, como pasar tiempo en familia o ir al cine, para que la comida continúe siendo eso, comida; y de esta forma podamos disfrutar de ella sin una inmensa carga de variables emocionales relacionadas.

Por tanto, el tratamiento psicológico indicado cuando nos encontramos con una situación de ingesta emocional que afecta a la persona de forma negativa no se basaría en la eliminación de dicha ingesta emocional como objetivo principal. ¡Todos comemos emocionalmente! Y esto supone un acto que se vincula con nuestras relaciones sociales así como con las costumbres familiares o culturales.

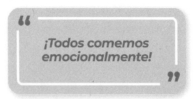

Se basaría más bien en llenar la caja de herramientas con otros recursos y estrategias que acompañen a la alimentación emocional, además de explorar los motivos que nos llevan a ella para poder trabajarla psicológicamente. Es necesario conocer las características individuales que influyen en la relación con la comida, así como la cadena conductual y cognitiva que se asocia a la misma. Para esto, si eres profesional de la psicología puedes hacer uso de análisis funcionales, registros, diario de emociones o simplemente tener presente la lista en el día a día y que se pueda señalar cómo se siente la persona. Si necesitas usar un cuestionario para explorar emociones y comida, te recomendamos el uso de Emotional Appetite Questionnaire (EMAQ), de Nolan *et al.* (2010). Este cuestionario nos permite evaluar nuestra relación emocional con la alimentación teniendo como opciones el aumento, la disminución o la no afectación de la ingesta. Nosotras te animamos a usarlo a modo de reflexión, como ayuda para tomar consciencia sobre cómo afectan las distintas emociones a nuestra alimentación.

¿Siempre que hablamos de ingesta emocional hacemos referencia a aumentar la cantidad de comida? La respuesta es no: las emociones también pueden reducir nuestro apetito y disminuir la ingesta, como bien señalaba Match (2008). Del mismo modo que el comer emocional no se tiene que producir siempre con alimentos etiquetados como insanos, ya que puede darse con alimentos de cualquier tipo. **Lo que caracteriza el comer emocional no es el alimento en sí, sino que el motivo de su ingesta tiene una causa o busca una consecuencia emocional no gestionada.**

Cuando habitualmente se habla de ingesta emocional, aparece rápidamente el concepto de «hambre real y emocional». En nuestro caso, consideramos que las sensaciones de hambre son siempre reales, y por tanto usar esta terminología en nuestras consultas no sería adecuado. Es más, son numerosos los autores que señalan que en el caso de ingestas compulsivas o de mayor cantidad de comida, la ingesta en sí misma se relaciona más con el estado afectivo que con las sensaciones fisiológicas, contextuales, etc. Hablaremos en este caso de hambre fisiológica y «sensación de hambre». La principal diferencia entre ambas es que, en la primera, la señal que envía el cerebro se debe a una necesidad fisiológica de obtener energía y nutrientes para el desarrollo de las funciones; mientras que en la segunda la sensación de hambre está asociada a un aspecto emocional, sea del tipo que sea (no tiene por qué ser únicamente una necesidad, puede ser un recuerdo o una apetencia). En esta ingesta la sensación de hambre que se siente está relacionada con nuestras emociones e implica la necesidad de saciarla a través de la comida; como diríamos, se siente como un hambre «de verdad», aunque realmente puede ocurrir cuando acabamos de comer un plato de comida habitual que nos haría sentir saciados en cualquier otro momento. Dada esta dificultad para explorar estos «tipos de hambre» os presentaremos una tabla con preguntas abiertas que nos permitan conocer cada situación de forma individualizada y que invite a reflexionar a la persona que está pasando por esta circunstancia:

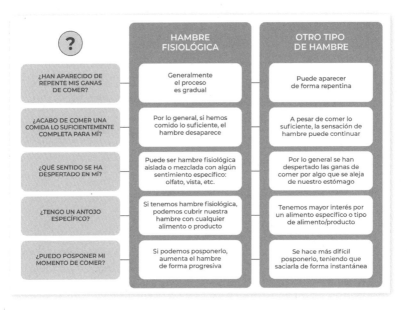

?	HAMBRE FISIOLÓGICA	OTRO TIPO DE HAMBRE
¿HAN APARECIDO DE REPENTE MIS GANAS DE COMER?	Generalmente el proceso es gradual	Puede aparecer de forma repentina
¿ACABO DE COMER UNA COMIDA LO SUFICIENTEMENTE COMPLETA PARA MÍ?	Por lo general, si hemos comido lo suficiente, el hambre desaparece	A pesar de comer lo suficiente, la sensación de hambre puede continuar
¿QUÉ SENTIDO SE HA DESPERTADO EN MÍ?	Puede ser hambre fisiológica aislada o mezclada con algún sentimiento específico: olfato, vista, etc.	Por lo general se han despertado las ganas de comer por algo que se aleja de nuestro estómago
¿TENGO UN ANTOJO ESPECÍFICO?	Si tenemos hambre fisiológica, podemos cubrir nuestra hambre con cualquier alimento o producto	Tenemos mayor interés por un alimento específico o tipo de alimento/producto
¿PUEDO POSPONER MI MOMENTO DE COMER?	Si podemos posponerlo, aumenta el hambre de forma progresiva	Se hace más difícil posponerlo, teniendo que saciarla de forma instantánea

→ **¿Han aparecido de repente mis ganas de comer?** Cuando hablamos de hambre fisiológica es habitual que la aparición se dé de forma gradual. Sin embargo, cuando hablamos de otro tipo de necesidad de ingerir alimento, nos encontramos ante una necesidad repentina que debe ser cubierta y satisfecha cuanto antes. Es necesario tener en cuenta que a veces se deben trabajar las sensaciones de hambre y saciedad, ya que se puede confundir un inadecuado aprendizaje y reconocimiento de estas con un hambre no fisiológica. La saciedad se produce, como vimos en el capítulo 2, por la liberación de una serie de hormonas que dan información al cerebro de la situación energética del organismo, por lo que se necesita un tiempo aproximado de unos 20 minutos, al menos, para que podamos sentirla. Es importante, a nivel nutricional, ser conscientes de nuestra sensación de saciedad, de cómo se va llenando el estómago y de cómo de saciados nos sentimos después de comer. Para identificar la sensación de saciedad, te animamos a que prestes atención a tu estómago y trates de identificar en cuál de los siguientes niveles sientes el llenado de tu estómago en diferentes momentos del día.

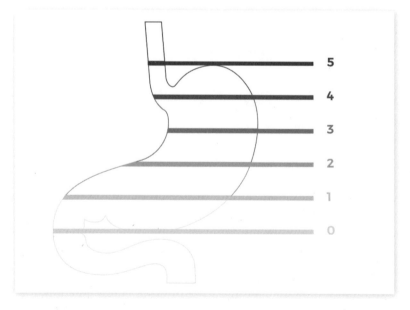

→ **¿Acabo de comer una comida lo suficientemente completa para mí?** Fíjate, con «lo suficientemente completa para mí», nos referimos a lo que implica dejar a un lado las creencias sobre cantidades y medidas; para centrarnos en lo que consideramos adecuado para nosotros (que previamente si es necesario, hemos hablado y compartido con nuestro profesional de la dietética y la nutrición), atendiendo a nuestra educación alimentaria y a nuestras características individuales. Si la respuesta es afirmativa, es necesario que prestemos atención a otros posibles motivos que nos llevan a necesitar comer.

→ **¿Qué sentido se ha despertado en mí?** ¿Se ha despertado mi antojo visual, mi hambre olfativa, mi recuerdo? Es importante que dediquemos un momento a centrar nuestra atención en qué parte de nosotros tiene más hambre y qué ha despertado esta sensación. Es posible que sea mi estómago que ruge (hambre fisiológica) o que sea mi vista la que se ha despertado por una hermosa presentación de la comida, o que se haya activado el olfato al pasar por una panadería donde acaban de hacer pan.

→ **¿Tengo un antojo específico?** Cuando nos alejamos del hambre fisiológica podemos comenzar con los antojos a alimentos concretos y específicos, y en un gran número de veces suele coincidir con esos alimentos o productos que normalmente tenemos prohibidos (hablaremos de esto más adelante). No obstante, los antojos no siempre tienen que estar relacionados con alimentos prohibidos, pueden consistir simplemente en la apetencia por comer algo concreto en un momento determinado, vinculado a una situación social o a un recuerdo.

→ **¿Puedo posponer mi momento de comer?** Si la respuesta es afirmativa, podemos suponer que estamos ante un hambre fisiológica, es decir, podemos esperar unos minutos o incluso una hora hasta nuestra próxima comida que el hambre irá progresivamente aumentando. Estaríamos hablando de un hambre diferente si, por el contrario, sentimos un inmenso deseo de comer de forma instantánea y además por un alimento específico, de forma que, si no disponemos de él, comenzamos a ingerir lo que tenemos más a mano sin lograr sentirnos satisfechos, ya que lo que verdaderamente queremos no lo estamos consumiendo. En cualquier caso, dependerá de la persona y del contexto, los tipos de hambre no fisiológicas también pueden ser pospuestos sin sentimiento de culpa o frustración. Por ejemplo, si paso por esa panadería de pan recién hecho, puedo decidir pararme a comprar un trozo de pan o bien simplemente ser consciente de mis sensaciones, pero no comprarlo.

Te extrañará que durante todo el apartado hemos estado usando los términos hambre «diferente» u otro tipo de hambre y hambre emocional; se debe a que todo lo que no es hambre fisiológica no tiene por qué ser hambre emocional. Podemos tener diversos motivos que nos llevan a comer de forma desconectada de nosotros mismos y no todos ellos responden a un componente puramente emocional: un mal día en el trabajo, una discusión con nuestra pareja, un problema que no sabemos resolver, no poder compartir con nadie una situación difícil o no ser capaces de expresar nuestras emociones, etc. Sin embargo, también podemos comer de esta forma por el placer obtenido por la comida sin que las emociones *a priori* medien en esta conducta (somos seres humanos y nuestras emociones están constantemente en relación con nuestra conducta, pero diferenciamos cuándo hay una causalidad de cuándo no la hay). En este sentido, podemos hablar de los nueve tipos de hambre que describe Jan Chozen en su libro *Comer Atentos*. La clasificación que realiza esta autora nos parece un modo muy interesante de trabajar el hambre y las sensaciones asociadas a ella, así como la saciedad y la satisfacción. La práctica clínica nos ha demostrado específicamente que el hambre olfativa, visual y bucal son tres de las más olvidadas cuando nos alimentamos, aun siendo de las más importantes en la consecución de nuestras elecciones alimentarias y pudiendo generar una experiencia totalmente nueva al poder reconectar con estos sentidos. Hablaremos de estos tipos de hambre cuando nos adentremos en el capítulo de alimentación consciente.

Por tanto, es necesario realizar una intervención psicológica para explorar qué es aquello que se relaciona con nuestra forma de comer y para conocernos y escucharnos mejor con el objetivo de dar respuesta a nuestras necesidades. Si necesitas comenzar por alguna parte, te animamos a realizar el siguiente ejercicio de reflexión antes de cada comida.

Te dejamos varios ejemplos: ¿Es la pereza la que me anima a pedir a domicilio y me impide cocinar? ¿Es el recuerdo de mi amiga lo que me hace pensar en esa pizza que siempre compartía con ella? ¿Quiero helado para olvidar, como hacen en las películas? ¿Me siento sola y únicamente pienso en comer? ¿Cuando me aburro tiendo a ir a la cocina de forma instintiva?

Recuerda, realizar esta reflexión no es para «comer menos», es para poder entender desde qué lugar nacen tus ganas de comer.

En conclusión, son distintas afirmaciones las que podemos encontrar en referencia a la ingesta emocional. Sin embargo, podríamos dividirlas en dos grupos: por un lado, ingesta emocional relacionada con mayor dificultad para reconocer las sensaciones de hambre y de saciedad, y, por otro lado, ingesta emocional asociada a la falta de habilidades de regulación emocional y refuerzo establecido por la ingesta a raíz de las distintas asociaciones establecidas o las características del propio alimento.

De la misma forma, en la mayoría de estos estudios se habla de la ingesta emocional como ingesta precursora del aumento de peso, vinculando este tipo de conducta en mayor proporción con personas que son categorizadas como «obesas» siguiendo el criterio del IMC (Martínez Selva *et al.* 2021). Nos preguntamos hasta qué punto es necesaria esta vinculación con el peso de la persona cuando, si unimos todas las variables que se relacionan con la ingesta emocional, es difícil poder concluir qué ocurrió antes. Constantemente, los estudios relacionan ingesta emocional con fracaso en el tratamiento dietético (entendiendo por tratamiento dietético un abordaje centrado en la pérdida de peso). A su vez sabemos que estos tratamientos (que suelen implicar restricción) se correlacionan positivamente con el aumento de deseo e impulsividad o compulsividad por los alimentos prohibidos. Así que ¿sería adecuado establecer recursos de autocontrol y rigidez para que la persona reduzca su ingesta emocional y que de esa forma sea un tratamiento supuestamente exitoso sabiendo que a largo plazo favorecerá el aumento de deseo y rasgos de compulsión por la alimentación? Sin olvidar que, mientras la persona se esfuerza por eliminar su ingesta emocional, también favorece recursos de regulación poco efectivos como son la evitación o supresión emocional.

Por otro lado, los componentes cognitivos, emocionales y afectivos de la imagen corporal se relacionan con la inducción de la restricción dietética, con comer en exceso y con la presencia de alteraciones en los patrones alimentarios como pueden ser los atracones. Los índices de rechazo corporal y la falta de habilidades de regulación aumentan según se incrementa la intensidad de la sintomatología relacionada con los atracones (Micanti *et al.*, 2017). Además, el estigma en obesidad se relaciona con el rechazo corporal. Por tanto, ¿qué sería lo correcto? ¿Acabar con la ingesta emocional para que la persona pierda peso y así pueda sentirse «mejor» o trabajar para eliminar el estigma y de esa forma reducir el rechazo corporal, así como dotar a la persona de nuevas habilidades de regulación?

Dejamos todas estas reflexiones propuestas con la seguridad de que a lo largo de los años los estudios mejorarán este tipo de variables y relaciones para poder llegar a mejor información sobre el funcionamiento de la ingesta. Por último, una limitación habitual en este tipo de estudios es que se tiende a igualar el concepto de ingesta emocional al de atracones o «ingestas compulsivas», a pesar de que no son del todo lo mismo (aunque los estudios las nombren haciendo referencia a la misma conducta). Hablaremos de esto más adelante, pero nos parece algo muy importante a tener presente antes de establecer correlaciones entre distintas variables.

3.2. Emociones, microbiota intestinal y metabolismo

Una vez conocidas e identificadas las emociones, vamos a hablar ahora de cómo se relacionan con la microbiota intestinal y el metabolismo.

La microbiota intestinal es el conjunto de bacterias que alberga nuestro intestino. Cada vez son más las investigaciones que demuestran la importancia y la diversidad de sus funciones. De hecho, su desequilibrio (disbiosis, de la que ya hemos hablado) se ha relacionado con numerosas enfermedades (trastornos de la conducta alimentaria, Alzheimer, patología digestiva, obesidad, etc.) y también con estados emocionales (ansiedad, estrés, depresión, etc.), tal como indica Álvarez (2021). En principio, estas bacterias no son perjudiciales *per sé* (dependiendo de qué especies predominen), sino todo lo contrario, ejercen una función vital: favorecen nuestro sistema inmunitario, impiden que otros organismos patógenos nos colonicen, sintetizan sustancias que no somos capaces de producir y aprovechan alimentos que no podemos digerir para su supervivencia, por lo que tenemos con ellas una relación de simbiosis fundamental para nuestra vida. En este sentido, el grado de diversidad y el tipo y proporción de bacterias que nuestro intestino alberga determina nuestro estado de salud. Este ecosistema de bacterias difiere en cada persona en función de aspectos individuales, ambientales, conductuales, perinatales o postnatales, entre los que se encuentran las emociones y la alimentación. Por tanto, es fundamental tener en cuenta que el desequilibrio de este ecosistema bacteriano se asocia a numerosas patologías.

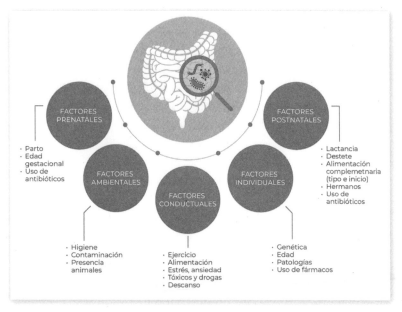

Factores que afectan a la microbiota intestinal. Basado en Arboleya et al. (2016) y Vandenplas (2020)

Para poder entender cómo las emociones, el funcionamiento del organismo y la microbiota intestinal están relacionados, debemos conocer primero la interconexión entre el cerebro y el intestino. Durante el desarrollo fetal, el sistema nervioso entérico (gastrointestinal) y el central (cerebro y médula espinal) se generan conjuntamente, pero luego se diferencian, manteniéndose conectados a través del nervio vago, y estableciendo una conexión bidireccional cerebro-intestino-cerebro. La microbiota intestinal utiliza el mismo nervio para enviar información al cerebro. Y ¿qué tipo de información envía el intestino al cerebro? Pues muy variada: desde la sensación de saciedad, hasta los nutrientes que recibe o el estado de motilidad intestinal. La integración de toda la información fisiológica y emocional es responsable de que, por ejemplo, cuando estamos muy nerviosos antes de un examen, nos entren ganas de ir al baño. Esta relación entre el intestino, la microbiota y el cerebro, conocida como eje cerebro-intestino-microbiota, se lleva a cabo gracias a la participación del sistema inmunitario, los circuitos hormonales y el sistema nervioso. Seguro que te preguntas cómo las bacterias pueden contactar con el cerebro. Pues como todo, mediante compuestos que actúan como mensajeros. En este caso, las bacterias intestinales son capaces de liberar sustancias que actúan como neurotransmisores, y que ejercerán sus funciones en el cerebro. De esta forma se establece el nexo entre la variabilidad y tipo de bacterias del intestino, dependiendo de lo cual se liberarán unos compuestos u otros, y así será su influencia sobre la conducta y las emociones. Así, una disbiosis podría llegar a generar una alteración de la respuesta normal ante situaciones de estrés o ansiedad, tristeza o alegría.

Por otro lado, la conexión entre el cerebro y el sistema gastrointestinal ejerce una función sobre la homeostasis energética y, por tanto, sobre la regulación del metabolismo. La regulación de la homeostasis está coordinada por un circuito que incluye diferentes regiones, entre ellas el axis cerebro-intestino. El núcleo del tracto solitario del cerebro recibe información del intestino, lo que va a determinar las secreciones paracrinas que se van a producir; en función de la información percibida, se estimulará o se inhibirá la saciedad. Hace algunos años se determinó que la microbiota intestinal de sujetos con obesidad es diferente a la de sujetos con normopeso, según el IMC. Sin embargo, no queda muy claro qué es primero, si el huevo o la gallina; es decir, si el peso causa una modificación de la microbiota intestinal, o, si bien, una alteración del ecosistema bacteriano inducida por influencias externas puede generar cambios en el peso corporal.

A día de hoy la hipótesis más establecida es que ocurren ambas situaciones. Debemos tener en cuenta que los factores que influyen en la microbiota intestinal también afectan a otras muchas áreas relacionadas con la salud, como el riesgo de padecer determinadas enfermedades, o el estado emocional, como hemos visto. Por lo que no es fácil poder concluir que es la modificación de la microbiota la responsable de cualquier cambio, ya que todos estos factores están interconectados entre sí y pueden estar ejerciendo efectos por sí solos. Así, como describen

Debaraj *et al.* (2013), la hiperglucemia y el aumento de ácidos grasos libres, producidos por dietas de elevado índice glucémico y ricas en grasas, generan un aumento de la activación de macrófagos, una disfunción en la barrera intestinal y una alteración de la microbiota intestinal. Esta situación se relaciona con un mayor riesgo de diabetes y de síndrome metabólico.

	PROBIÓTICOS	PREBIÓTICOS	SIMBIÓTICOS
FAVORECEN LA MICROBIOTA INTESTINAL	· Yogur natural Kéfir · Té kombucha · Tempeh · Chucrut · Kimchi · Pepinillos	· Fibra, Inulina y Fructooligosacáridos · Goma arábica · Ajo · Cebolla y puerro · Cereales integrales · Legumbres	· Yogur con salvado
	AZÚCARES SIMPLES	**GRASAS POCO SALUDABLES**	**EDULCORANTES**
PERJUDICAN LA MICROBIOTA INTESTINAL	· Zumos sin pulpa · Bollería · Azúcar y derivados	· Ultraprocesados · Dulces y bollería · *Fast food* · Precocinados · Carnes procesadas	· Sacarina · Stevia · Ciclamato · Aspartamo · Sucralosa
	DIETAS RESTRICTIVAS	**TÓXICOS**	**EXCITANTES**
	· Hipocalorías · Dietas milagro	· Alcohol · Tabaco	· Café

Por otro lado, entre las funciones metabólicas de la microbiota intestinal se encuentra la de regulación de la adiposidad, de la señalización central de la sensación de hambre, así como del sistema de recompensa. En experimentos realizados en ratas se ha visto que una dieta alta en grasas induce un *feedback* patológico a nivel de la microbiota intestinal y se produce un incremento en la secreción de grelina y otros compuestos orexígenos (estimuladores del apetito). Entre los factores que modifican la microbiota intestinal, como hemos visto, se encuentra la alimentación. Determinados alimentos pueden favorecer una microbiota intestinal más saludable, mientras que otros pueden perjudicarla. Entre los del primer grupo encontramos principalmente los probióticos (contienen bacterias vivas), los prebióticos (sirven como sustrato energético para las bacterias) y los simbióticos (tienen efecto prebiótico y prebiótico). Entre los alimentos del segundo grupo se encuentran los productos con altas cantidades de azúcares simples, grasas *trans* o hidrogenadas y los edulcorantes. Además, las variaciones genéticas y el consumo de dietas altas en estas tres sustancias afectan a la relación ingesta energética-placer hasta el punto de ser responsables de la activación del sistema de recompensa que puede generar comportamiento «adictivos».

Por tanto, a través de unos hábitos de vida saludables podemos modular la microbiota intestinal y, por ende, la regulación del metabolismo y la prevención de enfermedades. Por todo ello, la microbiota intestinal está siendo foco de numerosas investigaciones como posible diana terapéutica frente a muchas patologías y estados fisiológicos.

3.3. Genética y emociones: de dónde viene la apetencia por los sabores

Ya hemos hablado mucho de los sentidos en la alimentación, pero ahora queremos contarte de dónde vienen nuestras preferencias alimentarias.

Los sabores comienzan a ser detectados durante el embarazo, a través del líquido amniótico. En función de la alimentación de la madre, el bebé percibe sabores más o menos variados, y parece ser que es en ese momento cuando comienzan a establecerse las preferencias del gusto. Esto no significa que cuando sea adulto le tengan que gustar todos los sabores que percibió durante su desarrollo fetal, pero sí hay estudios que establecen que cuanto mayor es la variabilidad de alimentos que consume la madre durante el embarazo, mayor probabilidad de aceptación de nuevos sabores tendrá el niño, como establece De Cosmi *et al.* (2017). La aceptación o rechazo a los alimentos no solo depende de esto, sino de otros muchos factores, como vimos en el capítulo anterior.

En este periodo hay que destacar que el feto también es capaz de percibir las emociones de su madre, por lo que ya podríamos estar empezando a generar las asociaciones entre preferencias de sabores y emociones positivas o rechazo con emociones negativas, aunque también pueden darse los casos opuestos (aceptación-emociones negativas o rechazo-emociones positivas), por ejemplo, en el caso de comer chocolate cuando se está triste. Bien, pero pese a todo esto es cierto que existe una preferencia innata por el sabor dulce. Y pensarás, «Bueno, entonces ¿por qué tanto revuelo con los dulces?». Te lo contamos. Esta predilección por el sabor dulce, así como el rechazo por los sabores amargos, es totalmente natural en los bebés e incluso puede prolongarse hasta los 5 o 6 años, y se debe a un motivo muy justificado: la supervivencia y la evolución de la especie. Tanto la leche materna como los alimentos altamente energéticos son, en general, dulces, por lo que el bebé ha desarrollado de forma natural esta alta apetencia por dicho sabor, con el único fin de poder comer y crecer. Por otro lado, la mayor parte de tóxicos y venenos presentes en la naturaleza, así como alimentos en mal estado, son amargos, por lo que resulta lógico pensar que sean rechazados para no morir intoxicados. Ahora bien, estas preferencias cambian con el tiempo, siempre que no incidamos sobre ellas, de manera que el favoritismo por el sabor dulce va disminuyendo con la edad (no desaparece, pero es menos intenso) y el rechazo por el sabor amargo tiende a desaparecer, comenzando a ser aceptados los alimentos en los que predomina dicho sabor. El problema radica cuando, debido al *marketing* alimentario, la publicidad, los conceptos aprendidos y al uso emocional que hacemos de los alimentos, principalmente dulces, impedimos esta evolución natural. Por tanto, cuando ofrecemos de forma habitual alimentos con un potencial de dulzor alto (chucherías, dulces, productos procesados, cereales chocolateados, etc.), a los niños a partir incluso de los cuatro meses, estamos fomentando que el umbral del sabor dulce no solo no disminuya, sino que aumente. Y en relación al amargor, exactamente lo mismo; si no ofrecemos verduras y otros alimentos amargos, o incluso los usamos como castigo o amenaza, no solo estamos evitando que sean aceptados más adelante, sino que estamos estableciendo una relación inadecuada a nivel emocional, tal como hemos visto.

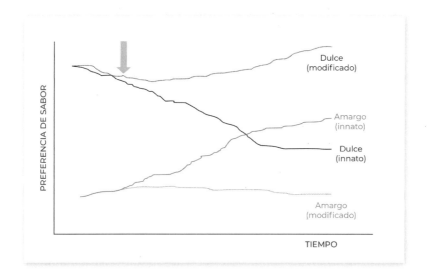

Por tanto, podemos concluir que, aunque exista una preferencia natural por determinados sabores, el uso que hacemos de ella y si establecemos o no una relación emocional, puede fomentar su consumo y elección, o bien puede simplemente formar parte del abanico de sabores de nuestro sistema gustativo y cerebral.

Por otro lado, más allá de lo que aprendemos desde que nacemos a nivel sensorial, existen factores genéticos que determinan la preferencia por los sabores. Los estudios realizados por Li *et al.* (2022) y publicados en la revista Nature revelan que la preferencia por la grasa está impulsada a través del eje intestino-cerebro, estando determinada por la acción de una serie de neuronas vagales que responden a este circuito. Cuando se silenciaba la expresión de los genes asociados a este efecto, la preferencia por la grasa disminuyó. Según Mengtong, parece que existen dos sistemas paralelos en las vías intestino-cerebro: un sensor de nutrientes general (grasa, azúcar, aminoácido) y un sensor que se activa por estímulos de grasa. Por otro lado, Tan *et al.* (2020) observaron que existe una población de neuronas en los ganglios vagales y en el tronco encefálico que se activan a través del eje intestino-cerebro para crear la preferencia por el azúcar y el sabor dulce. Como último ejemplo, se ha descubierto que el gen TAS2R38 puede influir en la preferencia del sabor amargo. Este gen tiene dos alelos; uno de ellos (dominante) tiene la capacidad de detectar con elevada intensidad el sabor amargo (son los llamados «catadores o *tasters*») y el otro (recesivo) otorga una menor capacidad, por lo que se percibe con menor intensidad (se les denomina «no catadores o *non-tasters*»). ¿Qué significa esto? Pues que si tenemos el alelo dominante (ocurre en un 75 % de los casos) somos capaces de percibir el sabor amargo con mucha intensidad, lo cual puede resultar desagradable y se puede tender a rechazar el sabor. Por tanto, quizá cuando nos encontramos con alguien que tiende a rechazar los alimentos amargos, estamos ante un *taster*. En una reciente publicación, liderada por Yukinori Okada (Matoba *et al.*, 2020), se analizó la expresión génica asociada a las preferencias alimentarias y se encontraron nueve genes asociados al consumo de alimentos como: yogur, queso, natto, tofu, pescado, verduras, carne, café, té y alcohol.

Para terminar este capítulo queremos señalar que, del mismo modo que hemos visto un componente genético en la preferencia de sabores, nuestros genes pueden influir en nuestras emociones. No obstante, recuerda que la genética no lo es todo y que en nuestra mano tenemos el poder de modificar gran parte de sus efectos.

Estudios recientes han demostrado que la variabilidad genética puede determinar tanto los tipos de emociones primarias percibidas como la respuesta a dichas emociones.

Existen variaciones genéticas (polimorfismos) en el gen ADRA2b, relacionado con la liberación de noradrenalina, que pueden influir en el grado de sensibilidad a la información emocional del entorno (imágenes positivas o negativas), de modo que hace que se perciban en mayor medida las emociones y se determine si son más o menos relevantes. Por el contrario, una deleción en este gen hace que se preste más atención a palabras negativas. Otras variaciones genéticas en genes del receptor de glutamato (NMDA) como GRIN1 se asocian a depresión y a comportamiento disruptivo. También existe una relación genética entre el estrés y el apetito, mediada por el polimorfismo 5-HTTLPR (transporte de serotonina), que influye en los cambios de ánimo en respuesta al estrés, en la sensación de apetito y en la ingesta de energía tras el estímulo estresante, de forma que, en una situación de estrés percibida en mayor medida, se aumenta la sensación de hambre y se ingiere mayor cantidad de comida, preferentemente dulce. Con relación a esto se observó que, si los sujetos que portaban esta variante además tenían una variación del gen COMT, la percepción emocional era menos efectiva.

Esta variabilidad de la respuesta emocional con causa genética también viene determinada por el sexo, de forma que las mujeres y los hombres procesan de manera distinta las emociones, teniendo las mujeres una mayor capacidad de reconocimiento emocional debido a una variante en el gen ARNT2, implicado en la secreción de oxitocina. Esto podría explicar la gran susceptibilidad emotiva que se genera tras el parto, donde la liberación de oxitocina es muy elevada. Existe también una predisposición genética en la depresión y otros trastornos psiquiátricos (trastorno bipolar), pudiéndose modificar la respuesta y la tolerancia a antidepresivos en función de los polimorfismos génicos. Del mismo modo, se han determinado variantes genéticas asociadas a la felicidad y a un mayor bienestar emocional subjetivo.

En este punto, en el que podríamos decir que las emociones o, mejor dicho, su percepción o inclinación tienen un claro componente genético, es importante que sepas que tener determinadas variantes genéticas no implica heredabilidad en todos los casos; es decir, que si tuvieras alguna de las variaciones génicas que hemos comentado, no quiere decir que tus hijos las vayan a heredar, o más bien, lo que queremos decir es que tu respuesta emocional no es heredable. Sin embargo, debemos plantearnos una cosa importante, pues las modificaciones epigenéticas de la expresión de los genes sí pueden heredarse: aunque ciertamente puede haber un componente genético en algunas enfermedades psiquiátricas o incluso en la respuesta emocional (vulnerabilidad biológica), ¿el hecho de que una persona se tome la vida de forma distinta a otra se «heredaría» por la genética o más bien son conductas aprendidas que vemos en nuestros padres y tendemos a repetir? Pues sí, ocurren ambas cosas. Pero para rizar más el rizo, el ambiente interacciona con todos esos factores y puede determinar el resultado final, pudiendo modificarse con el tiempo, lo cual viene influido por la experiencia, la memoria y el aprendizaje.

En resumen, el mundo de las emociones, así como el de los hábitos, es muy muy complejo, cambiante e influenciable por numerosos factores que van más allá de la genética.

Capítulo 4

Aspectos psicológicos de la alimentación y el cambio de hábitos

*Es imposible la salud psicológica, a no ser que
lo esencial de la persona sea fundamentalmente aceptado,
amado y respetado por otros y por ella misma.*

A. Maslow

4.1 Efecto psicológico de las dietas restrictivas

La simple idea de realizar una dieta restrictiva provoca en muchas personas sensaciones de angustia. Esta asociación entre dieta restrictiva y alarma por las emociones que la acompañan puede deberse a distintos motivos.

Uno de los factores que más encontramos en consulta es la historia de aprendizaje promovido por las innumerables veces que la persona a lo largo de su vida ha visitado consultas médicas en las cuales se ha establecido un protocolo restrictivo, que normalmente suele acabar en abandono, llevando a sentimientos como frustración e impotencia. A veces, este peregrinaje médico que suele tener como objetivo la exclusiva pérdida de peso comienza en edades muy tempranas, en las cuales los mensajes recibidos influyen directamente en la construcción de nuestra identidad y del desarrollo de nuestra imagen corporal. ¿Qué es la imagen corporal? Para entenderlo os compartiremos dos definiciones: Raich (2000) nos indica que la imagen corporal es la representación del cuerpo que cada persona construye en su mente, y Rosen (1995) nos señala que se trataría del modo en el que percibimos, imaginamos, sentimos y actuamos respecto a nuestro cuerpo. Sobre la relación con el cuerpo profundizaremos un poco más adelante.

En una persona que ha realizado numerosas dietas sin resultados satisfactorios y que a su vez lo ha intentado «por su cuenta» otras tantas veces, este ciclo frustración-abandono es especialmente importante. ¿Los motivos? Os dejamos algunos de ellos:

→ Sentimiento de autoeficacia bajo mínimos: «No voy a ser capaz».
→ Autoestima dañada, que afecta a la relación con la alimentación y con la imagen corporal.
→ Entorno social agotado: «Ya no sé qué hacer por ella, la he acompañado en numerosas dietas y siempre terminamos igual». (Madre de una chica de 16 años).
→ Abandono: «Ya no sé si quiero intentarlo más, quizás lo mejor es abandonarme».

Aunque una persona no haya vivido esta circunstancia, no deja de estar expuesta a toda la presión social e ideal de delgadez que nos invita constantemente a cambiar nuestros cuerpos, aunque se usen métodos dañinos para llevarlo a cabo. Por otro lado, a través del aprendizaje vicario en las familias también recibimos información y construimos asociaciones sobre cómo nos hacen sentir este tipo de procedimientos.

Por tanto, más allá de los efectos psicológicos de este tipo de dietas, la simple asociación que hemos construido ya nos traslada al sufrimiento que acompaña al proceso.

Uno de los aspectos más relacionados con este tipo de tratamientos es que cuando hablamos de dietas restrictivas o hipocalóricas (en las que la educación sobre alimentación, nutrientes y flexibilidad alimentaria suele estar ausente) lo que se valora exclusivamente es la mayor restricción en el tiempo más corto posible. Si una persona viene a consulta con necesidad de realizar un cambio en sus hábitos alimentarios, este tipo de protocolos no le ayudarán a tener información y herramientas sobre cómo construir su menú y mucho menos le capacitarán para continuar a largo plazo con los hábitos aprendidos. Es fundamental realizar cambios de forma progresiva y lentamente, para que podamos adaptarnos poco a poco y se puedan instaurar los nuevos hábitos.

Hagamos un repaso de algunos de los errores más frecuentes y sus consecuencias cuando realizamos este tipo de tratamientos dietéticos.

1. El concepto de «dieta». Como os decíamos anteriormente la palabra «dieta» está cargada de significación y muy frecuentemente asociada a fuerza de voluntad, control y restricción con las emociones que esto genera. Escuchamos «dieta» y rápidamente se activan creencias sobre «no voy a poder comer de nada», «ya cero dulces»... y un largo etc. Resulta especialmente interesante en estos casos reconceptualizar el significado de esa palabra para la persona que acompañamos.

2. No pensar en cambiar de hábitos. Concebir la dieta como algo transitorio y enfocado en un objetivo específico de cambio corporal es un tremendo error. Nos olvidaremos de los nutrientes que nuestro cuerpo necesita, nos centraremos desde el control externo en cumplir «las normas» dietéticas para que el resultado sea el esperado. Sin embargo, como hemos ido hablando en capítulos anteriores, el resultado de cambio corporal depende de numerosas variables, muchas de las cuales se escapan de nuestro control o para poder controlarlas estaríamos acercándonos a una psicopatología y a la pérdida de salud mental.

3. Compensar. Pensar en ello es totalmente opuesto a pensar en salud, no solo por sus consecuencias a nivel fisiológico, sino también a nivel emocional (frustración, exigencias, culpabilidad, etc.). Compensar es afirmar que aquello que estoy ingiriendo es algo dañino para mí y necesita reparación. Por otro lado, normalmente se activan conductas de compensación por la creencia de que aquello que estamos consumiendo nos hará cambiar de cuerpo, concluyendo que un cambio corporal es algo negativo y creando de nuevo asociaciones que favorezcan la insatisfacción corporal.

4. Creer en los milagros. Ni los batidos, ni las pastillas quema-grasas ni la dieta definitiva de moda hará un milagro, y si lo hace, créenos, será a corto plazo. Además, ¿qué entendemos por milagro? Generalmente no se trata de la introducción de verduras o frutas, sino de nuevo el foco está puesto en el cambio corporal. No nos preocupa qué tipo de grasa es más adecuada para nosotros en este momento, o cuánto de importante es que disponga de nutrientes suficientes para que nuestro organismo pueda funcionar. Afortunadamente, la evidencia científica nos está alejando cada vez más de considerar la pérdida de peso como sinónimo de salud y ahora somos más conscientes de que son muchísimos los indicadores que necesitamos tener presentes. En este sentido, el milagro queda muy difuso, ya que serían demasiadas cosas las que tendrían que ponerse en juego. Cuando pensamos en el ideal estético es cuando el milagro aparece como una posibilidad, pero está fuertemente asociado al ideal corporal construido y a la falsa creencia de que podemos cambiar nuestro cuerpo como queramos con constancia y esfuerzo. Esta creencia (como veremos más adelante) nos ha acompañado durante muchos años y nos ha dañado enormemente (especialmente a las mujeres).

5. Falta de motivación. La motivación es un concepto que durante muchísimo tiempo se ha asociado al éxito en el tratamiento de pérdida de peso o cambio corporal. En la mayoría de las ocasiones, la motivación para realizar esta conducta venía promovida por el deseo del médico o de un familiar o por la presión social. Entonces, ¿es realmente la motivación el cuidado de nuestra salud o el motor del cambio es agradar a los demás? Debemos buscar una motivación en nosotros, en aquello que nos invite a querer cuidarnos (alejado del número en la báscula como sinónimo de éxito). Por ejemplo, recordamos una historia de una chica que acompañábamos una de nosotras, que creía que comía saludable y no tenía mayor preocupación por su ingesta. Sin embargo, en una analítica rutinaria sus valores aparecieron alterados con algunos déficits que tenían relación directa con la falta de determinados nutrientes en su ingesta. En ese momento, su interés por mejorar su salud le hizo incorporar determinados alimentos e interesarse por el aprendizaje sobre alimentación.

6. No escuchar nuestras necesidades. Es muy habitual que la realización de dietas restrictivas influya, como ya hemos visto, en la capacidad para identificar nuestras señales de hambre y saciedad. Además, el control externo que se asocia a este tipo de tratamientos nos lleva a no escuchar nuestras apetencias y necesidades y a tomar decisiones influidos exclusivamente por lo bien o mal que lo estemos haciendo según lo que externamente se nos esté señalando. Todo ello nos aleja mucho de una alimentación consciente e intuitiva.

¿SI MIRAS A TU ALREDEDOR, QUÉ EFECTOS NEGATIVOS HAS VISTO TRAS LA REALIZACIÓN DE DIETAS RESTRICTIVAS??

4.2. Atracones e ingesta compulsiva

Hemos hablado de dietas restrictivas, de control y exigencias; todas estas variables se relacionan en muchísimas ocasiones con una ingesta compulsiva o atracones. Aunque el efecto de la prohibición y restricción es algo que también debe interesarnos y hablaremos en mayor profundidad en el apartado 4.3, nos centraremos en primer lugar en el concepto de atracones. Los atracones o ingestas compulsivas que suelen aparecer posteriormente a dichas restricciones son considerados una de las alteraciones alimentarias más frecuentes en la población general. Dichos atracones o ingestas compulsivas, además, van a generar un sentimiento de culpabilidad, frustración y malestar, que puede desencadenar en más atracones o bien puede iniciar de nuevo un ciclo de restricción.

Durante mucho tiempo (y aún hoy en día en algunos manuales de psicología podemos encontrarlo así) se ha considerado que uno de los primeros pasos para llevar a cabo un tratamiento psicológico en atracones debe ser la eliminación de la dieta restrictiva asociada. ¿El motivo? La fuerte asociación entre la restricción y el aumento del deseo por el producto o alimento restringido. Sin embargo, en esos mismos manuales y protocolos también podemos encontrar referencias que nos invitan a volver a una dieta hipocalórica si la persona, una vez han sido trabajados los atracones, continúa teniendo un peso determinado. Resulta contradictorio que algo que eliminamos por el malestar que genera, tengamos que volver a aplicarlo para modificar el cuerpo de la persona.

Como señalan Cuadrado y Baile (2015) «El trastorno de atracón hace aparición en el contexto de la obesidad, a los ojos de una cultura en la que la imagen y la delgadez hacen ver dichas situaciones corporales como algo más que censurable. Sin embargo, a pesar de la paradoja, serán los trastornos del comportamiento alimentario el caldo de cultivo de su gestación y verdadero desarrollo».

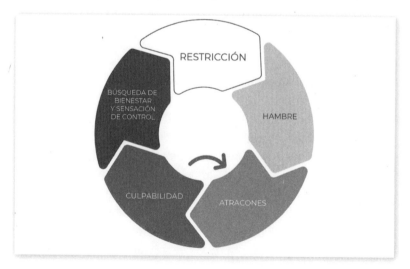

Sin embargo, la restricción solo es una de las múltiples variables que se asocian como factores predisponentes o precipitantes de este cuadro diagnóstico. Podemos encontrar referencias hacia la regulación emocional, contexto familiar, dificultades en las estrategias de afrontamiento, estrés percibido, insatisfacción corporal, síntomas depresivos o el afecto negativo, que son algunos de los señalados por Hernández y Ledón (2018).

Una duda frecuente en las personas que piden ayuda profesional suele ser si lo que le está pasando se trata de un atracón o no. En primer lugar, se necesita conocer un poco más el trastorno de atracones, que fue reconocido e incluido en la quinta edición del *Manual Diagnóstico y Estadístico de los trastornos mentales (DSM-5)*. Aunque se reconoció en el DSM-5, fue Stunkard, en 1959 quien comenzó a explorar y hablar sobre el concepto de «atracones».

El trastorno por atracones (TPA) incluye una serie de criterios específicos que deben acompañarlo para poder emitirse la etiqueta diagnóstica. Algunos de estos criterios son: velocidad y cantidad de la ingesta, comer hasta sentirse desagradablemente lleno, comer solo por la vergüenza asociada o sentirse a disgusto con uno mismo. Además se exige una frecuencia determinada (una vez a la semana durante al menos 3 meses, aunque en el DSM-IV se proponía un criterio de seis meses de duración). Sin embargo, lo verdaderamente llamativo de estos criterios y que nos ayuda a valorar la gravedad ante la que nos encontramos es la propia definición de atracones.

Los atracones tienen que ser caracterizados por una cantidad de comida específica (mayor a la que cualquier persona puede ingerir) en un determinado tiempo de corta duración. Además, han de ir acompañados de otros factores como la pérdida de control, el comer sin sensación de hambre física y el comer hasta sentirse desagradablemente lleno.

En definitiva, para ser considerado como un atracón se deben cumplir estos dos puntos:

- Ingesta en un periodo determinado de una cantidad de alimentos que es claramente superior a la que la mayoría de las personas ingeriría en un periodo similar en circunstancias parecidas.

• Sensación de falta de control sobre lo que se ingiere durante el episodio.

Y además el DSM-5 nos señala algunas otras de las características que pueden acompañarlo:

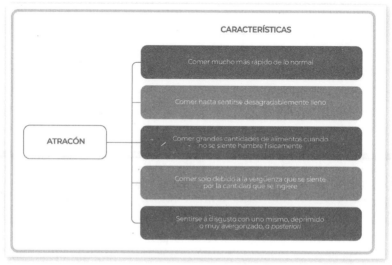

Adaptado de DSM-5

Consideramos especialmente importante la pérdida de control, la desconexión y la culpa que suelen acompañar a estos episodios, pero ¿y la cantidad de comida? Distinguimos entre atracón subjetivo y objetivo dependiendo de la cantidad real de comida ingerida, siendo atracón objetivo aquel que está compuesto por una cantidad de comida que cumpla las características de la definición de la DSM-5. Por su parte, los atracones subjetivos se corresponden con aquellos momentos de ingesta que son señalados como atracones por las personas pero que no cumplen los criterios específicos de cantidad de comida y suelen estar presentes en los trastornos de la conducta alimentaria como anorexia.

Sin embargo, resulta complicado que una persona cumpla estos criterios y características de forma completa, sin olvidar que en población general el concepto de atracones tiene numerosas definiciones distintas y dispares. Este motivo nos lleva a invitarte a reflexionar sobre qué entiendes por atracón. Si somos profesionales de la salud, sería interesante que en nuestras consultas exploremos lo que para la persona que acompañamos significa tener un atracón para asegurarnos que estamos comunicándonos en el mismo idioma.

En numerosos estudios y referencias bibliográficas veremos cómo el patrón de comportamiento del TPA se denomina también ingesta compulsiva o que el TPA se caracteriza por episodios de ingesta compulsiva (como si la ingesta compulsiva hiciese referencia únicamente al patrón específico de ingesta sin toda la sintomatología que acompaña). Nosotras sí que te animamos a tener presente que no todas las personas tienen el mismo patrón de gravedad y que en determinadas ocasiones encontramos patrones que no cumplen los criterios, o que no son vividos con tanta intensidad de sintomatología emocional y eso no significa que no necesiten atención profesional.

En resumen, son tres los aspectos psicológicos asociados a estos patrones de ingesta los que consideramos más importantes:

→ **Sensación de desconexión:** «Siento que es la única forma de olvidarme del día, como un ritual. No soy consciente de lo que está ocurriendo hasta que no logro parar y veo todos los paquetes que me he comido». No nos referimos a que no exista consciencia o recuerdo de la ingesta; sino que durante la ingesta se pierde la conexión de lo que se está haciendo, es decir, del acto de comer en dicho instante.

→ **Culpabilidad:** «Cuando termino siento que he vuelto a fallarme, escondo todo y me prometo que no volverá a ocurrir más». Estos pensamientos hacen que uno se vuelva mucho más estricto, poniéndose objetivos muy exigentes que son difíciles de alcanzar. Por tanto, la sensación de culpabilidad aumenta y eso afecta a la relación con uno mismo (autoestima) y, si la comida es nuestro principal recurso ante el malestar emocional se aumentará la ingesta.

→ **Pérdida de control:** «Yo no quiero hacerlo, y me repito a lo largo de todo el día que no lo haré, pero no puedo evitarlo». Al igual que en el ejemplo anterior, las autoafirmaciones que realizamos son demasiado exigentes, siendo muy fácil que las transgredamos y comenzando de nuevo la pérdida de control.

¿Y qué ocurre cuando la cantidad de comida no es un factor determinante? Por ejemplo, cuando nos pasamos todo el día visitando el frigorífico, aunque no lo consideremos un atracón.

Frecuentemente se ha asociado el patrón de ingesta más relacionado con lo que llamamos «picoteo» a población categorizada, según IMC, con obesidad. Sin embargo, ¿a qué se puede deber? ¿Tendrá alguna relación la restricción previa o los procesos dietéticos realizados? Sea como sea, las características asociadas a esta conducta son similares a las que te hemos indicado que se relacionan con un atracón. Se trata de lo que comúnmente llamamos «picoteo» llevado a un punto constante durante el día: «Llego a casa y lo primero que hago es picar algo de la nevera», «Mientras cocino voy picoteando, sin apenas darme cuenta, hasta que casi he realizado una comida completa». Estos ejemplos nos llevan a los tres aspectos psicológicos de los que hemos hablado anteriormente: sensación de desconexión, culpa y pérdida de control.

Es decir, lo más importante no es cómo sea tu relación alterada con la comida específicamente, lo importante es cómo la estás viviendo y, por lo general, ambas situaciones se viven de forma similar, aunque la intensidad del malestar o la gravedad de los síntomas pueda diferir.

La realidad de todas estas tesituras es que la persona sufre por ellas. Se produce una lucha interminable de intento de control, una sensación de vacío y agotamiento físico y mental cuando se lleva años luchando contra esto. Puede que se haya pasado por historias dietéticas de más de 15 años (entre las impuestas desde el exterior y las autoimpuestas), cada dieta vivida desde el fracaso suma frustraciones nuevas a nuestra mochila emocional y junto con las frustraciones aparecen las creencias limitantes, el daño a nuestra autoestima y la indefensión aprendida. Por ese motivo, explorar toda la mochila emocional que traemos con nosotros, así como comprender y escuchar nuestras sensaciones son dos pasos que nos ayudarán a mejorar nuestra relación con la comida.

Cuando se establece el tratamiento para los atracones, muchas personas tienen la creencia de que dicho tratamiento les hará perder peso y cambiar su cuerpo, sin embargo, esto no es cierto.

Autores como Valdez-Aguilar *et al.* (2022) nos señalan la evidencia existente sobre la poca pérdida de peso que se logra con esta estrategia, no obstante, eliminar los atracones sí podría proteger contra una mayor ganancia de peso a largo plazo, por lo que existe controversia sobre si la reducción de peso y la supresión de los atracones deben considerarse como un éxito o no en el tratamiento psicológico (Citrome, 2019).

Por otro lado, frecuentemente, se tiene la creencia errónea de que este tipo de cuadro diagnóstico se encuentra asociado casi exclusivamente con un tipo de cuerpo específico. Algunos autores como Escandón-Nagel y Garrido Rubilar (2020) señalan la obesidad como consecuencia del trastorno de atracón, al igual que ocurre con enfermedades crónicas como la hipertensión y la diabetes; aunque también señalan la obesidad como parte del grupo de factores personales que influyen en la aparición del trastorno. Otros autores como Cuadrado y Baile (2015) nos invitan a reflexionar sobre el peor pronóstico en personas que presentan obesidad (según categorización IMC) y TPA *versus* personas que presentan obesidad sin este diagnóstico. Por otro lado, estos mismos autores señalan que una persona que sufre TPA y obesidad presenta puntuaciones más altas en escalas de insatisfacción corporal, unida a una mayor preocupación por el peso y la figura corporal junto a sentimientos de pérdida de control asociados al episodio del trastorno. Después de todo lo que hemos estado viendo hasta ahora, resulta lógico esto que leemos, ya que además sabemos que las personas categorizadas como obesas (según el IMC) tienen ciertas limitaciones a la hora de ser atendidas por población médica que está influida, de forma genérica, por un alto estigma y por la gordofobia, lo que retrasa también los tratamientos médicos adecuados. Además, también contribuye la presión social para perder peso a través de dietas hipocalóricas y de restricciones que se consideran factor mantenedor de la sintomatología del TPA. Como señalan Gómez-Pérez *et al.* (2017), los equipos de salud están bajo el influjo de los mismos comentarios y estigmas sobre la obesidad que la población general, y, por tanto, pueden protagonizar conductas discriminatorias con pacientes con obesidad, lo que podría tener implicaciones en la intervención y en los resultados esperados en la salud de estas personas.

Con relación a la prevalencia, Escandón-Nagel y Garrido Rubilar (2020) señalan que el TPA tiene mayor prevalencia que otros TCA pero con tasas de diagnóstico y tratamiento reducidos. Esto es algo que vemos diariamente a nuestro alrededor: la normalización de estas ingestas o la creencia de que solo se necesita fuerza de voluntad y motivación para eliminar estas conductas hace que las personas consideren que lo que les ocurre no es realmente lo suficientemente grave como para pedir ayuda. Por otro lado, estos autores se hacen eco de cómo la búsqueda de atención médica destinada a la pérdida de peso, a la obesidad o a otras patologías comórbidas al TPA retrasan también los tratamientos adecuados para este trastorno.

4.3. Restricción alimentaria: alimentos prohibidos y permitidos

Hemos hablado de los efectos psicológicos de las dietas restrictivas y de que implican un gran control externo, reducción de la ingesta (cantidad) o modificación del tipo de alimentos que consumimos; a los que denominaremos «alimentos prohibidos».

Hablamos de alimentos prohibidos cuando, basándonos en un control externo (impuesto desde fuera), dejamos de consumir ciertos alimentos o productos sin conocer, comprender o interiorizar los motivos por los cuales lo hacemos. Esta es la forma de trabajo de numerosos patrones dietéticos. Sin embargo, en la actualidad son muchos los autores que han relacionado esta prohibición —impuesta desde fuera o autoimpuesta (pero basada en las presiones sociales y en el aprendizaje de mitos y miedos)— con un incremento del deseo por dichos alimentos prohibidos y con consecuencias psicológicas asociadas; como nos señalan Rivarola y Rovella en 2014, que encontraron un aumento de la preocupación por el peso y de la insatisfacción corporal en personas restrictivas en comparación con la población no expuesta a estas restricciones. Este resultado ha sido ampliamente estudiado a lo largo de los años, como el hecho de que el intento de cambiar el cuerpo a su vez nos acerca mucho más al rechazo hacia la figura.

En ocasiones, la restricción ejerce un fuerte poder de control. «Comiendo y dejando de comer se ejerce poder, sobre uno mismo y sobre los otros, y se contribuye a la construcción de la imagen corporal» (Espeitx Bernat, 2005). Al igual que en el apartado donde nos centramos en atracones hablamos sobre la importancia de conocer la funcionalidad de los mismos, en los procesos restrictivos necesitamos también poner foco en intentar comprender qué lleva a una persona a tener la necesidad de ejercer ese control sobre su alimentación.

Para poder entender los efectos de la restricción, debemos conocer primero cómo funciona nuestro cerebro ante una prohibición. Nuestro cerebro trabaja con una interpretación visual de los pensamientos. Es decir, si piensas en un vaso de agua, tu cerebro visualiza un vaso de agua. Con la palabra NO, utilizada para prohibir, resulta imposible una representación gráfica, de tal modo que si nos decimos «no puedo beber agua», la imagen cerebral en la que se traduce esta frase es también un vaso de agua. Por tanto, y dado que no se procesa la palabra NO, es mayor la tendencia a querer beber que a no hacerlo.

Por otro lado, la restricción dietética se ha definido como un factor de riesgo en el desarrollo de alteraciones alimentarias (Stice *et al.*, 2002). Por ejemplo, como señalan Saraçli *et al.* (2016), en pacientes con síndrome del comedor nocturno, la restricción dietética era uno de los factores que se encontraban frecuentemente presentes. Autores como Rodríguez Ruiz *et al.* (2007) apuntan a la restricción como un factor que explica la aparición de atracones, y, en personas sin TCA, como una causa del aumento de la apetencia por determinados alimentos.

El estudio de Verzijl *et al.* (2018) nos habla de cómo la restricción activa el deseo por los alimentos. Además, aunque estos patrones dietéticos son realizados con un deseo de cambio corporal hacia el ideal estético, en la práctica clínica, lo que vemos es que actúa como parte de un círculo en el cual volvemos constantemente al punto de partida, aunque con el efecto negativo del aumento del malestar emocional, entre otras consecuencias físicas.

Si te das cuenta, hacemos referencia a la palabra "dieta" entendida como proceso dietético estricto y restringido. Aunque consideramos importante trabajar la redefinición de estos conceptos, no podemos olvidar lo que comúnmente asociamos a dicha palabra. En consulta trabajamos este aspecto, y las palabras que nuestros pacientes asociaban a "dieta" consistían en: estricto, deprimente, fuerza de voluntad, PROHIBIR, rechazo, cansancio, fracaso, etc., siendo necesario redefinir el concepto para tener un lenguaje común en consulta y que todos entendiéramos el mismo significado de "dieta" y no lo vinculemos a la restricción ni a la prohibición.

Continuando con el concepto de restricción, cuando hacemos referencia a la restricción alimentaria o a la prohibición de alimentos no hablamos solo de la restricción conductual, es decir, no nos referimos de forma exclusiva a no ingerir y evitar esos alimentos o productos. Parte de los componentes de la restricción también son los pensamientos constantes del tipo: «No voy a comer este producto», «Hoy solo lechuga», «Es el último trozo de chocolate que comeré», «Ya comí tarta esta tarde, no puedo repetir», etc. Aunque finalmente comamos el alimento «prohibido», si antes de consumirlo hemos presentado este tipo de pensamientos, nuestra respuesta continúa realizándose desde el mismo lugar: «Estoy haciendo algo que está mal». Podríamos creer entonces que se trata de controlar lo que pensamos; sin embargo, tampoco en este caso es una buena herramienta ejercer ese fuerte control, ya que es inevitable que presentemos este tipo de pensamientos casi automatizados. Como hemos estado viendo, las creencias que hemos ido construyendo a lo largo de nuestra vida nos acercan a la prohibición constantemente, por tanto, el nuevo aprendizaje que nos lleve a reducir el miedo por estos productos o alimentos debe ser progresivo, y, comprendiendo que el pensamiento aparecerá, lo que necesitamos es poder reconocer que es un mito construido desde la cultura de la dieta.

Nuestros pensamientos influyen en nuestras elecciones alimentarias y también en nuestras acciones. Habitualmente no reflexionamos sobre lo que pasa por nuestra cabeza cuando nos alimentamos, y nos gustaría invitarte a realizar esta reflexión y prestar atención (sin juicio) a cómo tus pensamientos responden a tu relación con la comida.

PENSAMIENTO	EFECTO SOBRE LA COMIDA

Decir NO a la prohibición de alimentos no implica comer sin control. Tal vez sea esa sensación de total permisividad la primera impresión ante el rotundo NO a los alimentos prohibidos, sin embargo, no se trata más que de formular esta afirmación tan sencilla: «Permitirnos», la cual implica trabajar hacia lograr:

1. Diferenciar los tipos de hambre que influyen en nuestra ingesta y nos invitan a nutrirnos.
2. Aprender a sentir e identificar las sensaciones de saciedad y de hambre.
3. Conocer y aprender sobre alimentación, rompiendo mitos alimentarios, reduciendo el miedo y fomentando la flexibilidad.
4. Poder responder a nuestras necesidades sin juicios.
5. Escuchar y atender a nuestras necesidades, físicas, sociales y emocionales.

Para poder entenderlo mejor quizás deberíamos comenzar por diferenciar entre control interno y externo.

Cuando acudimos a un plan dietético no individualizado —que supone unas pautas impuestas sin aprendizaje—, o cuando una pauta dietética viene impuesta por el médico, por ejemplo, estaríamos hablando de un control externo. En este caso comenzamos a sentir la necesidad de acudir a la consulta a modo de «examen» para ser evaluados sobre si hemos cumplido las normas establecidas, y sentirnos satisfechos si hemos actuado debidamente. Sin embargo, en ese proceso, la motivación, como veremos en el capítulo 5, es principalmente extrínseca (lo que se relaciona también con la complacencia hacia los demás que imponen dichas pautas), y no podemos pretender que se mantenga a largo plazo o que la persona simplemente sea capaz de interiorizar el tratamiento como parte de sí misma. Para poder lograr una motivación intrínseca es adecuado trabajar fomentando el control interno, la autogestión o los motivos personales y reduciendo exigencias externas.

Sin embargo, no podemos olvidar realizar un trabajo psicológico con los demás factores que están influyendo o han influido en la situación actual. Si reforzamos de forma exclusiva el control interno, podemos caer en el peligro de considerar única responsable a la persona como tal, olvidando que socialmente estamos influidos por nuestro contexto y por el exterior. Aunque seamos responsables activos de nuestros actos debemos ser conscientes de que otros factores ejercen influencia sobre nosotros para evitar quedar atrapados por los sentimientos de culpa e hiperresponsabilidad.

Veamos esto de un modo más sencillo: no puedes evitar encontrarte con productos menos nutritivos o incluso con alimentos que desencadenen un atracón para ti. En este caso, aprender a relacionarte con ellos, trabajar el comer de forma consciente, reconocer sensaciones de hambre y saciedad, conocer sus ingredientes, saber leer las etiquetas, construir platos nutritivos (y también respetar y ser flexible con alimentos o productos que no lo son tanto) o mantener una organización alimentaria, son algunas de las semillas que harían crecer tu motivación intrínseca, lo que implica una autogestión basada en la comprensión y el respeto hacia tu cuerpo y tus necesidades. Si prohibimos alimentos o productos sin tener en cuenta estos factores, estaremos fomentando un círculo vicioso de pensamientos y exigencias que aumentará el malestar con nosotros mismos. La culpa comenzará a jugar malas pasadas y el sentimiento de todo o nada estará presente en cada supuesto error cometido: «Ya de perdidos al río», «Ya he destrozado el día, total qué más da», «Para una vez que puedo comerlo…».

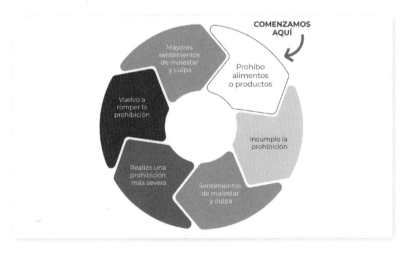

Por supuesto, lograr todo esto lleva consigo una intervención psicológica necesaria que tendría que realizar un profesional de la psicología acompañada de una labor de educación alimentaria que realizaría un profesional de la dietética y nutrición (es decir, un trabajo de psiconutrición).

Por otro lado, no debemos olvidar el papel que tienen los ritmos circadianos en el funcionamiento de nuestro organismo y la importancia de mantener cierta organización alimentaria, que suele estar truncada por la restricción. Según Challet (2019), tanto las hormonas como los nutrientes circulantes y los estímulos neuronales transmiten señales rítmicas que permiten que el cerebro y los órganos periféricos se puedan sincronizar con la hora de comer. Estas interacciones son complejas pero demuestran que cuando rompemos estos patrones y realizamos una alimentación «a destiempo» se producen efectos nocivos sobre la salud metabólica. Esto lleva a concluir que además de la composición de la dieta, es importante realizar patrones de alimentación en el momento adecuado para prevenir la desincronización de los relojes biológicos y limitar así los riesgos metabólicos.

Se consideran casos excepcionales cuando nos encontramos con intolerancias, alergias o distintas patologías que hacen necesaria la restricción o eliminación de determinados alimentos y productos. En estos casos, la prohibición viene determinada por la salud y es extrínseca (es decir, no se la impone la propia persona, sino la enfermedad), por lo que es fundamental un trabajo a nivel nutricional que permita el seguimiento de las pautas dietéticas sin que esto afecte a aspectos emocionales asociados a pensamientos de prohibición. Las estrategias que se deben utilizar en este caso, además de una educación alimentaria que permita el conocimiento adecuado de los alimentos que se pueden o no comer, se basan en la adaptación progresiva a los cambios, y, en caso de que se pueda, en la búsqueda de los alimentos o dosis que sean toleradas (cuando hablamos de intolerancias), y en las alternativas culinarias y sociales que permitan seguir llevando un estilo de vida similar al anterior del debut de la enfermedad. A nivel psicológico, la adaptación a los tratamientos y protocolos dietéticos específicos implica un gran trabajo, ya que supone un reajuste de vida familiar y social. Lo veremos en mayor profundidad en el capítulo 8. Sin embargo, sí podemos centrarnos en algunos aspectos que nos ayudan a sobrellevar este tipo de situaciones:

— Observar cómo nos hacen sentir físicamente dichos alimentos. La mayoría de la sintomatología implica malestar físico y realizar elecciones que nos ayuden a mantenernos sin dicho malestar es parte de las acciones que realizaremos.

— Recordar los motivos que nos llevan a dicha situación: conocer el diagnóstico, lo que implica, la sintomatología, el efecto de no cumplir dichas pautas. Aceptar la situación y las limitaciones que implica pudiendo también mostrar las emociones más desagradables que nos genera.

— Adaptabilidad y flexibilidad en la medida de lo posible. Como decíamos anteriormente, buscar recetas, trucos, alimentos sustitutivos que no contengan los componentes dañinos, opciones alternativas, etc. nos ayudará en el proceso.

Podríamos pensar que hemos repasado las distintas situaciones que nos llevan a vivir prohibiciones y patrones dietéticos desde la restricción; sin embargo, hoy en día nos encontramos con algunos patrones que en determinadas ocasiones, y vividos desde el extremo, pueden acercarnos a la rigidez y el control. Las redes sociales, los perfiles con influencia que nos muestran lo que «deberíamos comer» —y hasta de qué forma deberíamos hacerlo— hacen que recibamos cada día numerosa información que vamos acogiendo como verdad absoluta con la que guiar nuestra conducta, o, en cambio, como información que nos ayudará a lograr unos hábitos saludables, pero siendo conscientes de que los extremos y la rigidez no nos ayudan. Desgraciadamente es muchísima la población que se ve inmersa en la primera opción: vivir dicha información como verdad absoluta, con rigidez y fuerte control en aquello que consumimos.

Hay numerosos perfiles y movimientos en referencia a la comida que encontramos en redes sociales; sin embargo, uno de ellos es nombrado un alto porcentaje de veces por las personas que visitan nuestras consultas. Hablamos del movimiento denominado *RealFooding®,* o Comida Real, cuyo origen se remonta a 1939, cuando el dentista canadiense Weston Price ya promovía la reducción o eliminación de ultraprocesados y fomentaba el consumo de alimentos de origen vegetal, seguido posteriormente de Michael Pollan en la primera década del 2000, aunque en los últimos años Carlos Ríos ha acuñado este término. El movimiento *Realfooding®* «defiende el derecho a una alimentación saludable para la población, sin productos ultraprocesados, y que lucha por concienciar a los ciudadanos sobre el tipo de alimentos que consumen otorgando información real sobre los ingredientes que llevan y que la industria alimentaria obvia en su comunicación comercial». González y Martínez (2020).

La información otorgada a través de las distintas redes proporciona declaraciones sobre los ingredientes y el efecto en nuestra salud de cada uno de ellos. Dicho movimiento también marca el porcentaje o cantidad de veces que una persona puede permitirse consumir productos que no cumplan con dicha norma, que categoriza a los alimentos aptos como «comida real o buen procesado», para poder considerar que una alimentación ha cumplido el reto de comida real. Como vemos, no es que el movimiento en sí esté compuesto por comportamientos dañinos, sino que ciertos mensajes enviados en el mismo se acercan mucho a patrones de rigidez y control externo. Son numerosos los profesionales que hemos mostrado nuestra preocupación sobre cómo influyen algunos de estos mensajes en población vulnerable, mucha de la cual sigue este tipo de cuentas, así como en el desarrollo de patrones de conductas relacionados con alteraciones alimentarias.

El mensaje promovido por este movimiento nos puede parecer acertado desde la premisa de que nos acerca la información verídica sobre aquello que consumimos, y de la promoción de productos menos procesados en su mayoría. Sin embargo, determinada población vulnerable puede interpretar este tipo de mensajes como «normas que cumplir» y puede llevar a comportamientos rígidos y que implican un fuerte control autoimpuesto. Además, un movimiento que se centra únicamente en el componente nutricional de la alimentación y no tiene en cuenta el contexto individual, social o emocional de la persona sigue siendo igual de simplista que decir que para estar sano hay que hacer deporte.

> **"**
> ## La alimentación no sólo es ingerir nutrientes, ¡es mucho más que eso!
> **"**

Cuando se ha estudiado este movimiento y su relación con patrones de TCA se han encontrado ciertas conductas que nos resuenan a comportamientos específicos de alteraciones alimentarias: culpabilidad al consumo de determinados productos o pensamiento rumiante sobre la comida o sobre el efecto en la salud de procesados (Meneses y Carrascal, 2020). También se ha observado, en un alto porcentaje de personas que siguen dicho movimiento, un mayor riesgo, y en algunos casos incluso un diagnóstico, de TCA. Generalmente, son las mujeres la población que se muestra más afectada por este tipo de patrones alimentarios. Por otro lado, la preocupación por el cuerpo y lo estético también se encuentra intensificada (al igual que ocurría en la presencia de prohibiciones y restricciones). En cualquier caso, el hecho de llevar cualquier mensaje relacionado con la alimentación (o el ejercicio, y, en general, la salud) a los extremos genera patrones obsesivos que pueden llegar a ser dañinos y peligrosos, sobre todo para los grupos de población más vulnerables (niños, adolescentes, personas con un gran historial de dietas, etc.). Y esto se potencia aún más cuando sumamos el efecto de las redes sociales. En el trabajo realizado por Grande Tizón (2023) se concluye que «los jóvenes han desarrollado cambios y problemas en su conducta alimentaria a raíz de la exposición elevada a los contenidos que muestran los *influencers* en Instagram y el poder de sus mensajes». Por otro lado, Torreblanca Valero (2022) describe que existe una relación entre el desarrollo de actitudes alimentarias de riesgo, especialmente en mujeres, y el seguimiento del movimiento *Realfooding*®. Por su lado, Sánchez R y De la Villa A (2022) muestran en su estudio realizado a 551 personas de 18 a 40 años que esta práctica alimentaria se relaciona con una mayor insatisfacción corporal, y que en las personas que la realizan aumenta el riesgo de TCA, como muestran varios estudios.

Debemos hablar también de la ortorexia, que se trata de la búsqueda de una alimentación saludable llevada al extremo y vivida con un componente obsesivo. Aunque la ortorexia no se encuentra con una clasificación específica en la DSM, hay diversos autores que reconocen su existencia y que la categorizan principalmente dentro de un perfil obsesivo. Al igual que otras alteraciones alimentarias, la comida y todo lo relacionado con ella se convierte en el centro de la vida de la persona, lo que supone un deterioro en los distintos aspectos de su día a día (Ruiz y Quiles, 2021). Ambos autores realizaron una investigación en población de estudiantes españoles encontrando que un 30,5 % de los participantes del estudio presentaban factores de riesgo de desarrollar ortorexia. Estos autores se hacen eco de Marcos Retuerta, (2019) y señalan que entre los factores que pueden influir en este resultado se encuentran, por un lado, la presión existente hacia la preocupación por la salud y, por otro lado, el consumo de alimentos saludables o de alimentos «puros» que se observan en distintos movimientos, entre ellos, en el «*Realfooding*®». Todo ello queda también recogido en el trabajo realizado por Torreblanca Valero (2022). Respuestas similares se han encontrado en el movimiento «*Clean-eating*», que nació en 2007 de la mano de la canadiense Tosca Reno y que tiene el objetivo de reducir al mínimo los ultraprocesados, aumentar la presencia de frutas y verduras, y cocinar más en casa para controlar la cantidad de grasa, de sal o los azúcares añadidos. Un movimiento restrictivo más, con los mismos riesgos que cualquier otro y con poco o ningún fundamento a nivel nutricional y de salud. Todo lo anterior, sumado a lo que presenciamos cada día en consulta, nos anima a resaltar la importancia de realizar divulgación en nutrición teniendo presente la vulnerabilidad actual de la población; y, por otro lado, a recordar a las personas consumidoras de redes sociales la necesidad de atender todas las necesidades para el cuidado de nuestra salud integral: físicas y emocionales. No se trata de no comer saludable, ¡ni mucho menos! Sino de ser consecuentes con lo que necesitamos y poner en equilibrio toda la información que recibimos.

4.4. Creencias limitantes e irracionales

Cada día convivimos con creencias, pensamientos automáticos y construcciones que hemos ido elaborando a lo largo de las distintas experiencias de vida que tenemos. Estos mensajes y verbalizaciones (incluidas las que nos enviamos a nosotros mismos) tienen un efecto en nosotros y en nuestra capacidad de llevar a cabo nuestras rutinas. A veces nos puede resultar tremendamente complicado el simple acto de comer; por ejemplo, si en nuestra cabeza aparecen pensamientos del tipo: «Eso que estás comiendo no es correcto», «Deberías probar a tomar algo más saludable» o «Es demasiada cantidad». Este tipo de pensamientos nos desconectan de nuestras sensaciones de hambre, saciedad e incluso de poder disfrutar de la comida.

Por otro lado, el estigma del que ya hemos hablado afecta al sentimiento de capacidad (autoeficacia) y a la valoración sobre nuestro éxito o fracaso en el tratamiento. Nuestra valía como persona estará determinada por aquello que «se supone» que tendríamos que ser, y frecuentemente nos focalizamos en un cuerpo específico como sinónimo de logro.

Este tipo de mensajes los recibimos a nivel social, desde las redes sociales hasta la publicidad, películas y televisión; también son mensajes que convertimos poco a poco en creencias que se transmiten de generación en generación y que forman parte de nuestro contexto familiar. Cuando nos encontramos rodeados de todos estos estímulos, los interiorizamos hasta convertirlos en parte de nosotros, y pueden llegar a integrarse en ese discurso que activamos con nosotros mismos.

¿Cuántas veces has escuchado de ti mismo las siguientes frases o las has escuchado en consulta, si eres profesional?

→ No voy a poder sola, esta vez necesito ayuda para que me controlen.

→ Nunca seré capaz de gestionar de forma normal mi relación con la comida.

→ Yo soy así, no tengo remedio.

→ Todo el mundo piensa que soy gorda y vaga.

Para entender los pensamientos irracionales debemos tener presente a Albert Ellis, quien, a través de la Terapia Racional Emotiva Conductual (TREC), nos acerca a la importancia de nuestros pensamientos a la hora de interpretar nuestras acciones y de ponernos manos a la obra. Por otro lado, Aaron Beck y su terapia cognitiva nos señala la existencia de una serie de pensamientos automáticos que hacen que tengamos las llamadas distorsiones cognitivas (algo así como formas de ver el mundo que hemos construido en nosotros a lo largo de nuestro desarrollo individual) haciendo de nuevo hincapié en la importancia del procesamiento propio sobre lo que está ocurriendo (la acción) y cómo influye en cómo la vivimos.

Esto significa que si percibimos que los pensamientos o creencias que definen nuestras acciones corresponden a pensamientos irracionales o a alguno de los esquemas cognitivos que Aaron Beck muestra como más habituales, sería necesaria la intervención de un profesional de la psicología para que pueda trabajarlos.

Tribole y Resch (2021) nos hablan de las llamadas «voces alimentarias» para hacer referencia a este tipo de mensajes enviados hacia nosotros mismos, directamente vinculados a nuestra relación con la comida:

• Policía alimentaria: muy unida a la cultura de la dieta, genera juicios sobre lo que comemos y suscita preocupación constante.

• Informador nutricional: podemos disponer de esta voz como aliado o como crítico. Las autoras señalan que puede llegar el momento de que nos ayude en nuestras elecciones, sin tener estas que estar cargadas de juicios; sin embargo, en un primer momento se encuentra muy contaminado por toda la cultura de restricción y miedo a la comida, siendo un factor más que aumenta la preocupación constante y el pensamiento recurrente sobre si lo que comemos es correcto.

- Rebelde de la dieta: se relaciona con la alimentación de forma más «descontrolada».
- Antropólogo de la comida: no perjudica. Sería neutral sobre nuestra comida.
- Sustentador: no perjudica. Nos ayuda a sobrellevar las voces que sí nos perjudican.

Otros profesionales nos han acercado a este tipo de distorsiones cognitivas pero en referencia al cuerpo, como por ejemplo la llamada «Docena Sucia» elaborada por Cash en 1987 que nos habla de 12 tipos de distorsiones que activamos a la hora de relacionarnos con nuestro cuerpo: La bella y la bestia, el ideal irreal, la comparación injusta, la lupa, la mente ciega, mala interpretación de la mente, la fealdad radiante, el juego de la culpa, la belleza limitadora, predicción de desgracias, reflejo del mal humor y sentirse feo. Por ejemplo, si hacemos referencia al pensamiento relacionado con «la bella y la bestia» hablamos de que la persona se mueve en ambas creencias enfrentadas: o tengo el cuerpo que deseo o soy fea, no hay punto intermedio ni otro tipo de argumento: válida o no válida físicamente, al fin y al cabo, según el único criterio (normalmente relacionado con ideal de delgadez).

Si tenemos en cuenta lo anterior, entendemos la importancia de tener presente que no se trata de afirmaciones que podamos cambiar con la llamada «fuerza de voluntad» (esa que tanto se nos vende: «Si te empeñas lo suficiente lo lograrás»). Esto nos ayudará a empatizar con las circunstancias de las personas que pasan por un proceso de cambio de hábitos (en caso de ser profesional), o con tus propias circunstancias (si eres una persona que se encuentra actualmente en este proceso). Especialmente, si se ha pasado anteriormente por numerosas dietas restrictivas, por intentos desesperados por cambiar el cuerpo como mecanismo para lograr el bienestar o si se ha convivido con alimentos prohibidos o muy temidos.

También encontramos mayor vulnerabilidad a verse afectados por este tipo de mecanismos, en aquellas personas que acarrean numerosos «fracasos» a sus espaldas, en los que probablemente han florecido considerables verbalizaciones negativas hacia sí mismas.

El estudio de los procesos cognitivos en pacientes categorizados con obesidad según el IMC con y sin trastorno de atracones, realizado por Escandon-Nagel (2018), señala la importancia de tener en cuenta que, a mayor sintomatología clínica, los dilemas implicativos aumentan al igual que los conflictos cognitivos. Ambos procesos influyen en la probabilidad de éxito del tratamiento, ya que, en dicho estudio, un alto nivel de conflictos hacía referencia a los conflictos que se generan en una persona cuando debe tomar una decisión relacionada con una acción que a su vez puede implicar cambios en la posición de la persona, pudiendo afectar a su sentido de identidad. Si relacionamos esto último con el estigma asociado, y los roles que asumimos a lo largo de nuestras vidas, nos encontramos que «la fuerza de voluntad» pierde valor, siendo necesario el trabajo para ubicar nuevos roles, nuevas autodefiniciones. Nos resonarían de nuevo algunas de las preguntas que nos hacíamos en los primeros capítulos, ¿de qué forma influye en estos resultados el estigma y la discriminación que estas personas han podido vivir a lo largo de su vida por su tipo de cuerpo?, ¿cómo afectan esas vivencias a la construcción de su identidad, de sus sentimientos de valía y capacidad y a su vez en las decisiones que han ido tomando? Nosotras en la práctica clínica comprobamos cada día cómo las personas que han sufrido este tipo de situaciones ven afectado el proceso de su cambio de hábitos.

Por otro lado, también generamos creencias relacionadas con la propia comida y con lo que esta puede producir en nosotros, la mayor parte de ellas alimentadas por falsos mitos nutricionales que se han ido perpetuando en el tiempo, y promovidas por la cultura de la dieta, el estigma de peso o la gordofobia. Todos esos pensamientos que hemos asumido como propios y reales («la pasta por la noche me engorda», «no debo comer dulces porque tienen mucho azúcar y es muy mala», etc.) tienen un impacto no solo en nuestras elecciones alimentarias, sino también en nuestra concepción de lo que es una alimentación adecuada, que acaba por asociarse más a una pauta restrictiva que flexible, con lo que ya deja de ser lo saludable que se presupone que es. En este sentido, ya contamos con evidencias que nos muestran que las creencias culturales, que se transmiten a las familias y a la comunidad, tienen un fuerte impacto en los patrones alimentarios y en los hábitos dietéticos, en la mayor parte de las veces producidos por el miedo a resultados desfavorables (no esperados), como observa de Diego Cordero *et al.* (2021) en un estudio realizado en mujeres embarazadas. Por su parte, Enríquez *et al.* (2022), en una revisión reciente, establece que el entorno social y la información nutricional (que se interpreta en función de lo que hemos aprendido —veraz o erróneamente— y del valor moral que hayamos dado a ese aprendizaje) generan una elección alimentaria bajo presión o desinformada, lo cual en numerosas ocasiones no termina siendo una elección adecuada. Como dice Enríquez, «La comida es una expresión de la identidad, los valores y el estilo de vida de las personas». En este sentido, los profesionales de la nutrición debemos abordar estas ideas preconcebidas que se han generado (inevitablemente) en torno a los alimentos para poder romper esas asociaciones erróneas, mediante la educación alimentaria, y así poder favorecer el proceso de cambio hacia una relación más sana con la comida. Te animamos a que explores si tienes algunas de esas creencias que te estén influyendo en tu forma de comer (o no comer).

A veces, caemos en el error de considerar que la solución a todo esto es bien sencilla: ver la parte positiva. Sin embargo, para nada implica hacer ver los puntos positivos del cambio de hábitos olvidando las dificultades. Es igual de dañino crear expectativas inadecuadas que generar la creencia de que será un camino fácil de recorrer. El camino es complicado y necesita de esfuerzo y trabajo a nivel personal para poder ir recorriéndolo y removiendo todos esos aspectos emocionales que se encuentran entrelazados con los conductuales. Reconocer y aceptar este esfuerzo, identificar las posibles piedras que encontraremos en el camino así como las personas que ejercen poder en nosotros o los contextos que nos hacen pequeñitos y limitan nuestros recursos es parte del trabajo psicológico que debe acompañar a una terapia nutricional en el ámbito de la psiconutrición.

Como vemos, a la hora de proponernos un cambio de hábitos no podemos olvidar nuestra historia de vida y los aprendizajes que hemos ido adquiriendo. Los mensajes que recibimos o las vivencias que hemos tenido pueden afectar a cómo nos relacionamos con nosotros mismos en el presente.

Pongamos un ejemplo: «Recuerdo que de pequeña todo el mundo me hacía referencia a lo grande que era, yo no me veía tan grande, pero era una constante en casa y en la familia: ¡Qué grande está esta niña! Esto hacía que cuando me veía en el espejo me preguntara: ¿de verdad soy tan grande? Cuando tenía que describirme a mí misma me describía como grande, y tantas veces me lo repetí que acabé creyéndolo. Eso me hacía usar la ropa que consideraba que quedaría mejor para mi espalda tan grande, limitando acercarme a otras opciones, o rechazando enseñar mis hombros».

4.5. Imagen corporal: dietas y relación con nuestro cuerpo

Cada uno de nosotros dispone en su cabeza de una imagen corporal propia. Para entender un poco más sobre el concepto de «imagen corporal» usaremos unas de las definiciones que más nos gustan, y que ya hemos mencionado en páginas anteriores, la usada por Rosen en 1995 quien nos señalaba que la imagen corporal es el modo en el que uno se percibe, imagina, siente y actúa respecto a su propio cuerpo. Como Rosa María Raich en

2004 añade, esta representación corporal puede ser más o menos verídica y está cargada de sentimientos positivos o negativos que a su vez influyen en nuestro autoconcepto.

Sea como sea y de forma inevitable, la construcción de nuestra imagen corporal se encuentra íntimamente ligada a todo lo que hemos ido tratando hasta ahora: ideal de delgadez, contexto de dieta, estigma, concepto de belleza y salud, etc. Cuando hablamos de alteraciones de trastornos de la conducta alimentaria, nuestra representación del cuerpo se puede ver alterada también por lo que se denomina «distorsión de la imagen corporal».

Es poco frecuente hablar de la necesidad de trabajar la imagen corporal y la autopercepción, aunque no exista dicha distorsión. Normalmente la sintomatología que rodea a los trastornos de la conducta alimentaria suele ser más reconocida como limitante, y la distorsión perceptiva es uno de esos síntomas. Sin embargo, algunos autores señalan cómo la percepción de nuestro cuerpo y las emociones asociadas al mismo pueden influir en nuestra forma de alimentarnos, o de cuidar nuestra salud, concretamente relacionándolas con una forma alterada de alimentación. El rechazo, la vergüenza e incluso la culpa que algunas personas sienten con relación a su cuerpo se encuentran íntimamente relacionadas con conductas de daño y de riesgo a la salud física y mental; aunque no encontremos distorsión.

Es labor de los profesionales de la psicología el trabajo hacia la aceptación, el cariño y el autocuidado. Sí, hemos dicho aceptación, y si te encuentras en este proceso probablemente por tu cabeza haya pasado la frase: «Yo no me quiero aceptar, yo quiero tener una figura distinta». En numerosas ocasiones hablar de aceptación corporal implica activar muchos de nuestros miedos: *no quiero conformarme, no quiero tener este cuerpo para siempre*. Sin embargo, el cuerpo que tenemos en este momento es el que nos está permitiendo vivir. El trabajo con aceptación en consulta de psicología no implica querernos y gustarnos con cada cosa que vemos en el espejo. Es un acompañamiento hacia el poder convivir con nuestro cuerpo y también revisar todas las creencias y vivencias que han fomentado la construcción de nuestro ideal corporal.

Lorraine Bell y Jenny Rushforth en su libro *Superar una imagen corporal distorsionada* señalan que una imagen corporal negativa está compuesta por varios puntos, uno de ellos es el incumplimiento de los irreales objetivos de tamaño y peso que conducen a la insatisfacción corporal y a un estado de ánimo negativo. Thompson *et al.* (1999) también especifican sobre los componentes de esta imagen corporal y nos señalaban cómo una parte importante del modelo de funcionamiento son los medios de comunicación que actúan aumentando la consciencia sobre la importancia de la apariencia y favoreciendo la internalización de ideales y la presión percibida para lograrlos. Como vemos, absolutamente todo nuestro contexto influye en cómo nos sentimos con nuestro cuerpo. Gema García Marco en 2023 profundiza en el papel que tiene la familia como parte de dicho contexto: «Los legados socioculturales se filtran a través de las actitudes familiares hacia el cuerpo y su relación con él y a través de experiencias con iguales en las que algunas personas viven situaciones traumáticas de rechazo y humillación. También extienden sus tentáculos para llegar a toda la población a través de las redes sociales».

¿TE HAS PARADO A PENSAR LA CANTIDAD DE VECES AL DÍA QUE RECIBES EXIGENCIAS Y PRESIONES SOBRE TU CUERPO, ESTEREOTIPOS, IDEAL DE BELLEZA, ETC.? TE ANIMAMOS A QUE ANOTES ALGUNAS DE ELLAS Y REFLEXIONES SOBRE LA PROCEDENCIA DE LAS MISMAS.

¿Se relaciona nuestra imagen corporal con nuestra autoestima? Claro que sí; por lo menos un tercio de la propia autoestima se refiere a lo positiva o negativa que resulta la autoimagen (Raich, 2004).

La percepción de nuestro cuerpo forma parte de la autodefinición que damos de nosotros mismos, de nuestra identidad y de lo que somos, y por tanto, forma parte de nuestra autoestima. Podemos considerar la autoestima como una línea en la que nos podemos mover hacia arriba o hacia abajo según nuestro estado emocional en cada momento, en el cual nos manejamos y en el que valoramos nuestras capacidades. Es decir, comúnmente hablamos de alta o baja autoestima, sin embargo, todos pasamos por ese continuo con pequeñas variaciones o variaciones más intensas a lo largo de nuestra vida, e incluso en un mismo día.

La autoestima y el autoconcepto se relacionan con varios aspectos: nuestros puntos fuertes, el reconocimiento de nuestros puntos débiles, nuestro sentimiento de capacidad y de autocuidado, nuestra asertividad con los demás y con nosotros mismos y, por supuesto, con las verbalizaciones que nos dedicamos a lo largo de nuestra vida. Necesitaremos trabajar desde dentro, desde el lenguaje con nosotras mismas y nuestro valor como persona, para poder comenzar un tratamiento adecuado. No se trata de considerarte cerca del ideal, sino de realizar una verbalización más realista contigo misma. Un ejemplo de esto es cuando en ocasiones pensamos: este cuerpo no me gusta, no sirve para nada. Puede que el cuerpo que te acompaña en este momento no sea de tu agrado, e incluso te transmita algunas emociones incómodas (recuerda que no es solo tu cuerpo, sino todo lo que has escuchado y vivido con él). Sin embargo, ¿de verdad no sirve para nada? ¿Qué cosas te ha permitido hacer ese cuerpo que no te gusta hoy?

Las mujeres estamos especialmente expuestas a la estigmatización del cuerpo y la presión estética. Los ideales de belleza femenina son una construcción que se va realizando poco a poco y generan un impacto en el grado de satisfacción corporal de la mujer, como señalan Rojas-Díaz *et al.* (2023).

¿Qué hace que le demos tanta importancia a los ideales de belleza? Nos han generado mucho sufrimiento, especialmente a las mujeres, aunque esto está cambiando y los hombres también están siendo sometidos a exigencias en referencia a su cuerpo y su significado de estatus. Cuando hablamos de ideales de belleza, en un contexto como este libro, nos tenemos que centrar en el ideal de delgadez específicamente y en el estigma que se genera alrededor de quienes no cumplen ese patrón concreto. Afortunadamente, son muchas las personas que durante los últimos años se están movilizando y actuando para dar voz a la diversidad corporal, para romper el estigma en la persona con cuerpo grande o gorda o considerada, según IMC, con obesidad.

«La discriminación gordófoba se extiende hacia toda la población, especialmente a todas las mujeres, sobre quienes el machismo deposita una brutal exigencia estética y obsesión por la belleza corporal». (*Guía básica sobre gordofobia*, Piñeyro, 2020).

No queremos ser nosotras quienes te acerquemos a este movimiento, sino que nos gustaría que pudieras leer a las personas que han vivido algunas de estas situaciones, quienes se han formado e investigado sobre esto y que ahora se encargan de divulgar sobre gordofobia, presión estética y estigma. Es de estas personas de quienes mejor puedes aprender y, así, comprender a qué hacen referencia con el uso de este término y su implicación en la construcción de la imagen corporal y el autoconcepto.

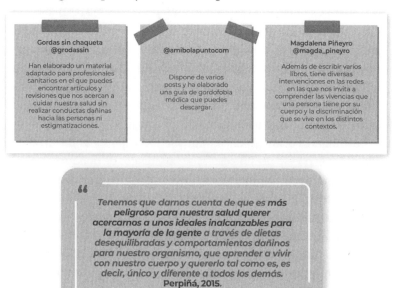

Gordas sin chaqueta
@grodassin

Han elaborado un material adaptado para profesionales sanitarios en el que puedes encontrar artículos y revisiones que nos acercan a cuidar nuestra salud sin realizar conductas dañinas hacia las personas ni estigmatizaciones.

@amibolapuntocom

Dispone de varios posts y ha elaborado una guía de gordofobia médica que puedes descargar.

Magdalena Piñeyro
@magda_pineyro

Además de escribir varios libros, tiene diversas intervenciones en las redes en las que nos invita a comprender las vivencias que una persona tiene por su cuerpo y la discriminación que se vive en los distintos contextos.

" Tenemos que darnos cuenta de que es *más peligroso para nuestra salud querer acercarnos a unos ideales inalcanzables para la mayoría de la gente* a través de dietas desequilibradas y comportamientos dañinos para nuestro organismo, que aprender a vivir con nuestro cuerpo y quererlo tal como es, es decir, único y diferente a todos los demás. **Perpiñá, 2015.** "

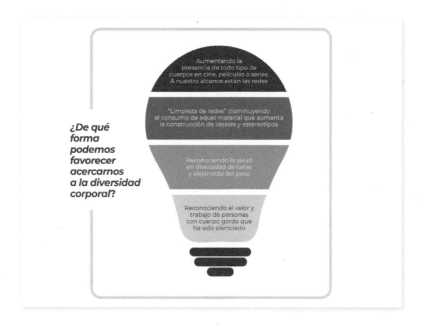

¿De qué forma podemos favorecer acercarnos a la diversidad corporal?

Aumentando la presencia de todo tipo de cuerpos en cine, películas o series. A nuestro alcance están las redes

"Limpieza de redes" disminuyendo el consumo de aquel material que aumenta la construcción de ideales y estereotipos

Reconociendo la salud en diversidad de tallas y alejándola del peso

Reconociendo el valor y trabajo de personas con cuerpo gordo que ha sido silenciado

Como vemos, la belleza marcada por el ideal de delgadez se convierte en el mayor símbolo de valía de la persona. Y para colmo, solemos necesitar grandes actos para considerarnos válidos. Las comparaciones, las exigencias sociales y los ritmos de vida hacen que las pequeñas cosas pierdan valor, y el concepto de autoestima se daña en este aspecto. Quizá hoy te has levantado y has logrado ir al trabajo a pesar de que ayer tuviste un día horrible y querías quedarte en la cama: ¡te has cuidado! O, por el contrario, ayer te permitiste decir NO a esa persona que tanto te exigía y con la que siempre entrabas en el juego. ¡Te has cuidado también! Aunque después te sintieras culpable, aunque no fueras lo más asertiva que pudieras ser, pero son conductas de autocuidado. Continuando con el primer ejemplo: ¿y si no he logrado levantarme de la cama? En este caso, buscar ayuda es uno de los pasos de autocuidado más importantes: es un acto de valentía.

Como dice María Lameiras (2001): «Quien no está reconciliado con su figura corporal y, en última instancia, auto-agrede su cuerpo, parece difícil que pueda relacionarse positivamente con los demás».

En consulta de psicología, el trabajo con imagen corporal es muy variado. Dependerá de la persona, del proceso, de las vivencias (historia de vida) y de cómo se haya sentido con su cuerpo a lo largo de su vida. Sea como sea, el espejo suele ser un objeto presente en estas intervenciones. A veces, la función del espejo es simplemente no estar. Quizás no es el momento para la persona, o le remueve demasiado. Debemos revisar a nivel terapéutico que el proceso tenga los ritmos adecuados. En caso de ser el momento, el trabajo con el espejo es de mucha utilidad. Otros recursos que pueden ayudarnos son: imágenes propias, dibujos, cintas o lana, o trabajar con la percepción ideal y real, entre otras. En resumen, todas aquellas actividades que se alejen de focalizar el peso en un número y nos acerquen a todos esos otros componentes emocionales que están presentes en nuestra imagen corporal.

No podemos olvidarnos, los profesionales de la psicología, de explorar las familias. Conocer y explorar con el genograma la relación de nuestra familia con el concepto de satisfacción o insatisfacción corporal, así como explorar los mensajes recibidos a lo largo de la vida, nos ayudará a desarrollar un diálogo compasivo con nosotras mismas cuando aparezca la voz crítica. Necesitamos comprender cómo hemos construido la forma de relacionarnos con nuestro cuerpo y las distintas influencias que tenemos. Lo anterior forma parte del trabajo en psicoeducación, uno de los pilares básicos en psicología en el tratamiento de cualquier psicopatología. Informar para que la persona pueda conocer y entender qué le ocurre y cómo funciona (aunque para ello debemos individualizar mucho esta información). Os dejamos un pequeño resumen de algunos aspectos más que son necesarios trabajar desde psicología y qué podemos hacer desde las consultas de nutrición o en contextos escolares.

Desde consulta de psicología

- Explorar en línea de vida/corporal la vergüenza con el cuerpo: historia de aprendizaje.
- Conocer y explorar cómo hemos perpetuado la vergüenza corporal en otras personas.
- Reconocer factores de vulnerabilidad.

- Trabajar aspectos como la cognición y la acción asociada.
- Trabajar, explorar y profundizar en la emoción secundaria.
- Trabajar con la silueta.
- Desarrollar una imagen corporal positiva.
- Tener presentes las vivencias de traumas.

Desde la consulta de nutrición
- Introducir un lenguaje de respeto y no estigmatizante.
- Revisar y trabajar tu propio estigma como persona y profesional.
- No ser pesocentrista, ni en los actos ni en el lenguaje.
- Interesarse por las dietas realizadas y cómo las ha vivido la persona.
- Mostrar que la consulta de nutrición es un lugar seguro y sin juicios.
- Fomentar que la persona se encuentre cómoda e interesarse por ello.
- No realizar comentarios sobre el cuerpo ni poner ejemplos que asocien la corporalidad a la salud.

Desde el contexto escolar
- Trabajar la educación emocional.
- Introducir diversidad corporal en el aula para romper el estigma.
- Trabajar para desarrollar una imagen corporal positiva.
- Desarrollar variables protectoras.
- No realizar comentarios sobre los cuerpos de los alumnos, ni de los adultos.
- Crear un ambiente de confianza, respeto, educación y sin juicios.
- Estar alerta de posibles casos de *bullying* y acoso y actuar cuanto antes ante ellos, protegiendo siempre a los menores.

Como ves, son muchas las cosas que se deben abordar, y es fundamental que se realicen por los profesionales adecuados y formados para poder llevar a cabo un trabajo desde el respeto.

4.6. Redes sociales y comportamiento alimentario

Las redes sociales forman parte de nuestro día a día, es inevitable (o bastante complicado) que no tengamos un acceso diario a ellas, a mensajes, publicidad y contenido que en muchos de los casos tiene que ver con nuestra salud.

La gran variedad de redes sociales existentes, así como la diversidad de contenido que podemos encontrar en ellas hace aún más complicado que podamos pretender mantenernos alejados de cualquier influencia. Si diferenciamos entre las distintas redes disponibles, estudios recientes nos señalan que las redes con menor contenido visual afectan en menor medida a la relación con nuestro cuerpo y la construcción de la imagen corporal. Sin embargo, las comunicaciones a través de estas aplicaciones y la agresividad que en algunos casos encontramos a través de la falsa sensación de «lejanía» que nos generan las pantallas hacen que se construyan contextos hostiles también en estos medios.

En una revisión sistemática realizada en 2023, Bajaña y García nos señalan cómo el uso de redes sociales centradas en imágenes relacionadas con salud física y cuerpo ideal podrían influir en el desarrollo de TCA. Específicamente, ambas nos indican que en un estudio realizado por Vall-Roqué *et al.* (2021) se encontró una relación positiva entre insatisfacción corporal, impulso de delgadez y baja autoestima con el uso frecuente de Instagram en un grupo de edad comprendido entre adolescentes y adultos jóvenes.

¿Entonces las redes sociales nos influyen casi exclusivamente en la relación con nuestro cuerpo o tienen mayores riesgos a nivel de salud que debamos considerar? En cuestión de alimentación, la situación se vuelve mucho más interesante: recetas, consejos, trucos, incluso pautas nutricionales que podemos encontrar de forma sencilla. *Influencers* que ofrecen consejos sobre sus hábitos y son tomados como si se tratase de la voz de un profesional en el campo, personas que realizan incorporación de suplementación, retiran alimentos o incluso introducen algún tipo de medicación específica guiadas a través de este tipo de consejos.

Imaginemos que nada más sonar el despertador al iniciar el día abrimos nuestro contenido de redes y al explorarlo nos encontramos cientos de vídeos e imágenes con títulos como «Qué como en un día», «Entrenamiento para comenzar activada la mañana», y otros tantos vídeos de organización óptima para que puedas incorporar toda clase de rutinas y hábitos saludables. Comenzamos a sentir una presión en nuestro día a día antes de tan siquiera salir de la cama. Comenzamos nuestro desayuno intentando reconstruir algo que se pueda parecer al máximo posible a aquel que vimos en las redes; sin embargo, el día que no tenemos la avena que queríamos poner al yogurt se activan creencias construidas sobre que cualquier otro desayuno «no sería del todo adecuado».

Sin tan siquiera realizar interacción, pasamos innumerables horas solo consultando y explorando aquello que encontramos al otro lado de la pantalla. Esto lo vemos cada día en consulta y en las necesidades de las personas que piden ayuda se percibe la influencia de las redes sociales en este sentido.

Ojeda-Martín *et al.* (2021) señalan la relación entre el riesgo de padecer TCA y el uso de Twitter a pesar de ser una red social en la que las imágenes no son las protagonistas, como sí ocurre, por ejemplo, en Instagram o Tik Tok. Además, se observó una relación significativa entre la frecuencia de uso de redes sociales y el riesgo de tener una experiencia negativa en el uso de las mismas. Con esto, debemos tener presente que no solo nos influye el tipo de contenido, sino el uso del mismo y la normativa de cada red social en publicaciones y visualizaciones.

Esta relación entre redes sociales y riesgo de trastornos alimentarios se basa principalmente en el hecho de que el uso de redes sociales fomenta los cánones de belleza basados en la delgadez y las comparaciones entre iguales (Lozano-Muñoz *et al.*, 2022); además se observa que las actitudes alimentarias desordenadas se relacionan con la autoestima, la imagen corporal, el ideal de belleza y el uso de las redes sociales (Aparicio-Martínez *et al.*, 2022). Cuando hablamos de conducta alimentaria no solo nos referimos a trastornos alimentarios; numerosos estudios establecen asociaciones sobre la influencia del uso de redes sociales en la ingesta de alimentos: se ha observado que la exposición a imágenes de alimentos de baja densidad energética impulsa a las personas a comer. En el caso de niños de 9 a 11 años lo que se ha determinado es que cuando ven a personas comiendo productos muy palatables en redes sociales, su ingesta general se ve incrementada, cosa que también ocurre en adolescentes, sobre todo si son mostrados por *celebrities*, fomentando también que tengan más presentes en su mente estos productos (Hawkins *et al.*, 2021; Coates *et al.*, 2019; Kucharczuk *et al.*, 2022).

Podría parecernos entonces que una buena solución sería establecer estrategias de control y reducción de exposición a redes, es cierto que esto es algo que debemos incorporar especialmente en edades tempranas en las que existe mayor vulnerabilidad a determinadas influencias, principalmente por la falta de maduración, al considerarse además que la adolescencia es una edad de riesgo para el desarrollo de alteraciones alimentarias. Sin embargo, necesitamos ser conscientes de lo poco viable que puede resultar intentar establecer objetivos de limitación del uso de redes poco realistas. Por ello, son muchos los profesionales que se decantan por la elección de establecer estrategias de prevención y buen uso de las redes sociales y medios de comunicación existentes. Desarrollar recursos y habilidades así como dotar de conocimientos que permitan que nuestra experiencia «navegando» por la red sea lo más segura posible.

Un artículo publicado en 2022 por el National Institutes of Health señala igualmente la importancia de tener presente que el tiempo de uso de redes sociales reduce el tiempo invertido en contactos sociales o en la realización de actividades fuera de internet que puedan fomentar unos hábitos de vida saludables tanto a nivel físico como emocional.

Pero entonces, ¿podrían ser beneficiosas las redes sociales si hacemos un buen uso de estas?

Por supuesto; veamos algunos puntos en los cuales las redes podrían ayudarnos.

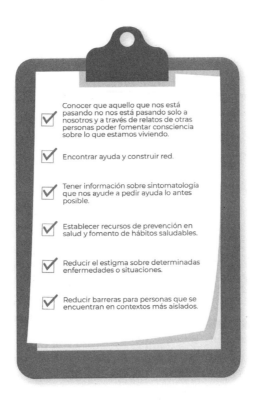

Conocer que aquello que nos está pasando no nos está pasando solo a nosotros y a través de relatos de otras personas poder fomentar consciencia sobre lo que estamos viviendo.

Encontrar ayuda y construir red.

Tener información sobre sintomatología que nos ayude a pedir ayuda lo antes posible.

Establecer recursos de prevención en salud y fomento de hábitos saludables.

Reducir el estigma sobre determinadas enfermedades o situaciones.

Reducir barreras para personas que se encuentran en contextos más aislados.

Pero para ello es fundamental saber discriminar qué perfiles seguimos en redes y con qué finalidad. En muchos casos podemos encontrarnos perfiles muy alarmantes, pseudocientíficos, gordófobos, extremistas, rígidos o que simplemente nos generen sensaciones o emociones negativas, en cuyo caso debemos plantearnos dejar de seguirlos. Por tanto, las redes pueden ser nuestras aliadas en el proceso si las usamos con cautela y sabiendo elegir las fuentes que decidimos consultar. Recordad siempre acudir a profesionales para atender las dudas o cuestiones que tengan que ver con la salud.

4.7. Más allá del número en la báscula

Como habrás podido comprobar por todo lo que llevamos comentado hasta ahora, cualquier proceso de transformación no solo no es sencillo, sino que implica un trabajo que va mucho más allá del cambio corporal. Sin embargo, es muy habitual que en nuestra cabeza persistan pensamientos que no dejan de asaltarnos: «¿Perderé peso?» o «¿Cómo voy a bajar de peso si no hago dieta?».

Antes de comenzar a desligar la asociación de la báscula y la salud, o del peso y el éxito, vamos a analizar por qué las dietas no funcionan. Los errores más frecuentes que precipitan al fracaso cuando se empieza una dieta son los siguientes:

→ No acudir a los profesionales adecuados y dejarnos llevar por la dieta de la vecina que «mira lo bien que se ha quedado», o por cualquier dieta de moda que publicite algún *influencer*. Esto nos conduce a alejarnos mucho del cambio de hábitos y de la salud, y a seguir focalizando el éxito en el cuerpo y el peso.

→ Reducir demasiado la ingesta de alimentos, lo cual nos conducirá a pasar hambre y a hacernos más ahorradores, si cabe. Cuando restringimos, el cuerpo lo entiende como una agresión y un peligro para la vida, lo que hace que ponga en marcha una serie de mecanismos de supervivencia para prevenir la desnutrición (aumentar la acumulación de grasa y disminuir el metabolismo basal, es decir, quemar menos calorías). Así, cuando se abandona la dieta, el cuerpo intenta recuperar el peso perdido (Siahpush *et al.* 2015).

→ Utilizar productos sustitutivos de comidas que no perdurarán para siempre, pues es imposible mantenerlos a largo plazo, mucho menos si se busca una relación saludable con la comida. Al alimentarnos a través de sustitutivos de comidas, la relación de nuestros sentidos con los alimentos queda muy reducida, así como la influencia de estos sentidos en nuestra saciedad y disfrute con la comida.

→ Posponer el inicio del cambio de hábitos, y enfocar dicho inicio a una dieta restrictiva. La más común: «El lunes empiezo». En este sentido, se posterga la decisión de iniciar la «dieta» debido a que genera una sensación de prohibición y pérdida a la que no queremos enfrentarnos (lógicamente), lo cual genera una rigidez que es imposible (y muy poco saludable) mantener en el tiempo, dando lugar a un círculo que fomenta aún más el proceso restrictivo y el ciclo de dietas.

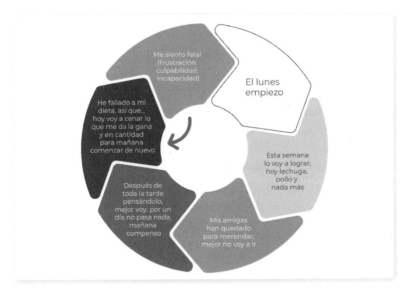

→ Exceso de sedentarismo y/o falta de actividad física (o no estar pautada por el profesional adecuado para que pueda adaptarse a las necesidades y capacidades individuales de cada persona).

→ No estar dispuestos o preparados a cambiar de hábitos. A veces no estamos en el momento adecuado para asumir lo que implica un proceso de cambio, y en lugar de esperar al momento idóneo o trabajar para entender qué nos dificulta dar el paso o qué podemos hacer para avanzar, buscamos la pastillita mágica. Otras tantas veces, se comienza un cambio de hábitos animados por familiares y amigos sin que la propia persona crea que necesita trabajarlo.

→ Ponerse metas irreales, difíciles de alcanzar o expectativas demasiado altas a las que nunca podríamos llegar, o que, si lo hacemos, podemos estar poniendo en peligro nuestra calidad de vida (física y/o emocional). Más allá del peso, estamos hablando de plantearnos aspectos como cocinar diariamente cuando mi horario de trabajo no me lo permite, o disponer de verdura fresca de mercado semanalmente cuando quizás vivo alejada de opciones que me lo faciliten; por ello es tan importante que mis objetivos sean congruentes con mis posibilidades, aunque eso implique que no sean todo lo adecuados que podrían ser. Cuando hablamos de flexibilidad a la hora de alimentarnos y cuidarnos, también nos referimos a esto: a ser flexibles con nuestras posibilidades de cambio.

→ Tener semanas dicotómicas; de lunes a viernes se lleva la «dieta» a raja tabla, pero el fin de semana se deja vía libre, pues «también se necesita disfrutar». Esta dualidad dieta-no dieta no solo impide crear un hábito saludable, sino que tiene asociada una serie de conceptos que lejos están de una relación adecuada con la comida y cerca de posibles trastornos alimentarios. Si «dieta» significa sacrificio y control y provoca la necesidad de disfrutar de días de «no dieta», entonces necesitamos reevaluar si de verdad esa alimentación o hábitos que se están intentando llevar respetan nuestras necesidades físicas y emocionales.

→ Centrarse únicamente en el peso y la alimentación y dejar de lado otros aspectos importantes, como las emociones, o intentar evitar a toda costa que las emociones nos vinculen con la comida. Como ya hemos visto, no podemos separar nuestras emociones de nuestras elecciones alimentarias, por lo que reconciliarnos con la comida (y con las dietas) implica trabajar nuestra parte emocional.

→ Pensar que el peso no va a modificarse nunca, sin tener en cuenta que el cuerpo cambia de forma natural con la edad o con las situaciones fisiológicas por las que podamos pasar (como los cambios hormonales, tener hijos, etc.).

→ La palabra dieta en sí misma. Ya hemos hablado de ella en el capítulo 1, pero hemos de recalcar las connotaciones tan negativas que se le han dado. En este punto, y para poder dar un vuelco a este concepto, debemos transformar todas esas connotaciones en metas y aspectos positivos o neutros, pues de lo contrario no será perdurable en el tiempo. ¿O acaso mantendrías a largo plazo alguna conducta que implicase sentir y vivir todo lo que aparece en la columna de la izquierda del gráfico que encontraréis a continuación? Para ello, te dejamos el trabajo que realizamos a veces en consulta o en cursos de formación con relación a esta metamorfosis.

DIETA	CAMBIO DE HÁBITOS
Restricción	Gestión de alimentos
Pasar hambre	Identificar hambre y saciedad
Alimentos que no me gustan	Conocer alimentos nuevos
Sufrimiento	Aprender a disfrutar comiendo*
Ansiedad	Gestión emocional
Rigidez	Flexibilidad
Obligación	Elección
Menor vida social	Aprender a elegir fuera de casa
Prohibición	Equilibrio
Compensar	Saber distribuir las comidas
Temporal	Habitual
Esfuerzo	Esfuerzo y satisfacción por el logro
Objetivo: peso	Composición corporal, analíticas
Necesita tiempo	Aprender recetas sencillas
Economía (costoso)	Inversión
Frustración	Aceptación, perseverancia, tolerancia, constancia
Aburrimiento	Diversión y variedad
Culpabilidad	Buena relación con la comida

* Nota. Cuando decimos que hay que aprender a disfrutar comiendo, nos referimos a disfrutar de la comida (tanto a nivel sensorial como de todo aquello que rodea el momento de la ingesta, sea del tipo que sea).

Por tanto, antes de comenzar un proceso de cambio de hábitos, te animamos a que reflexiones sobre estas palabras y pienses qué es para ti una dieta. Si la respuesta está en el lado izquierdo, trata de cambiar la palabra DIETA por el CAMBIO DE HÁBITOS y de esta forma a inclinarnos hacia todo lo que incluye la columna de la derecha.

No debemos olvidar que, como vimos en el capítulo 2, existe una especie de *set-point*, o peso memoria en nuestro organismo, que es el peso en el que nuestro cuerpo se siente más cómodo. De esta forma, tiende a regularse para mantenerse en ese peso aproximado, tanto si este aumenta (por unas vacaciones, por ejemplo) como si este disminuye (por una dieta restrictiva), volviendo al peso memoria en ambos casos.

En los capítulos 1 y 2 hablamos sobre el peso y la forma de medirlo; en dichos capítulos pudiste aprender la subjetividad de una medida que parece sencilla pero que olvida una serie de variables (las cuales hemos abordado a lo largo de todo este libro). Recientemente (2023), la Asociación Médica Americana (AMA) ha adoptado una nueva postura en relación al uso de IMC para medir la obesidad, gracias a los datos aportados por el Consejo de Ciencia y Salud Pública, en los que se reconoce que existen raíces discriminatorias puesto que para la creación de los rangos de IMC se basaron en datos recopilados de generaciones anteriores de poblaciones blancas no hispanas. Así, la AMA señala que el IMC es una medida imperfecta para medir obesidad, dejando claro que no nos sirve para evaluar individuos. Exactamente establece que «el IMC está significativamente correlacionado con la cantidad de masa grasa en la población general, pero pierde previsibilidad cuando se aplica a nivel individual».

En este sentido, existe una necesidad inminente de desterrar la idea de que el peso (principalmente el peso bajo) —o la báscula, en su defecto— es un indicador sinónimo de salud. ¿Tener *obesidad* aumenta el riesgo de enfermedades o de muerte? La respuesta a esta pregunta no es tan sencilla. En un estudio realizado por Matheson en 2012, se demostró que la salud y el peso son variables independientes. Una vez se ajustaron los datos por edad, sexo, raza, educación y estado civil, se observó que los hábitos saludables se asocian con una disminución de la mortalidad de forma independiente del IMC (peso), como se puede observar en la gráfica.

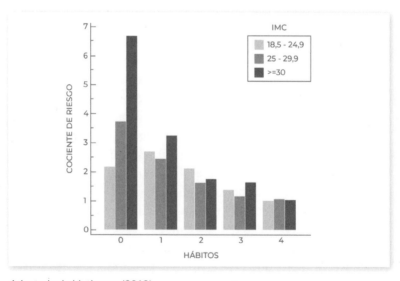

Adaptado de Matheson (2012)

La imagen muestra que cuando se adquieren buenos hábitos de salud, el riesgo relativo para todas las causas de mortalidad es independiente del peso, por lo que no es la obesidad la responsable del riesgo de enfermedades, sino que son los hábitos poco saludables, pues al mejorar los hábitos se iguala el riesgo con el resto de población. Podríamos decir que, cuando los hábitos que llevamos no son sanos, sí se puede producir un incremento del riesgo con el aumento de peso. No obstante, esto no implica que la obesidad sea la causante de la ausencia de salud.

No podemos continuar nuestro camino sin pararnos a analizar los motivos que nos llevan a hacer dieta, y que están muy relacionados con el fracaso de las mismas y con el sinsentido de vincular la dieta a la salud. Las dietas han estado diseñadas y planteadas para mantener al cuerpo disciplinado, es decir, para que mantenga una determinada forma y así poderlo moldear conforme a los dictámenes sociales actuales. En la obra de Vigarello (2011) se expone cómo el desarrollo de la sociedad occidental surge a partir de promover la delgadez corporal, lo que ha llevado a construir una sociedad centrada en la imagen, en los cuerpos normativos y en personas (sobre todo mujeres) que comienzan a hacer dieta desde muy pequeñas para «encajar» en esos estándares sociales. ¿Qué es lo que suele ocurrir en estos casos? Lo más habitual es que se tiende a orientar el trabajo del dietista-nutricionista en función de los resultados en el peso; pesarnos en consulta o pesarnos en casa casi cada día buscando ese cambio que nos indique que lo estamos haciendo bien, que el proceso «funciona». Esa búsqueda de una señal externa (el número de la báscula) nos aleja de mirar dentro de nosotros e investigar sobre otros factores que nos hagan ver si nuestro recorrido está fluyendo favorablemente. Y, es más, ese dichoso número va a condicionar nuestras acciones y nuestras emociones *a posteriori*. Incluso puede que aquellas conductas para mejorar la salud integral que hemos logrado incorporar en nuestro día a día, queden olvidadas por la frustración de no lograr el «peso objetivo».

Sabemos lo difícil que puede resultar dejar de prestar atención al número en la báscula. Durante muchos años, los tratamientos y las medidas de salud se han centrado de forma única en esa cifra para valorar los avances en los distintos procesos. Sin embargo, como has visto a lo largo del libro, las variables psicológicas cada vez están cobrando más importancia en este campo, y eso nos hace replantearnos si algunos tratamientos o técnicas habitualmente muy usadas son realmente adecuadas. Una de estas técnicas es el uso del peso como medida de control y acción imprescindible, utilizado de forma rutinaria en las consultas. Si eres profesional de la nutrición, entendemos que necesites ciertos valores para el estudio de la evolución de la persona que acude a tu consulta, aunque el peso no tiene que ser uno de ellos; de hecho, en muchos casos no es estrictamente necesario conocer ese número. En cualquier caso, no te preocupes, no se trata de dejar de pesarse para siempre, o de no darle importancia a lo que preocupa al paciente, simplemente se trata de dar al peso el lugar que le corresponde y focalizar nuestra atención en otra serie de valores que son importantes para nuestro avance en el proceso. Algunos de estos valores pueden ser más a nivel antropométrico (el porcentaje de grasa, el porcentaje de músculo o los perímetros corporales, sin que estos se utilicen de forma sustitutiva al peso), a nivel alimentario (el incremento en el consumo de verduras, la incorporación de nutrientes deficitarios), a nivel psicológico y conductual (la identificación de la saciedad, el aumento de la actividad física, la flexibilidad alimentaria) y a nivel emocional (la reconciliación con la comida, la liberación de la culpa).

Por otro lado, si nos encontramos en una situación en la que tenemos una relación alterada con la comida, o en la que existe presencia de atracones y/o ingesta compulsiva, la preocupación por el peso supone aún más riesgo para nuestra salud. Centrar nuestros pensamientos y acciones en esa cifra numérica te hará adoptar conductas restrictivas buscando la bajada deseada, lo que tendrá como consecuencia probable un aumento de la sintomatología de los patrones de alimentación alterados.

Los pensamientos obsesivos por el peso y la figura nos llevan a la búsqueda del «ideal» (seguro que has oído hablar del «peso ideal», que por cierto ya te adelantamos no existe), provocando una ruptura de la conexión con el presente; esto nos aleja de nuestro cambio centrando nuestro objetivo en una distancia tan amplia que los refuerzos se ven demasiado lejanos (además de posponer nuestra vida, hasta lograr dicho objetivo idealizado). ¿Qué consecuencias tiene que veamos los refuerzos tan lejanos? Principalmente, pérdida de adherencia en nuestro proceso, lo que significa que debemos trabajar con objetivos más a corto plazo y con refuerzos que nos ayuden a mantener el foco en el presente.

Por otro lado, ya hemos visto lo que es la imagen corporal y cómo afecta a la percepción de nuestro cuerpo. La centralización en un peso objetivo nos aleja de la aceptación y de la buena relación con nuestra silueta, lo que nos acerca al rechazo hasta lograr el reflejo ideal (un reflejo que tal vez nunca llegue).

Parece claro que la necesidad de pesarnos como mecanismo de control («si me peso me controlo mejor») nos trae pocos beneficios. Es más, en este ejemplo en el que vamos a la consulta a que nos pesen y nos riñan si no hemos conseguido bajar los kilos, estamos cediendo gran parte de la responsabilidad a la báscula; según el número que marque, estableceremos distintos mecanismos de control. En este caso, ¿qué función está teniendo la báscula más allá de un mecanismo de regulación de los efectos que asociamos al éxito?, ¿de qué éxito estamos hablando, cuando ya de por sí el objetivo (perder peso o buscar un «peso ideal») está planteado de forma equivocada? Todo ello nos lleva a estar bajo presión, a sentirnos controlados y juzgados (muchas veces por nosotros mismos), a necesitar que alguien nos diga si no estamos siendo lo suficientemente (y erróneamente) estrictos, para saber que «todo va bien». Pero la realidad es que si necesito controlar mi peso, todo no va bien. En contraposición, el proceso de cambio de hábitos tiene que ser paulatino, progresivo y con unas implicaciones más holísticas.

¿Y entonces qué hacemos si cada día nos pesamos? Esta es una práctica muy extendida. Si estás acostumbrado a pesarte a diario y te encuentras en un proceso de cambio de hábitos (porque sea necesario dicho cambio), te animamos a realizar un registro de cómo ves tus avances en el proceso antes de pesarte:

¿QUÉ CAMBIOS VALORO QUE HE REALIZADO?	¿QUÉ TE APORTA PESARTE? ¿QUÉ EMOCIONES TE HACE SENTIR?
Ejemplo: He comido más verduras esta semana, he tenido tiempo de autocuidado...	Me siento mal al no bajar de peso

De esta forma, aunque continúes con la conducta de pesarte a diario hasta que puedas trabajarla con un profesional, lograrás conectar, por un lado, con las modificaciones que estás realizando en tu proceso de cambio, y por otro lado, con la consecuencia que tiene la acción de pesarte, al ver el efecto que puede tener en tus pensamientos. A veces los logros se ven obnubilados por un número que nada tiene que ver con el trabajo que estamos realizando día tras día, y nuestra percepción cambia según lo que vemos en la báscula. En el ejemplo de la tabla, el incremento de verduras pierde valor si nuestro peso no ha bajado y aún más si continuamos pensando que el peso es el único reflejo de nuestro proceso.

Una vez superada la primera semana registrando nuestros avances en el momento «báscula», pasaremos a distanciar el tiempo entre pesaje y pesaje; por ejemplo, si nos pesábamos todos los días, intentaremos pesarnos cada dos días o, si nos pesábamos todas las semanas, pasaremos a pesarnos cada dos semanas. Es importante que puedas anotar cómo crees que ha ido la semana; de esta forma, aprenderás poco a poco a reflexionar sobre tu proceso y a establecer qué cosas crees que podrían mejorar y qué cosas han ido de forma satisfactoria.

No te preocupes si esto te parece demasiado retador, como te decimos, cada persona necesitará unos tiempos específicos y trabajar tanto a nivel psicológico como nutricional para poder realizar estos pequeños cambios en sus rutinas.

Para terminar, te invitamos a analizar tu relación con el peso un poco más allá. Para ello, puedes reflexionar sobre las siguientes cuestiones:

→ ¿Qué significa el peso para mí?
→ ¿He vivido cambios de peso a lo largo de mi vida?
→ ¿Cómo me he sentido y me siento con mi peso?
→ ¿Creo que el peso es algo estanco que nunca debe o va a cambiar?
→ ¿De qué forma he intentado cambiar mi peso?
→ ¿Qué siento que necesito en este momento?

■ Capítulo 5

El proceso de cambio: mirando al futuro

El cambio es una puerta que se abre desde dentro.

Virginia Satir

5.1. Disposición al cambio

En los capítulos anteriores hemos hablado de cómo nuestros pensamientos, vivencias, aprendizajes y emociones tienen un efecto en las elecciones alimentarias que realizamos a lo largo del día y en nuestra forma de ingerir los alimentos, no solo a la hora de comer sino en cualquier momento o situación. Y hemos hablado en profundidad de que este efecto no tiene por qué ser negativo, simplemente es importante que sepamos que ocurre para poder gestionarlo en caso de ser necesario. Ahora, que suponemos que ya tienes una idea de cómo funciona nuestro cerebro ante esta relación emociones-comida, es el momento de saber si dispones de los recursos suficientes para cambiar aquello que no te gusta o que está teniendo unas consecuencias negativas para ti.

Para empezar, vamos a hablar de qué significa la disposición al cambio. A lo largo de la vida existen numerosas situaciones que, bien por influencia externa o interna, nos llevan a modificar conductas o planes. Por ejemplo, un cambio de puesto de trabajo que podría suponer desde modificar el horario hasta cambiar el lugar de residencia. Este cambio sin duda conllevaría alteraciones a nivel de organización personal y familiar. Bien, pues existen dos tendencias diferentes en respuesta a las alteraciones:

a) Tendencia al estado estacionario: esperamos que nada varíe en el tiempo.

b) Tendencia a la transformación: estamos preparados para el cambio.

En el primer caso la adaptación al cambio será más complicada, pues quizá no estamos preparados para ello (es más, ni siquiera esperamos que ocurra nada diferente), siendo sujetos pasivos. En el segundo caso seremos más capaces de adaptarnos, aunque esto no implica que resulte más sencillo ni que la situación se sobrelleve mejor, pues dependerá de factores intrínsecos y extrínsecos. Es más, puede diferir con el tiempo y entre situaciones diferentes. La capacidad que cada uno tiene de adaptarse al cambio va a depender, pues, del grado de tendencia a la transformación y de la actitud con que enfrentemos dicho cambio. A eso se le conoce como disposición al cambio, y no es más que el nivel de preparación para dar el paso hacia la metamorfosis. Pero hemos de tener en cuenta también que todo no va a depender únicamente de nosotros, puesto que existen otros muchos factores que pueden influir en la capacidad de adaptación de cada momento de la vida. En este sentido, y relacionado con la actitud, será fundamental tratar de aceptar tanto aquellas cosas que nos han llevado al punto de tomar la decisión de modificar algo, como las acciones que se deben llevar a cabo para dar el salto. Esa aceptación implica tener muy claro que tendremos que modificar ciertas cosas para avanzar; pero progresar también supone ganar otras cosas que antes no se tenían. Por ejemplo, en un cambio de alimentación tendremos que dejar ciertos conceptos atrás o reevaluar ciertos hábitos que teníamos automatizados, pero descubriremos nuevos alimentos que no conocíamos, aprenderemos a relacionarnos con la comida de una forma más respetuosa, sabremos organizarnos mejor, etc. Y, ¿de qué depende la actitud ante el cambio? Allport (1935) define esta actitud como «un estado mental o neurológico de predisponer a responder, organizado a través de la experiencia, que pone en acción una influencia direccional o dinámica en el comportamiento». Ese estado mental al que hace referencia Allport no es más que una confluencia de emociones, pensamientos y experiencias previas que van a determinar cómo vamos a actuar ante una situación concreta.

Pongamos un ejemplo: te invitan a comer a casa de tus futuros suegros y la comida no te resulta nada atractiva, aunque no sabes muy bien si te gustará o no. A priori, no tienes muchas esperanzas de disfrutar. Aquí pueden ocurrir varias cosas:

a) la emoción y entusiasmo por caer bien pueden generar una actitud aventurera que haga que te lances a probar con altas expectativas de que te gustará;

b) los prejuicios o experiencias pasadas, o no sentirte cómodo en esta situación pueden hacer que tengas una mayor predisposición al rechazo del plato.

Y ten por seguro que tu reacción fisiológica (que te guste más o menos) estará influenciada por la actitud con la que te encuentres. Así, Collins *et al.* (2019) observaron que un estado de ánimo positivo genera una mayor ingesta de alimentos, pudiendo reducir el efecto inhibidor de la memoria sobre el consumo de alimentos. Por tanto, en la disposición al cambio es fundamental partir de una actitud que permita estar abiertos a nuevas situaciones, aún desconocidas, sin tener prejuicios previos sobre qué ocurrirá en el futuro y sin sentir que lo que ocurra debe sentar un precedente: permítete ser flexible.

Los cambios, por pequeños que nos resulten, generan acciones distintas en nosotros y consecuencias en nuestro entorno. Generalmente, idealizamos grandes procesos con resultados que resultan inalcanzables o demasiado retadores, lo que provoca emociones como frustración, rabia o enfado. Igual de importante es plantearnos un cambio de hábitos, como saber qué pasos progresivos podemos realizar.

También es fundamental tener en cuenta que no siempre será un buen momento para cambiar. En numerosas ocasiones nos encontramos pacientes que vienen a consulta queriendo modificar varias áreas de su vida al mismo tiempo: mejorar la alimentación, dejar de fumar, empezar a hacer deporte, dejar a la pareja, cambiar de trabajo, etc. Ninguno de los ejemplos que te ponemos es sencillo de forma individual, cuanto más, hacerlo a la vez. Algunos estudios apuntan a que el éxito en un proceso de cambio disminuye cuando se realizan más de dos cambios al mismo tiempo, sobre todo si estos implican modificaciones conductuales y un trabajo personal a nivel psicológico. Este hecho se debe a la dificultad que supone cualquier proceso de transformación y al estrés generado al enfrentarse a dos o más cambios al mismo tiempo. Si has decidido separarte de tu pareja, quizá no sea el momento más adecuado para plantearte un cambio importante en tu alimentación, aunque eso no signifique que, a través del trabajo de aceptación y superación de la ruptura, mejores a nivel personal y tu autocuidado se vea afectado positivamente. Es mejor ir poco a poco, dando pasos cortos pero firmes, que te permitan afianzar los nuevos hábitos o la nueva situación de forma progresiva y segura.

En más de una ocasión hemos tenido que proponer a algún paciente esperar un poco más de tiempo a que sea el momento adecuado para comenzar a cambiar sus hábitos de alimentación o de ejercicio pues hemos considerado, o bien que no se encontraba lo suficientemente preparado en ese momento, o bien que estaba atravesando unas circunstancias que no favorecían un nuevo cambio, o incluso que se debía priorizar un trabajo psicológico antes de abrir esa puerta. No nos engañemos: cambiar de hábitos no es tarea sencilla, y modificar conductas asociadas a la comida (sobre todo las que llevan acompañándonos toda la vida), ¡mucho menos!, por lo que no debemos subestimar este hecho tan fundamental para decidir qué pasos dar.

Por otro lado, si estamos viviendo con una alteración alimentaria, cualquier posible modificación de nuestros hábitos debe esperar. En primer lugar, necesitamos conocer y estabilizar nuestra relación con la comida: historia de dieta, alimentos prohibidos, miedo a comer, atracones, etc., antes de poder realizar cambios en nuestra alimentación. Como te decimos, necesitamos tener las herramientas necesarias para vivir esta transformación en un tiempo respetuoso con mis necesidades, sin rigidez y atendiendo a mis señales de hambre y saciedad (además de a todo el nuevo aprendizaje); y estos son aspectos que en una alteración alimentaria se encuentran afectados.

Te animamos a que, para plantearte si es tu momento para dar el paso hacia el cambio, realices la siguiente actividad.

→ DAR EL PASO	⏸ POSPONER EL CAMBIO
¿Qué necesito? _____	¿Qué siento que me limita? _____
¿Qué supone para mí? _____	
¿Qué dejo atrás? _____	¿Qué me permite posponerlo? _____
¿Qué me aporta? _____	

Es muy posible que pienses que hay algunas cosas contradictorias. Es cierto: todo proceso de cambio implica dejar cosas atrás, aunque nos gusten, y aceptar otras que quizá no son de nuestro agrado inicialmente. Al fin y al cabo, nuestros comportamientos diarios o costumbres que nos llevan acompañado gran parte de nuestra vida serían como aquello que llaman «zona de confort», el lugar donde nos sentimos cómodos y seguros y desde el cual sabemos responder.

Ahora sería de mucha ayuda que pudieras valorar la importancia que tiene para ti cada uno de los factores que has anotado en la tabla, de 1 (menor importancia) a 10 (mayor importancia). Con toda esta información, podrás analizar y valorar cuál es tu disposición al cambio real: si estás dispuesto a dejar atrás algunas de las cosas que implica cambiar, en contraposición de lo que te sobrevendrá tras el cambio; o bien si prefieres esperar, pues en este momento no te compensa la balanza o no te sientes preparado. En cualquier caso, debes tener en cuenta que la decisión que estés tomando hoy, en las circunstancias actuales y con las emociones y pensamientos que tienes ahora, estará bien. Quizá dentro de un tiempo, lo que has escrito en el cuadro cambie y tu decisión final sea distinta.

Dar este primer paso a plantearse cambiar algo es casi lo más importante en el camino, pues te ayuda a conectar con tus necesidades y a reflexionar sobre el momento vital en el que te encuentras, pero la tarea no termina aquí. Debemos conocer cómo funciona cualquier proceso de cambio de hábitos, pues implica un nuevo aprendizaje. Según Abraham Maslow, uno de los psicólogos humanistas más influyentes, cualquier proceso de aprendizaje se divide en cuatro etapas:

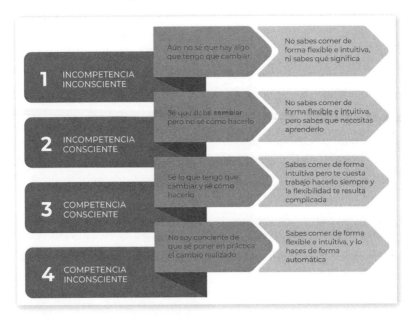

En la primera etapa, la *incompetencia inconsciente*, todavía no sabemos algo (por ejemplo, la identificación de la sensación de saciedad) pero tampoco somos conscientes de que no lo sabemos. Es más, ni siquiera nos lo hemos planteado. Normalmente este desconocimiento se debe a que no necesitamos esta habilidad, pues nunca hemos pensado en que pudiera ser importante y/o necesario identificar, en el ejemplo anterior, si estamos más o menos llenos. Te ponemos un ejemplo muy básico para entenderlo mejor: cuando nacemos no sabemos que necesitamos andar, pero al cabo del tiempo nos damos cuenta de que para poder ir de un sitio a otro y ser independientes, tenemos que mover las piernas. La segunda etapa sería la *incompetencia consciente*, es decir, el momento en el que nos damos cuenta de que necesitamos adquirir una habilidad o conocimiento concreto, por lo cual, buscamos recursos propios para indagar sobre el tema. Por ejemplo, necesito aprender a identificar la saciedad para dejar de comer cuando me sienta lleno y luego no sentirme mal físicamente. Poco después aparece la tercera etapa, *competencia consciente*; en la que tenemos que practicar mucho la habilidad que estamos aprendiendo, para lo cual debemos poner toda nuestra atención y de forma muy consciente. Si estás comiendo, necesitas concentrarte al máximo en tus sensaciones para saber qué nivel de saciedad sientes, y mientras lo haces, al comienzo de tu entrenamiento, puede ser necesario no distraerte con otras actividades.

En el momento en que ya hemos interiorizado el proceso y lo hemos adquirido, haciéndolo de forma automática, estaríamos en la cuarta y última fase, la *competencia inconsciente*. Ya puedes hablar, escuchar o incluso pensar en otra cosa mientras eres capaz de identificar cómo de lleno se encuentra tu estómago.

Bien, pues para cualquier tipo de aprendizaje, sea el que sea, se pasa por todas ellas. ¿Cuál es la más importante? Sin duda, todas lo son, aunque si tuviéramos que destacar una sería la segunda, porque es el momento en que tomas conciencia de que algo va mal y que necesitas poner remedio. Es el primer paso hacia el cambio. Sin él, lo demás no ocurrirá. Por eso siempre decimos que el primer día que un paciente viene a consulta ya ha dado el paso más importante, que es tomar la decisión de cambiar. La tercera etapa es quizá la más larga y la que requiere de más trabajo en equipo, pues es donde se genera el aprendizaje y se sientan las bases del cambio de hábitos. Si esto lo hacemos bien, mantenerlo en el tiempo será menos complicado, pues el hábito se habrá instaurado en tu rutina diaria y serás capaz de llevarlo a cabo casi sin pensarlo. Ahí está el punto de inflexión entre algo transitorio (dieta como concepto temporal y de restricción, como ya hemos visto) y duradero (cambio real del estilo de alimentación). No obstante, seamos realistas y alejémonos de la rigidez: el hecho de consolidar un cambio de hábitos no implica hacerlo a la «perfección» los 365 días del año. En esta línea, lo que se conoce como «rigidez cognitiva» puede tener un efecto perjudicial sobre los trastornos alimentarios, tal como indican Rodgers *et al.* (2023).

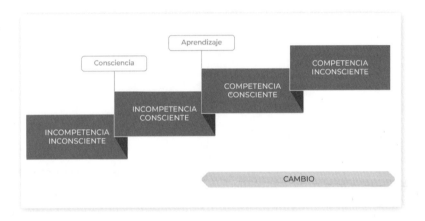

No queremos terminar de hablar de la disposición al cambio sin comentar ciertos aspectos importantes a tener en cuenta en el proceso, y seremos muy sinceras:

1. Puede resultar complicado
2. Requiere un trabajo personal importante.
3. Debemos tener claro que habrá piedras en el camino y que, lejos de ser un impedimento, nos ayudarán a crecer y aprender.
4. La responsabilidad, el compromiso y la confianza son claves, tanto con uno mismo como con los profesionales que nos acompañen.
5. El éxito no termina en la adquisición del objetivo, sino en el mantenimiento a largo plazo y en la capacidad de adaptación a las circunstancias.

Para terminar este apartado, vamos a hablar de tres de los componentes básicos necesarios para crear un hábito:

El conocimiento es imprescindible para saber qué tenemos que hacer y por qué. Por ejemplo, es importante saber los motivos por los que hay que comer más alimentos de origen vegetal: prevenir enfermedades, mejorar la salud física y mental, aportar los nutrientes necesarios para el organismo, etc. La habilidad nos va a permitir llevar a cabo el proceso, es decir, nos dice cómo tenemos que ponerlo en práctica: por ejemplo, cómo planificar las comidas, las proporciones de los alimentos en el plato, etc., y, por último, la motivación, de la que hablaremos ahora, que será la gasolina que nos mueva, es decir, el deseo por cambiar.

5.2. Motivación: una pieza importante, pero no la única

Según la Real Academia Española, la motivación es «lo que anima a una persona a actuar o a realizar algo». Podríamos decir que es un estado interno que nos ayuda a orientarnos hacia determinadas metas; el impulso que nos anima a lanzarnos a la acción. Se trata de un principio básico en la conducta, pues nos proporciona las razones para actuar, y, además, está relacionado con el estrés, la autoestima y la concentración.

Existen diferentes tipos de motivación:

A. Extrínseca e intrínseca. La motivación extrínseca se basa en estímulos externos al sujeto (que suelen ser una recompensa), en lugar de en la satisfacción propia de la acción; por ejemplo, querer perder peso porque te lo ha pedido el médico. Por su parte, la motivación intrínseca es la que tiene la persona y se relaciona con la autorrealización y el crecimiento personal. Se basa en motivos individuales y en el placer al realizar la acción; por ejemplo, querer mejorar los hábitos para que tus hijos aprendan a comer.

B. Positiva y negativa. La motivación positiva se basa en la obtención de una recompensa positiva, bien sea externa o interna; mientras que la motivación negativa genera la conducta para evitar una consecuencia desagradable (externa, por ejemplo, un castigo; o interna, por ejemplo, un fracaso).

C. Básica y cotidiana. En la básica, la motivación viene impuesta por el nivel de compromiso, por lo que está ligada al interés y al trabajo personal. En la motivación cotidiana hay un interés por la actividad diaria, donde se genera una gratificación inmediata posterior a la acción.

D. Centrada en el ego y centrada en la tarea. En el primer caso, el grado de motivación depende de los resultados en comparación con otros. En la segunda, el grado de motivación va en función de retos personales y opiniones subjetivas relacionadas con el progreso.

Por otro lado, Rosa López, en su libro *La gestión del tiempo personal y colectivo,* nos habla de cinco principios motivacionales que debemos conocer:

- **Predisposición.** Si lo que nos lleva a la acción es algo que entendemos como positivo, mejora la ejecución.
- **Consecuencia.** Si es algo agradable, tenderemos a repetirlo pues encontraremos una recompensa positiva.
- **Repetición.** Si el efecto es positivo, la asociación entre la acción y la consecuencia se ve reforzada, incitando a que se repita la acción.
- **Novedad.** Nos atrae más lo novedoso, por lo que tenderá a motivar más.

- **Vivencia.** Las vivencias agradables ayudan a tener una mayor motivación.

Por tanto, es importante estar predispuesto a obtener resultados positivos tras la acción que decidamos realizar, así como buscar objetivos novedosos que generen sensaciones agradables y efectos beneficiosos. Todo ello nos ayudará a mantener un estado de motivación mayor.

¿Cuál crees que será el tipo de motivación más importante para realizar un cambio de hábitos en salud? Efectivamente: la motivación intrínseca, pues favorece en mayor medida la adherencia al proceso. Si el estímulo que nos lleva a generar un cambio es propio e interno, es mucho más probable que se lleve a cabo. De hecho, las recompensas extrínsecas disminuyen la motivación, ya que se basan en buscar justificaciones; se actúa por el premio, por lo que es fácil abandonar a medio o largo plazo. Diversos estudios apuntan a que la motivación intrínseca aumenta la adherencia en los tratamientos nutricionales como en diabetes, donde un mayor grado de motivación intrínseca se correlaciona con mayor consumo de frutas, verduras y con un estilo de vida más saludable.

Según Reiss (2002), existen 16 deseos básicos que motivan de forma intrínseca nuestras acciones: aceptación, curiosidad, alimento, familia, honor, idealismo, independencia, orden, actividad física, poder, amor, ahorro, contacto social, estatus, tranquilidad o venganza. ¿Te atreves a buscar cuál es el tuyo? Puedes tener más de uno, descúbrelos.

El psicólogo Frederick Herzberg mantenía la teoría de que el nivel de rendimiento personal cambia según el nivel de satisfacción, es decir, que la respuesta ante un factor concreto difiere en función de que la persona se sienta bien o mal. Por tanto, el nivel de motivación puede cambiar con el tiempo, dependiendo de cómo estemos y nos sintamos en cada momento. Y no debemos confundir este hecho con el de no sentirnos motivados. Quizá tu primera motivación para cambiar tu alimentación era poder ser un buen ejemplo para tus hijos pequeños; una vez logrado este objetivo, deberás tener otra motivación para continuar con el proceso pues, de lo contrario, podría ser más fácil abandonar. Las motivaciones cambian, aumentan o disminuyen; según cómo estemos y las circunstancias que nos rodean, unas dejan de estar presentes y aparecen otras nuevas. No importa, todas estas fluctuaciones son normales y debes ser consciente de ello. Lo que importa es que haya un motivo que te anime a realizar el cambio que te estás proponiendo; un motivo que para ti sea importante. Por otro lado, también debemos tener en cuenta qué motivaciones tenemos, y si son realistas y alcanzables (hablaremos de los objetivos en el capítulo 7), pues de no serlo (o de ser demasiado altas) puede que nos sea imposible lograr dichos objetivos y, por tanto, podemos sentirnos fracasados y/o culpables, cuando el problema no somos nosotros sino el momento elegido o el objetivo propuesto. .

Y, ¿cómo saber cuál es tu motivación para el cambio? Una vez que hayas definido el proceso de cambio debes hacerte la siguiente pregunta: «¿PARA QUÉ QUIERO CAMBIAR?». Fíjate bien en el inicio de la pregunta: PARA QUÉ. Trata de responder con un PARA. Tendemos a responder esta pregunta con un PORQUE, cosa que hay que evitar, y te explicamos el motivo.

Por ejemplo, si te preguntamos «¿para qué quieres hacer deporte?» y nos respondes «porque mi pareja está preocupada por mi salud», estás haciendo referencia a la causa. Sin embargo, si tu respuesta es «para poder correr con mi hermano» estás hablando de lo que pretendes conseguir haciendo ejercicio. En el primer caso, hablamos del pasado y en el segundo, del futuro, del objetivo y de la acción.

Por tanto, para analizar lo que te motiva a cambiar, responde la siguiente pregunta:

?	¿PARA QUÉ QUIERO _____ (OBJETIVO)?	
Para		

No queremos terminar este apartado sin esta reflexión: se nos llena muchas veces la boca con la palabra MOTIVACIÓN y se le da un papel que va mucho más allá de lo que significa en sí. La motivación no lo es todo en cualquier proceso de cambio, y aunque nos pueda ayudar en el camino, pensar que tener mayor o menor motivación va a ser la clave del éxito es un gran error, no solo porque no es cierto sino porque nos puede llevar a un camino lleno de culpabilización y juicios innecesarios.

A nosotras el uso actual de la palabra motivación nos recuerda muchísimo al concepto de «fuerza de voluntad»; usamos «la motivación» para responsabilizar y cargar de culpa a las personas que quizás tienen muchísimas resistencias relacionadas con sus historias de vida que le impiden realizar determinados cambios, aunque sepan de forma racional cuánto los necesitan. Tener presente un trabajo conjunto en psiconutrición implica conocer que nuestra forma de funcionar no depende de un puñado de factores sino de múltiples variables que se relacionan e influyen en nuestro comportamiento.

Lo que a veces se considera falta de motivación nos puede hacer caer en el error de trabajarlo intentando animar a la persona que acompañamos, entrando incluso en determinados comportamientos paternalistas o «convenciendo» sobre la necesidad del cambio; cuando lo que necesitamos es poder conocer qué hace que esa persona tenga tantas dificultades para gestionar sus elecciones alimentarias a pesar de su interés por generar un cambio: mirar un poco más allá de lo que vemos de forma superficial.

De esta forma, ayudaremos al desarrollo de un diálogo más compasivo y respetuoso de la persona consigo misma (lo cual ya es un gran paso) y nos alejaremos de la tan famosa autocrítica motivadora: *tú puedes con todo, necesitas poner de tu parte…* o frases similares.

Así que si no encuentras ninguna motivación específica o sientes que no tienes la suficiente, no te preocupes, el hecho de plantearte hacer un cambio ya puede ser un motivo más que suficiente para comenzar el proceso y conocerte un poco más.

5.3. Culpabilidad y frustraciones

Culpa es una palabra que pesa, pesa en las espaldas de las personas y especialmente en las espaldas de aquellos que han sido señalados durante mucho tiempo como únicos responsables de su relación con la comida cuando quizás estaban padeciendo una alteración alimentaria. La culpa también está presente en el día a día de aquellos que intentan incorporar hábitos más saludables y se ven implicados en una lucha entre «alimentos buenos y malos», «procesados y comida real»; sea como sea, parece que la culpa es un complemento del que no podemos desprendernos tan fácilmente.

Cuando se trata de la relación con la comida, la culpa pesa especialmente. ¿Los motivos? Por un lado, hablamos de conductas en las cuales se cree que la persona simplemente debería «parar de comer», tener «fuerza de voluntad», ponerle «ganas». Estas creencias provocan que, si no se es capaz de lograrlo, una gran carga caiga sobre la espalda de quien lo sufre: «me siento culpable», «me avergüenzo» o «debería de ser capaz» son algunas de las frases que escuchamos de forma habitual en nuestra consulta.

Quizás caemos en la trampa de pensar que solo se asocian a cuando se realiza una ingesta compulsiva, pero la realidad es que las escuchamos en consulta cuando simplemente se come de forma distinta a la supuesta dieta que se debería estar realizando o cuando no se logra mantener una rutina de actividad física. No hacen falta grandes dificultades para que aparezca, simplemente con no cumplir lo que se supone que depende de nosotros, la culpa nos acecha. Repetimos: «se supone», ya que como hemos visto a lo largo de la lectura, son muchas las variables que influyen en la relación con la alimentación, no pudiendo indicar un único efecto causal y, por tanto, un único responsable.

La culpa suele presentarse cargada de rechazo, remordimientos, y emociones negativas y, además, nos paraliza. Generalmente el sentimiento de culpa se asocia a la ingesta (comer más cantidad, de forma más compulsiva y descontrolada, o no ajustarse a la pauta dietética) y al cuerpo, a nuestra imagen corporal. ¿Recuerdas lo que es la imagen corporal? Para refrescar este término, haremos referencia a la definición realizada por Natalia Seijo (2016): «La imagen que cada persona tiene de sí misma no es innata, sino que depende de la propia experiencia y de la imagen proyectada que es percibida por los demás. Todo lo que *nos han dicho que somos y cómo nos han dicho* que somos se vincula a nuestra imagen».

Nuestra imagen corporal es un fiel reflejo de cómo nos sentimos con nosotros y de las influencias externas y, por tanto, no está libre del peso de la culpa. Trabajar culpabilizando a la persona forma parte del modelo que ha predominado durante los años anteriores cuando se buscaba un cambio de hábitos: cumplir unas pautas determinadas y, si no se han realizado, buscar las cosas que se habían realizado mal para que esto no ocurriera. Hemos llegado a presenciar personas con un gran sufrimiento por comer un martes un alimento que solo estaba permitido los fines de semana.

En esta situación, la persona acababa siendo la responsable de lo que estaba ocurriendo y poniendo el foco meramente en el cumplimiento de unas normas dietéticas y de actividad concretas. No nos preguntábamos qué podría estar ocurriendo cuando una persona que acude a un profesional para mejorar su salud continuaba teniendo atracones a escondidas; tampoco nos preguntábamos qué ocurría cuando alguien no lograba reconocerse en el espejo y mirarse por más que su figura y su peso cambiaran. No nos importaba si éramos capaces de relacionarnos con la comida sin sufrimiento y rechazo; parece que solo importaba el cumplir esa pauta externa impuesta desde fuera en la que no había espacio para determinar nuestros gustos o preferencias alimentarias, pues no teníamos permiso.

¿Cómo retroalimenta la culpa a la propia conducta alimentaria? Pongamos una situación de ejemplo para poder comprender y analizar este caso. Imagina la siguiente situación: «como más pan del que creo que debo comer y me siento culpable». Al analizar este ejemplo vemos que, por un lado, no tenemos autorregulación interna: no valoramos cuánta hambre tenemos, qué tipo de hambre se ha despertado en nosotros, cómo han sido nuestras comidas anteriores, etc. Simplemente tenemos en mente un patrón externo que cumplir sobre nuestras comidas, y este patrón se refleja en el «debo comer». Comer ese pan es una conducta prohibida y suele venir acompañada de un incremento en la velocidad de la ingesta («cuanto más rápido me lo como, más rápido pasa el momento de estar haciendo algo malo»). Si profundizamos aún más, vemos que nuestros sentidos (gusto, olfato, tacto) ni siquiera se han enterado de que hemos comido ese pan que tanto ansiábamos, por lo que la satisfacción se encuentra bajo mínimos, aunque nuestro estómago haya recibido el alimento. Esto puede provocar una nueva ingesta de pan buscando esa necesidad insatisfecha. Cuando este ciclo ha terminado, ya sea por sensaciones de saciedad elevadas, por algún estímulo externo, o por tomar conciencia de lo que está ocurriendo, es cuando entra en acción la culpa generando un gran sentimiento de malestar, acompañado de autoverbalizaciones del tipo «ya no lo hago más», «esta noche compenso» o «ya de perdidos al río».

Los dos primeros pensamientos («ya no lo hago más» o «esta noche compenso») nos llevan a una nueva restricción y autocontrol que hace que comience de nuevo todo el ciclo control-descontrol y el último de ellos («ya de perdidos al río») nos envía directos al «descontrol» de larga duración que termina con un sentimiento de culpa mayor y con grandes propósitos de cambios que no son para nada flexibles ni están motivados por la responsabilidad por la salud.

APUNTE: Queremos recordar que hablamos de control y descontrol por hacer referencia a las sensaciones que nos relatan las personas que acompañamos en consulta; sin embargo, no se trata de controlar o no controlar la comida sino de poder disfrutar y nutrirnos cuidando nuestra salud física pero también el bienestar emocional y social.

En el momento en que estos ciclos se repiten durante meses, e incluso años, aparecen grandes frustraciones y sentimientos de fracaso. Te animamos a recordar algunos de los apartados anteriores y retomar los puntos concretos que se relacionan con las emociones y/o comer de forma compulsiva o con los atracones.

¿Recuerdas las dificultades en la regulación emocional? ¿Recuerdas que la comida era un recurso, algo así como una estrategia de afrontamiento? Por tanto, al presentarse esta frustración, ya tenemos un nuevo círculo «vicioso» al usar la comida para salir de ella.

¿Dónde podemos comenzar a romper estos círculos? Esta es una respuesta complicada, ya que cada persona tendrá unas necesidades individuales y diferentes a las de los demás; sin embargo, sí hay una serie de tratamientos que sabemos que podemos poner en marcha y que la evidencia ha ido mostrando que proporcionan buenos resultados.

El profesional de la psicología a través de una buena recogida de información y de establecer las estrategias necesarias podrá centrarse en conocer la función que cumple esa ingesta compulsiva para poder así atender a las necesidades de la persona.

Desde el trabajo en nutrición comenzamos por el cambio en el enfoque en consulta, abordando, desde la educación alimentaria, los mitos asociados a la pérdida de peso, rompiendo el concepto dieta=peso, cambiando el enfoque de la palabra «dieta» hacia un enfoque más saludable, mejorando la organización y planificación de las comidas, y sobre todo, usando la empatía y la comprensión como herramientas de trabajo.

Pero podemos dar algunos pasitos antes de acudir a profesionales para que nos ayuden; os dejamos algunos puntos para ir trabajando este aspecto:

→ Elabora una lista de tus creencias sobre alimentación, dieta, etc., como vimos en el punto anterior.

→ Analiza dicha lista con información veraz que puedes obtener de profesionales cualificados para ello.

→ Puedes crearte «tarjetas flexibles». ¿En qué consisten estas tarjetas? Elabora unas pequeñas tarjetas donde te des permiso para hacer las cosas de forma distinta, donde puedas fallar y volver a levantarte, por ejemplo. Una vez las tengas, sitúalas en un lugar visible para recordártelo, por ejemplo, el frigorífico (generalmente en un lugar donde suelas estar cuando realizas conductas que asocias con malestar y culpa).

→ Te invitamos a escribirte una carta a ti mismo en la que te digas: «Me doy permiso para...», animándote a la flexibilidad, que puedas leer cuando sientas que eres culpable de no realizar un cambio de hábitos perfecto.

Y, ante todo, acude a profesionales que puedan ayudarte en el camino hacia tu cuidado y hacia una mayor comprensión de ti mismo.

5.4. Dificultades personales en el camino hacia el cambio de hábitos

En ocasiones, a pesar de tener en nuestra mente unos objetivos, acabamos realizando las conductas contrarias a dichos objetivos. Parece sorprendente e incluso podemos llegar a pensar que nos estamos «boicoteando» a nosotros mismos. En este caso, no se ha de usar la palabra «boicoteo» como sinónimo de culpa pues, como ya hemos visto, la culpa es algo que te invitamos a trabajar y sustituir por «responsabilidad», valorando también qué variables externas influyen en tu comportamiento.

El boicoteo nos podría ayudar a acercarnos a dicha responsabilidad a través del análisis de lo que nos está pasando o está pasando a nuestro alrededor, que nos influye en no poder llevar a cabo esas acciones que creemos que son beneficiosas para nosotros. Sin embargo, la connotación negativa que puede tener adquirida esta palabra hace que para algunas personas pueda ser muy removedor que la usemos. De alguna forma, boicotearnos nos resuena hacia que nosotros mismos (de forma voluntaria) nos estamos impidiendo ese recorrido; sin embargo, esto no siempre ocurre de esta manera.

Cuando una persona decide mejorar sus hábitos de salud, sabe que el camino implicará aprendizaje y modificaciones de patrones que quizás llevaba repitiendo toda la vida. Imaginemos por un segundo que se toma esa decisión y en nuestra mente aparece de repente una oleada de pensamientos: «será demasiado difícil, tendré que aprender a atender mis necesidades (y eso implica poner límites), tendré que comprar productos frescos, etc.». Al fin y al cabo, un puñado de mensajes demasiado retadores ante los cuales puede sentirse «inseguro» o poco capaz de lograrlos. Esto nos lleva a ese tipo de conductas que nos parecen contradictorias pero que tienen una gran función: protegernos de comenzar un proceso que nos llevaría directos al fracaso. Es un mecanismo interno que ponemos en marcha y del que la mayoría de las veces no somos del todo conscientes.

Si el historial dietético del que una persona parte está cargado de restricción, sobrecontrol, exigencias, metas no cumplidas, rechazo y estigma, es bastante probable que los sentimientos de fracaso e incapacidad ante un cambio de hábitos, que además rompe con todas las ideas establecidas aprendidas hasta entonces, aparezcan y frenen antes de tan siquiera poder empezar.

Veamos las tres situaciones más comunes que hemos observado en la práctica clínica relacionadas con lo anterior:

La primera de ellas es el miedo **al cambio**. Es común encontrar miedo al cambio o a las situaciones relacionadas. Aunque se trata de una situación desagradable a nivel de salud y en la mayoría de las ocasiones también a nivel personal, comenzar un cambio de hábitos implica enfrentarse a nuevos retos, nuevos contextos, nuevos comentarios sociales.

Imagina llevar toda la vida sosteniendo la etiqueta de «comes mal»; a nadie le importan los motivos que te llevan a realizar tus elecciones alimentarias, ni tan siquiera si has intentado hacer algún cambio. Has estado cargando con dicha etiqueta (quizás por estigma del cuerpo o tal vez no tiene nada que ver con tu forma corporal). Sea como sea, en reuniones, cumpleaños y celebraciones familiares o incluso en el día a día, tú has ido escuchando que se da por hecho que tus elecciones son poco saludables. Si un día eliges una opción que los demás consideran más saludable comenzarán los comentarios del tipo: «¿Te vas a comenzar a cuidar?, a ver cuánto duras, seguro que no aguantas ni un mes». Además de todo lo anterior, si en ese camino decides ser flexible y respetuoso con todas tus necesidades (también el gusto), parecerá que ya estás rompiendo esa conducta de salud (desgraciadamente en la población general sigue muy presente la idea de que cuidarse es dieta estricta).

La exigencia propia y externa, las miradas que analizan con lupa nuestras decisiones, el recuerdo de los supuestos fracasos anteriores, etc., nos activan un miedo y resistencia a poder continuar. Intentarlo supone enfrentarnos a demasiadas cosas. Cuando nos encontramos con este tipo de situaciones necesitamos trabajar en consulta de psicología previamente al trabajo nutricional.

Tener información sobre el efecto de las restricciones pasadas, comprender nuestros supuestos fracasos y que quizás el foco no era el más adecuado, o ser compasivos con nuestro propio recorrido, nos ayudará a poder reducir el miedo e inseguridad que se habían activado. Sin embargo, en determinadas ocasiones (como el ejemplo anterior) esto es insuficiente.

Relacionado con el miedo al cambio, y quizás volviendo a retomar las etapas de cambio (de las que hablaremos en el capítulo 6), Jennifer Delgado nos habla de dos zonas en su blog *Rincón de psicología*: la zona de influencia y la zona de preocupación. La zona de preocupación correspondería a los pensamientos constantes de «tengo que mejorar mi salud», «me preocupa mi relación con la comida, siempre me ocurre lo mismo», sin que estos desencadenen ningún hecho que nos lleve a la acción, pero aumentando las emociones negativas a través de la preocupación y rumiación asociada. Sin embargo, la zona de influencia nos permite entrar en acción; cuanto más grande es la zona de preocupación, menor es la zona de influencia. Según el diagrama usado por esta compañera, se trataría de disminuir la zona de preocupación para aumentar la zona de influencia y aprender a pasar de una a otra de forma consciente, buscando un comportamiento más proactivo.

La segunda de las situaciones más comunes que vemos en consulta es **percibir mayores esfuerzos que ganancias**. ¿Cuánto esfuerzo supone comenzar a trabajar para cuidarnos por dentro y por fuera? No importa lo sencillo que pueda parecer para los demás, lo más importante es tener en cuenta cuánto de difícil resulta para nosotros de forma individual. Saber que las ganancias y los refuerzos deben ser mayores que los esfuerzos percibidos, nos ayudará a mejorar la adherencia al tratamiento. Veamos un ejemplo, aumentar las verduras implica sacar tiempo para ir al mercado, cocinar en casa, organizar la compra semanal, reducir la ingesta de alimentos habituales más palatables, etc. En contra de estos esfuerzos solo percibimos como recompensa: mejorar la salud (visto de forma genérica y sin conocer bien que supone esta mejoría). ¿Qué podemos hacer?

→ Redefinir el concepto salud hacia pautas más concretas y relacionadas con las características personales: quizás para una persona es importante mejorar sus valores de colesterol y para otra, sin embargo, lo relevante es la prevención en salud aunque no encuentre ninguna alteración actual. ¡Concretemos! En este sentido, cobra especial importancia romper con la idea de que ganar salud es «perder peso». Durante la lectura hemos desmontado esta creencia y nos hemos acercado a la evidencia actual; sin embargo, sigue estando muy presente y afecta de forma negativa (al ser un enfoque muy reduccionista) a toda la educación sobre lo que supone realmente cuidar nuestra salud. Es en estos casos, un adecuado acompañamiento a nivel nutricional nos acercaría a conocer en qué nos ayudan los distintos nutrientes, cómo podemos prevenir alteraciones físicas, qué tipo de alimentos nos vendrían mejor para nuestra sintomatología, qué mitos se tienen con relación a los alimentos, etc.; información que a veces pasa desapercibida cuando nos centramos en el peso de la persona.

PARA MÍ LA SALUD ES...

→ Reforzar el sentimiento de autocuidado como recompensa: el cuidarnos forma parte de una conducta olvidada. Volver a conectar con nosotros mismos es una recompensa en sí misma, una oportunidad para conocernos mejor. En el camino hacia el autocuidado, nos interesa atender a lo que necesitamos para definir nuestro autocuidado; a veces caemos en el error de realizar conductas que quizás son autocuidado para otra persona, pero no nos proporcionan bienestar a nosotros mismos. Así que nos podríamos preguntar: ¿y yo qué necesito?

ME CUIDO...

→ Diferenciar entre los beneficios a corto y a largo plazo de la mejora de nuestra salud. Visualizar los beneficios a largo plazo. Esto es un trabajo que se realiza desde la consulta de psicología en el que se tratan también las limitaciones que creemos que encontraremos en el camino.

A LARGO PLAZO ME VISUALIZO...

La tercera de las situaciones sería **presentar «respeto» a mirar dentro.** Mirar dentro no es sencillo. Enfrentarnos a nuestros miedos e inseguridades, observar de frente nuestros pensamientos y reconocer nuestras mayores limitaciones es un gran trabajo a nivel personal. Implica un reto enorme que te permitirá empoderarte y disponer de mejores recursos y herramientas para poner en marcha en tu día a día, pero es un trabajo que genera vértigo. Desde la psicología podemos elaborar una base segura a través de la relación terapéutica de confianza y respetando los tiempos y espacios de las personas que vienen a la consulta. Si percibimos el vértigo, podemos:

→ Comenzar por trabajar las partes más superficiales que nos permitan poco a poco ir adentrándonos en el epicentro de la problemática.

→ Hacer psicoeducación general: los acercamientos de forma global a la importancia de la autoestima, el autoconocimiento y el autocuidado nos permiten realizar una aproximación sin implicarnos personalmente, pero es un primer acercamiento que inevitablemente nos lleva a la reflexión a nivel personal.

→ Si aún no hemos dado el paso de consultar con un profesional, comenzar a prestar atención a nuestras emociones y a cómo respondemos ante la vida, es un buen comienzo.

ME DA MIEDO...

Las características individuales de cada persona van a determinar la situación que se genere durante el tratamiento. Os hemos mostrado las tres más típicas, las que habitualmente vemos en consulta, pero podemos encontrar una gran variedad de situaciones. Lo que consideramos más importante es tener en cuenta que, si algo no funciona, es necesario mirar más allá, buscar ayuda antes de cargar contra nosotros mismos. No podemos olvidar que somos personas, seres humanos que nos movemos en un mundo social en constante movimiento y en contacto con otras personas y contextos. Esto hace que existan muchas influencias que afecten a nuestras emociones y conductas, siendo necesario prestar atención a todos estos factores para poder trabajar con ellos.

■ Capítulo 6

Alimentación consciente

Sabemos lo que somos, pero no sabemos lo que podemos ser.

William Shakespeare

6.1. Tomando consciencia

A lo largo de la lectura, ¿te has parado a pensar cómo es tu relación con la comida?

Seas profesional o una persona interesada en conocer más sobre todo este entramado, te animamos a plantearte las siguientes preguntas:

- ¿Cómo te percibes antes, durante y después de las comidas?
- ¿Conoces bien tu alimentación?
- ¿Qué opinas sobre determinados alimentos?
- ¿Identificas tus señales físicas?
- ¿Consideras que existen juicios en relación a tus elecciones alimentarias?

Te invitamos a reflexionar sobre el lugar desde donde realizas las elecciones alimentarias, haciendo esta reflexión con la mente abierta, dispuesto a explorar tu rutina con la comida sin juicios o reprimendas sobre lo que encuentres.

Como hemos visto a lo largo de toda la lectura, las autocríticas y los castigos solo nos dejan consecuencias negativas, siendo mucho más enriquecedor para nosotros explorar nuestro comportamiento con una mente dispuesta a utilizar dicha información para el aprendizaje y comprensión de nuestra forma de funcionar. Con las respuestas a las preguntas planteadas, comenzamos a tomar consciencia sobre nuestros hábitos alimentarios y sobre cómo nuestras emociones se relacionan con ellos. ¿Es importante este paso? ¡Es primordial! Cuando una persona toma consciencia de las motivaciones de las que hemos hablado en el capítulo anterior, del trabajo personal de autoconocimiento y de la decisión de cambio, comprende lo que le está ocurriendo y es cuando comienza a sentirse capacitada para la acción.

Quizás podríamos pensar que toda persona que busca ayuda profesional reconoce lo que le ocurre y, por tanto, está preparada para empezar un proceso de cambio. Sin embargo, ¿cuántas veces hemos escuchado la frase: «Sé que necesito ayuda, pero no sé qué me pasa»? Para profundizar y comprender mejor la etapa de cambio en la cual se encuentra una persona, usaremos el modelo de las seis etapas de Prochascka y Diclemente, adaptado por Miller y Rollnick (2010). En concreto se trata de 6 etapas de cambio que se suceden unas a otras, a través de las cuales la persona se puede mover de forma continua durante todo el proceso antes de alcanzar un cambio permanente.

Adaptado de Miller y Rollnick (2010)

Las etapas serían:

1. Precontemplación. Esta etapa está justo antes de la toma de consciencia. Es decir, la persona aún no se ha planteado la necesidad de un cambio. Un ejemplo práctico sería cuando alguien viene a consulta «motivado» por los comentarios de familiares o conocidos o por unas pruebas médicas alarmantes a nivel de salud que inducen a un cambio de hábitos. En estos casos, la psicoeducación, la comprensión y toma de consciencia son necesarios para comenzar el tratamiento. Recuerda que trabajar desde el miedo no es el camino sano a nivel de salud mental.

2. Contemplación. La persona se encuentra entre ambas opciones: encuentra motivos para el cambio y motivos para no cambiar. En esta etapa podemos usar una de nuestras herramientas de psiconutrición: la balanza del cambio, que nos ayuda a plasmar de forma escrita los pros y los contras que asociamos a los dos niveles establecidos (corto y largo plazo). Se trata de dibujar dos balanzas:

→ Balanza a corto plazo: ¿qué pros y contras encuentras en tu cambio de hábitos a corto plazo?
→ Balanza a largo plazo: ¿qué pros y contras encuentras en tu cambio de hábitos a largo plazo?

Recuerda la importancia de que tus respuestas sean lo más objetivas posible. En dicha balanza podemos establecer como beneficio a largo plazo mejorar la salud, pero es importante ser concretos, por lo que deberíamos responder de forma específica a «¿Qué beneficios son los que esperas tener en tu salud?».

3. Determinación. Comenzamos a encontrar un discurso motivado a la acción, el cual señala la necesidad del cambio, pero aún no se ha comenzado a dar pasos hacia dicho cambio. Como señalan Miller y Rollnick (2010), en este punto nuestro trabajo como profesionales de la salud no radica en motivar, sino en educar en las mejores elecciones de tratamientos y en los pasos que se tendrían que llevar a cabo.

4. Acción. Comenzamos a caminar hacia el cambio creando pasos a nivel conductual (acciones) que se dirijan hacia el logro de los objetivos propuestos. Como profesionales, nuestra labor es la de acompañar a las personas durante el proceso, guiando en cierto sentido el camino pero sin interferir en la toma de decisiones.

5. Mantenimiento. Se trata de mantener la acción a lo largo del tiempo, así como de trabajar la prevención de recaídas, lo cual nos lleva a la última etapa.

6. Recaída. Las recaídas son habituales en los tratamientos que trabajan para mejorar la relación con la comida. Nuestro trabajo se basa en ayudar a la persona a volver a adentrarse en el proceso y continuar su tratamiento. Señalar la presencia de estas recaídas desde el comienzo del tratamiento ayuda a la preparación para ellas. Es habitual encontrarnos en consulta frases del tipo: «Cuando ocurrió, me tranquilizó haberlo hablado previamente contigo, conocer que era probable que ocurriera y que no se trataba de una señal de que soy un desastre».

Una vez analizadas cada una de las etapas de cambio, en este apartado nos centraremos en la etapa de contemplación, o en cómo pasar de la precontemplación a la contemplación, esforzándonos en comprender lo que nos ocurre.

Por lo general, actuamos de forma automática en nuestro día a día, olvidando prestar atención a nuestro funcionamiento y casi sin plantearnos cómo actuamos en conductas rutinarias como, por ejemplo, comer. Por ese motivo, el simple hecho de parar durante un segundo y cuestionarnos preguntas del tipo: ¿cómo me encuentro?, ¿me gusta este alimento?, ¿cómo es mi rutina alimentaria?, ¿cómo me siento cuando me veo en el espejo?, ¿cuánta hambre tengo?, etc., nos invita a la reflexión, sin juicios, sobre los pensamientos que despiertan, ya que no se trata más que de cuestiones sencillas abiertas a las respuestas que puedan aparecer.

Imagina una persona que pocas veces se haya parado a realizar este tipo de reflexiones; puede sentirse abrumada ante el descubrimiento de su forma cruel de hablarle a su cuerpo o de cómo siente un gran «deseo incontrolado» por comer sin importarle nada más. En estos casos, el papel del profesional de la psicología y el trabajo en consulta con pensamientos, emociones y otras variables asociadas son primordiales. Trabajamos desde la aceptación de los pensamientos que nos invaden, ya que están con nosotros y forman parte de nuestra manera de funcionar. Acercarnos a ellos sin rechazo para poder trabajarlos a nivel psicológico nos ayudará a no aumentar el vocabulario basado en autocríticas que empleamos con nosotros mismos . Este proceso reflexivo debe ir acompañado de un trabajo en psicoeducación dirigido a la búsqueda de la compasión y comprensión para evitar el castigo y la autocrítica que acabamos de mencionar. Por su parte, es importante también poder trabajar desde nutrición los conceptos o mitos asociados a determinados alimentos, así como las percepciones sensoriales que nos producen o la identificación de señales fisiológicas. En muchos de estos casos también actuamos de forma automatizada sin ser conscientes de cómo todas esas asociaciones que hemos aprendido a lo largo de la vida, muchas de ellas erróneas, nos están influyendo en la forma en la que nos relacionamos con la comida; o de si podemos llegar a disfrutar realmente de un alimento cuando lo comemos.

Pongamos un ejemplo: Martina tiene 24 años y desde hace 5 años presenta un patrón alterado con la comida. Su imagen en el espejo ha cambiado tanto que casi no se reconoce, y los insultos hacia su cuerpo son parte habitual de su vocabulario. Si trabajamos con Martina la toma de consciencia sobre su forma de hablarse ante el espejo, se emocionará. Podemos saber lo que hacemos, pero eso no es sinónimo de sentirlo. «Sé que me llamo gorda y ballena casi a diario, pero nunca lo había sentido como ahora que me he parado a vivirlo». Debemos ayudar a Martina a comprender cómo ha llegado a este punto, cómo ha ido cambiando su imagen en el espejo, cuándo dejó de mirarse con respeto y cariño o incluso, simplemente, cuándo dejó de mirarse.

Es nuestra labor profundizar en temas relacionados, por ejemplo: ¿dónde ha aprendido que la imagen que ve se merece esos adjetivos y qué significan para ella? También podemos ayudar a

Martina a hablarse de forma distinta, más realista. No hablamos de ver positividad, hablamos de ver la realidad de forma sincera, sin insultos, sin malas palabras, sin juicios y con respeto. Hablamos de comprensión y aceptación.

A modo de conclusión, la toma de consciencia sería algo así como una apertura a nuestro interior, mirando dentro e investigando con respeto y cuidado.

MIS PRIMEROS DESCUBRIMIENTOS MIRANDO DENTRO DE MÍ:

6.2. *Marketing* alimentario: publicidad, emociones y alimentación

Vivimos en sociedad y, aunque podemos hacer muchas cosas por cuidarnos, no podemos obviar que hay ciertos factores muy difíciles de cambiar. Por mucho que luchemos para que no se avalen galletas con sellos de sociedades científicas, seguirán existiendo, si no en esas galletas, en otros productos. Porque hay cosas contra las que no podemos combatir para conseguir los cambios que nos gustaría. Sin embargo, eso no implica que no debamos ser conscientes de todos esos factores y podamos actuar en consecuencia. Es más, **si cada uno de nosotros va poniendo su granito de arena, al final, entre todos, construiremos la duna.**

Es más habitual de lo que nos gustaría culpabilizar a la persona; no obstante, no debemos caer en ese reduccionismo injusto y cruel. Salgamos un poco del foco y tratemos de ver las cosas con perspectiva. ¿Son los padres los únicos responsables de que sus hijos coman «mal»? Pues obviamente no. Por un lado, no todos los padres tienen acceso a toda la información necesaria para poder decidir qué alimentos dar a sus hijos; es más, puede ser que tengan acceso a ella, pero estén recurriendo a información sesgada o no del todo veraz, pues nadie nos enseña a discriminar en esta era en la que nos intoxicamos de mensajes sin filtro. Por otro, en general, no suelen tener conocimientos sobre los factores fisiológicos del hambre, la saciedad o la apetencia por los sabores, ni de cómo evolucionan estos factores durante el proceso de desarrollo del niño y, por tanto, sobre cómo su alteración influye en las elecciones alimentarias. A eso se le suma que los padres, cosa normal, se suelen fiar más si un sello avala el producto que tienen entre manos, sobre todo si lo recomienda parte del sector sanitario (aunque afortunadamente la cosa está cambiando y hay muchos profesionales que no lo hacen). Y, por último, es posible que en casa estén cuidando mucho la educación alimentaria del niño, pero fuera de casa se rompe esa burbuja y los niños se enfrentan a la realidad, a la convivencia, al conocimiento de otras formas de comer, e incluso de otros alimentos que pueden ser desconocidos hasta el momento. Sin embargo, no debemos tener miedo a esto. Encontramos muchas familias en consulta que acuden preocupadas porque no quieren que sus hijos se expongan a determinados productos. Y no es aquí donde radica el problema, pues esto es inevitable. El problema radica en la falta de información y de consciencia a la hora de comprender la gran cantidad de factores que van a influir en la forma en que respondemos ante la comida, en las elecciones que hacemos y en definitiva en cómo establecemos nuestra relación con la alimentación. Y, buena noticia, una parte muy importante de estos cimientos se gesta en casa, por lo que como padres quizá no seamos los únicos responsables de cómo alimentamos a nuestros hijos, pues vivimos en esta misma sociedad que nos impregna a todos de esas influencias, pero sí lo somos de tratar de ser conscientes de todos esos factores y de decidir hacer cambios si lo consideramos necesario.

Todos esos factores están constantemente a nuestro alrededor y la mayor parte de las veces ni siquiera somos conscientes de ellos, pero nuestro cerebro sí. Él los percibe, los capta, y establece asociaciones de forma inconsciente que luego aparecerán casi sin darnos cuenta. Por ejemplo, el hecho de que al lado de un parque infantil haya siempre un quiosco de chucherías hace que el cerebro asocie parque a dulces. Lo más probable es que cada vez que el niño vaya al parque quiera comer golosinas. Y no decimos que tenga algo de malo comer golosinas en alguna ocasión, pero cuando estas asociaciones se van reforzando por el resto de estímulos que percibimos, terminamos por generar patrones de conducta que no nacen tanto de nuestras necesidades sino más bien de las necesidades «impuestas» y aprendidas desde el exterior, lo cual nos aleja de esa consciencia y autoconocimiento del que hablábamos en el punto anterior. Un estudio reciente realizado por Russell y cols. (2019) establece que la exposición a la publicidad de alimentos «no saludables» se asocia con un aumento del consumo inmediato en niños. Pues como este ejemplo, ocurren otros tantos las 24 horas del día. Vivimos bombardeados de estímulos relacionados con la comida y que nos dificultan muchas veces las elecciones que realizamos: las ofertas 2x1 o el formato ahorro en productos ultraprocesados; los tamaños de raciones de comida rápida, cada vez mayores; los cubos de palomitas y refresco en el cine (más barato el tamaño mediano y con refresco que el tamaño pequeño y con agua), el rellenado gratis de refresco (pero no de agua) en establecimientos de comida rápida; las máquinas de *vending* sin ofertas *saludables*, incluso en hospitales; dedicar solo un par de horas a la semana a la actividad física en centros educativos mientras se permite (y se fomenta en algunos casos) la entrada de bollería industrial; y un largo etcétera. Y todos ellos, en gran medida, están asociados de una forma u otra a las emociones, como veremos más adelante. Aunque te dejamos una imagen de los numerosos factores determinantes que podemos encontrar, los podríamos englobar en 6 grupos:

a) **Estrés social.** Vivimos siempre corriendo, estresados, angustiados con el tiempo. No nos permitimos disfrutar del momento, entre ellos el de la comida, que muchas veces hacemos en 10 minutos y de pie. Recuerda lo importante que puede ser el estrés en la ingesta alimentaria y en el tipo de productos que se eligen (más calóricos). En este sentido, el metaanálisis realizado por Hill y cols. observa que hay una asociación positiva significativa entre el estrés y la ingesta de alimentos considerados como no saludables, aunque también determinan que el consumo de alimentos cambia en función del estrés en diferentes individuos: entre el 35 % y el 40 % de las personas aumentan su ingesta de alimentos cuando experimentan estrés, mientras que otras disminuyen o no cambian su ingesta de alimentos. Por otro lado, Heatherton *et al.* (1991) ya nos adelantaban cómo las distintas formas de vivir el estrés afectan de diversas maneras a la ingesta; por ejemplo, cuando se percibe una amenaza o daño se refiere una disminución de la ingesta en las personas que no tienen historial de restricciones. Por el contrario, cuando se percibe una amenaza relacionada con el ego de la persona, se aumentaba la alimentación si habían realizado restricciones previas.

b) Cultura alimentaria. Nuestra vida social gira en torno a la comida, es lo que se conoce como «comer social». Celebramos las alegrías y las penas en torno a la comida, y no pasa nada por hacerlo, no debemos sentirnos culpables por ello. Lo que sí debemos es tomar conciencia de cómo son estos eventos y cómo nos afectan, ya que en la mayor parte de los casos están asociados a determinados tipos de alimentos o productos, como alcohol, productos ultraprocesados o dulces, y también tendemos a vincularlos con cantidades de comida mayores a las que hacemos habitualmente.

c) Diseño urbanístico. Las ciudades están diseñadas para usar el coche o transporte público. Aunque cada vez son más las poblaciones que están llenando sus calles de carriles bici, seguimos abusando del coche hasta para ir a por el pan. Las escaleras mecánicas están en primer plano; a veces incluso cuesta encontrar escaleras normales, o hay que utilizar las de emergencia. Por otro lado, el lugar en el que residimos también puede determinar la inclinación del tipo de alimentos que se consumen: por ejemplo, las zonas de menor renta per cápita disponen de mayor número de establecimientos de comida rápida por habitante y/o metro cuadrado que las zonas de rentas más altas.

d) Más supermercado y menos mercado. La tendencia a comprar en grandes superficies genera muchos más estímulos de todo tipo pues, aunque queramos ir solo a comprar la fruta y la verdura, es inevitable pasar por más de un pasillo lleno de productos comestibles; por lo que no acabar comprando varias cosas que no estaban en tu lista no siempre es tarea sencilla. Un estudio realizado por

De Decker *et al.* (2017) determinó que se produce una asociación entre tener una disponibilidad elevada de alimentos considerados como poco saludables en casa, con una mayor frecuencia de consumo de comida rápida, asociada a una alta sensibilidad de recompensa.

e) Uso de pantallas. ¿Cuántas horas pasas delante del ordenador, televisión, móvil o tablet? ¿Lo has calculado alguna vez? Te animamos a que lo hagas y a que prestes atención al tiempo que inviertes en ello. Más allá de lo útil o necesario que te pueda resultar, piensa que lo que ves puede estar influyendo en la forma en que comes, incluso mientras estás haciendo uso de dichas pantallas. Un estudio muestra cómo el uso de redes sociales aumenta la actitud alimentaria desordenada, relacionada también con la insatisfacción corporal. Por su lado, Rounsefell *et al.* (2020) observó que la exposición a contenido en redes sociales relacionado con la salud afectaba negativamente a la imagen corporal y a la elección de alimentos y podía conducir a diferentes acciones como a hacer dieta, a restricciones alimentarias, a comer en exceso o a elegir alimentos más o menos saludables.

f) Marketing alimentario. Quizá este sea uno de los factores más agresivos e influyentes. Se trata de todos esos mensajes que promueve y utiliza la industria alimentaria para vender más. Y seamos sinceros, normalmente las mejores estrategias son utilizadas por quienes venden productos catalogados como menos saludables.

Hablemos un poco más de ello. ¿Cuáles son los principios de *marketing* que utiliza la industria para aumentar sus ventas y generar un deseo imparable de comprar sus productos? De esto se habla mucho en *neuromarketing*. Veamos las 14 técnicas básicas de *marketing* en los supermercados y envases:

1. Los carros de la compra más grandes para que quepan más productos.
2. El olor a pan y bollería estimula el apetito e incita a comer (y comprar) de forma más impulsiva. Según Díez López

(2013), la industria alimentaria utiliza aromas específicos con el fin de influir en el comportamiento del consumidor, activando áreas cerebrales asociadas al deseo de comer y asociando estos olores a la marca.

3. Ver mucha cantidad (grandes estanterías llenas) también induce a comprar y a llevarse más cantidad.

4. Los tamaños de los envases y de las porciones cada vez más grandes nos llevan a comer más. Varios estudios realizados por Eva Almirón (2015 y 2018) demuestran que el aumento en el tamaño de la porción lleva a una mayor mordida y a comer más rápido.

5. Los alimentos imprescindibles suelen estar situados siempre en los rincones o al final de los pasillos. Para llegar a la fruta, antes hay que pasar por varios pasillos llenos de otros muchos tipos de productos. También ocurre con los productos de limpieza en muchos casos.

6. Cada cierto tiempo, se cambia el orden de los pasillos y de las estanterías, de forma que no se puede ir de forma directa y aumenta la posibilidad de comprar algo que no se estaba buscando.

7. Jugar con los precios y los decimales permite pensar que es más barato. En este sentido, también se juega con las cantidades; hay envases que cuestan lo mismo que otros similares, pero contienen pesos diferentes. Hay que fijarse siempre en el precio por kilo o por litro para comparar.

8. Tener hilo musical con melodías relajantes induce a permanecer durante más tiempo en el supermercado, favoreciendo un mayor consumo.

9. La colocación de ciertos productos a la altura de los ojos (tanto para adultos como para niños), puestos estratégicamente para llamar la atención del consumidor.

10. Productos prescindibles a la entrada y salida del supermercado, de forma que al llevar el carrito vacío es más fácil coger alguno y, mientras se espera la cola para pagar, también.

11. Las promociones 2x1 o 3x2, ubicadas en las cabeceras, donde mayor visibilidad hay, para estimular la compra. En muchas ocasiones se piensa que hay ahorro, y en realidad lo que se produce es un mayor consumo innecesario, o bien un desperdicio porque se tira antes de poder consumirlo.

12. La asociación de marcas comerciales, empresas o supermercados con personajes públicos ligados a la salud (deportistas, presentadores delgados, profesionales sanitarios, etc.) generan mayor confianza en el consumidor y una idea equivocada de estar comprando algo más saludable sin serlo realmente.

13. El uso de colores determinados, dibujos animados, regalos o premios por la compra de productos dirigidos a público especializado (niños, mujeres, deportistas). Por ejemplo, los envases rosas dirigidos a mujeres, verdes a deportistas o coloridos y con dibujos para los niños.

14. Los sellos de sociedades científicas en productos de consumo poco frecuente, cuya justificación seguimos sin comprender a estas alturas. El Ministerio de Consumo anunció en octubre de 2021 que iba a trabajar en regular de forma eficaz la publicidad dirigida a los menores. Pero en febrero de 2023 el Ministerio de Agricultura se opuso a esta medida. El Real Decreto que regula la publicidad de alimentos no saludables dirigida a la infancia fue aprobado en marzo de 2022, sin embargo, su implementación se encuentra bloqueada debido a las presiones de la industria alimentaria. Es fundamental lograr que se haga efectiva la regulación de la publicidad y el *marketing* de productos de alimentación y bebidas dirigidos al público infantil y adolescente, siguiendo las recomendaciones de los organismos internacionales como UNICEF o la OMS, que enfatizan la necesidad de regular la sobreexposición de la población infantil a la publicidad, tal como describe el informe de la Gasol Foundation *Publicidad, alimentación y derechos de la infancia en España*, publicado en Junio de 2023.

¿Te habías parado a pensar alguna vez en todos estos estímulos que te pueden incitar a comprar y a consumir más?, ¿te has planteado quién decide realmente lo que compras y comes? Porque aunque tú tengas la última palabra cuando añades o no un producto en el carro de la compra, no olvides que esa decisión viene también influenciada por un entorno que no siempre piensa en nuestra salud como un concepto integral de bienestar. Quizá ahora sea el momento de plantearte todas estas cosas y de empezar a ser más crítico/a con lo que ves en el supermercado (porque normalmente en el mercado es menos probable que ocurra debido a que los estímulos y estrategias de *marketing* emocional son menores).

Es posible que te estés preguntando si hay algo que se pueda hacer en este tema. Pues sí, aunque parezca increíble. Y la respuesta no es solo no ir al supermercado, lo cual es poco realista, al menos hacerlo al 100 %. Puedes decidir hacer una compra más sostenible y saludable o evitar ver anuncios de televisión, pero seguirás estando rodeado de todos esos factores sociales y del *marketing* alimentario. Lo que sí podemos hacer es darle la vuelta a la tortilla y tratar de usar las mismas estrategias, pero para fomentar el consumo de alimentos más saludables. Por ejemplo, que una frutería regale una fruta si el niño cuela un balón en una canasta, o que la pescadería tenga dibujos infantiles.

Lo peor de todo esto es cuando los mensajes publicitarios están asociados a emociones. Son cada vez más los anuncios de comida que relacionan el consumo del producto con un estado afectivo. Lo que suele ocurrir es que la industria alimentaria crea una necesidad innecesaria que no sabías que (no) tenías, y acorde a ella, genera una serie de mensajes. La mayoría de ellos aluden a las emociones para captar tu atención y que tu cerebro piense que no puedes pasar sin ese producto pues, de lo contrario, no serás feliz, libre, saludable, aceptado, reconocido, etc. Y tras esa comunicación aparentemente inofensiva hay un mensaje oculto que es el que tu cerebro interpreta:

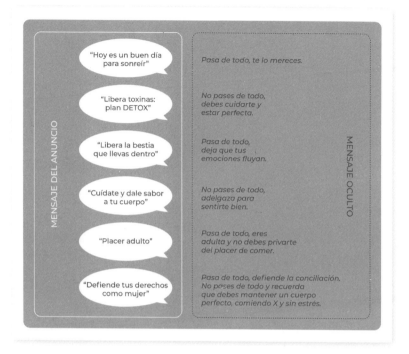

Pero cuidado, muchas de estas informaciones, además de tener el mensaje oculto, son contradictorias entre ellas. En el cuadro superior te dejamos algunos *claims* junto con su mensaje oculto que, orientados principalmente hacia la mujer, se pueden recibir a lo largo de una mañana. ¿Te resultan contradictorios?

La contradicción radica en que, en un anuncio escuchamos que nos podemos permitir comer un trozo de chocolate tras el día tan duro que hemos tenido y, acto seguido, otro anuncio nos dice que nos tomemos una infusión para estar estupendas y caber en los pantalones que te ponías con 15 años. Esta relación potencia en gran medida la sensación de culpabilidad y malestar porque nos conduce a la ingesta emocional, la cual, además, genera una dualidad en sí misma, que en nada bueno afectará a las elecciones alimentarias que se realicen y a las asociaciones cerebrales que se establezcan con el consumo de ciertos productos, pues posiblemente terminemos por otorgar un valor negativo a ese alimento y acabe siendo un producto prohibido para nosotros, con todo lo que ello conlleva. Es fundamental que comprendamos esta circunstancia, muy habitual en nuestro día a día, sobre todo en el caso de las mujeres y de los niños, en quienes, como hemos visto, se comienzan a establecer las bases del comer emocional del adulto.

Frases contradictorias y dañinas que puede llegar a recibir una mujer a lo largo del día

En un estudio realizado por Howard *et al.* (2017) en el que se analizaron películas de dibujos animados, se observó la presencia de mensajes estigmatizantes asociados al exceso de peso (medido según el IMC). Las 31 películas analizadas incluían contenido que promovía hábitos poco saludables: alimentos ultraprocesados, tamaño exagerado de porciones, uso de bebidas azucaradas, insultos sobre el peso o tamaño corporal, etc. Estos mensajes no se encuentran como incidencias aisladas, sino que suelen aparecer a menudo varias veces en cada película y en un alto porcentaje de las emisiones dirigidas a niños, siendo estos mucho más vulnerables a los mensajes emocionales.

En los últimos años se han realizado numerosas investigaciones sobre la relación entre el *marketing* alimentario emocional y los hábitos alimentarios, entre los que destacamos cuatro. Skaczkokswi *et al.* (2016) observaron que el embalaje, la marca y el etiquetado influyen sobre la experiencia que se tiene con el propio alimento, en lo que se denomina «transferencia de sensaciones»; el exterior, el envase, se transforma en la percepción sensorial que vamos a tener del alimento. Así, la información extrínseca (envase) que percibimos genera una expectativa de sabor del producto determinada. Estos hallazgos son similares a los que Cummings (2023) ha obtenido, en los que observa que los efectos de los anuncios de comida procesada pueden afectar a las expectativas emocionales relacionadas con dichos alimentos, aumentando la emoción positiva asociada al comerlo. Por su parte, Cavanagh *et al.* (2014) describen cómo la información sobre las calorías y la marca del producto afecta al consumo del mismo: cuando los alimentos son etiquetados como bajos en calorías y se vinculan con una marca (asociada a ser más o menos saludable), se genera un mayor consumo de dichos productos. Finalmente, el grupo de Van der Bend (2022) ha visto que el *marketing* alimentario en redes sociales estimula el consumo de alimentos ricos en energía y bajos en nutrientes en adultos.

Para terminar, te animamos a que hagas dos ejercicios de reflexión que, sin duda, darán un nuevo enfoque a tu forma de ver el ambiente que nos rodea y cómo nos afecta en nuestra relación con la comida. Por un lado, trata de analizar las emociones o pensamientos a los que asocias algunos de los productos que puedes encontrar fácilmente en el supermercado. Responde rápidamente, trata de no pensar mucho y anota lo primero que se te pase por la cabeza cuando piensas en el producto que te proponemos. También puedes asociarlos a una situación concreta.

PRODUCTO	¿A QUÉ EMOCIÓN LO ASOCIO?
CHOCOLATE	
PATATAS FRITAS	
PIZZA O HAMBURGUESA	
BOLLERÍA O TARTAS	
REFRESCOS	
HELADO	
ALCOHOL	
ENSALADA	
PAN	
LEGUMBRES O GUISOS	
CARNES, PESCADOS	
HUEVOS	
FRUTA	

Existen una serie de patrones habituales a los que estamos acostumbrados, pero debemos tener presente que está en nuestra mano poder elegir otros patrones en algunas ocasiones, sin que ello implique otorgar ninguna connotación (ni positiva ni negativa) a cualquiera de las opciones que te plantees.

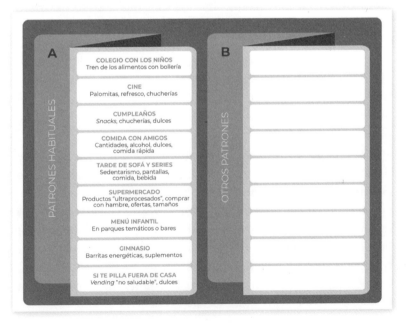

A — PATRONES HABITUALES

COLEGIO CON LOS NIÑOS
Tren de los alimentos con bollería

CINE
Palomitas, refresco, chucherías

CUMPLEAÑOS
Snacks, chucherías, dulces

COMIDA CON AMIGOS
Cantidades, alcohol, dulces, comida rápida

TARDE DE SOFÁ Y SERIES
Sedentarismo, pantallas, comida, bebida

SUPERMERCADO
Productos "ultraprocesados", comprar con hambre, ofertas, tamaños

MENÚ INFANTIL
En parques temáticos o bares

GIMNASIO
Barritas energéticas, suplementos

SI TE PILLA FUERA DE CASA
Vending "no saludable", dulces

B — OTROS PATRONES

El segundo ejercicio, es una sencilla actividad para reflexionar sobre estas costumbres y otras opciones que se pueden incorporar.

Y no caigas en el ideal de perfección; no buscamos respuestas perfectas, buscamos alternativas que te ayuden a aumentar tu consciencia, a buscar otras opciones posibles (si las hay) y a mejorar tus elecciones cuando sea posible, sin juicios y teniendo presente que la opción A también puede ser elegible. Ten en cuenta que estas acciones pueden cambiar con el tiempo, no pasa nada, es normal.

6.3. Educando los sabores

Ya hemos hablado en los capítulos 2 y 3 de cómo influyen los sentidos en la alimentación y del origen de la apetencia natural (o adquirida) de la preferencia por determinados sabores. Sin embargo, debemos tener claro que, aunque sintamos predilección por una serie de sabores o alimentos, podemos reeducar nuestro paladar. Hace unos años, la periodista estadounidense Eve Schaub, tras ver un documental sobre el azúcar, propuso a su familia (marido y dos hijos) vivir durante un año sin consumir absolutamente nada que tuviera azúcar añadida (se excluían los alimentos con azúcar naturalmente presente como la fruta, por ejemplo). Fue todo un reto, pues se dieron cuenta de la cantidad de productos que contenían azúcar. De hecho, un informe elaborado por VSF Justicia Alimentaria Global, Planeta Azúcar, determina que el 75 % del azúcar que consumimos se encuentra enmascarado en productos procesados, es prácticamente invisible para nosotros pues ni siquiera pensamos que pueda estar ahí, por eso se lo conoce como azúcar oculto. Bien, pues la familia Schaub, un año después del reto, afirmaba sentirse más sana y fuerte, haberse puesto enfermos con menos frecuencia y sentir un cambio significativo en el paladar, pues ciertas cosas que antes les gustaban mucho ya no solo no les parecían apetecibles, sino que llegaban a ser desagradables debido a su excesivo sabor dulce. Más allá de otros efectos que haya podido tener la exclusión total de azúcares en factores sociales o emocionales, este ejemplo nos sirve para mostrar que el paladar se adapta, es cambiante y dicho cambio no tiene por qué ser negativo. Intentar excluir el azúcar, o cualquier otro componente, de nuestra alimentación puede conllevar una serie de daños psicológicos, afectando a la relación con la comida, algo similar a lo que comentábamos cuando hablamos de la restricción. Sin embargo, también es cierto que educar al paladar desde un lugar más flexible nos permite disfrutar de alimentos y sabores que antes no conocíamos o no habíamos explorado. Lo vemos día a día en nuestras consultas, cuando muchos pacientes, tras un largo recorrido, acaban diciéndonos lo bien que se sienten comiendo otros alimentos que antes no tomaban, siendo más conscientes de sus niveles de tolerancia a los sabores, e incluso disfrutando mucho más de ellos: «Ya no siento la necesidad de comer chocolate constantemente y de la misma forma»; «Los postres muy dulces me resultan empalagosos»; «He descubierto que las ensaladas ya no son aburridas»; «Soy capaz de ir al cine sin tener que pedir siempre palomitas»; «Preparar las legumbres de formas diferentes me ha abierto un abanico de posibilidades». Fíjate que en estos ejemplos no solo hay un efecto sobre la palatabilidad y el umbral del sabor del producto, sino que también hay una parte emocional; de ahí la importancia de que la reeducación de los sabores también se trabaje desde el enfoque de la psiconutrición, pues muchas veces asociamos esta necesidad de sabores dulces o salados a situaciones concretas. Tendemos a pensar que modificar el consumo de ciertos productos será renunciar a ellos para toda la vida, y para nada esto es así. El trabajo radica principalmente en ser conscientes de lo que estamos comiendo, mejorar su calidad si lo consideramos necesario y decidir cuándo, cómo y cuánto vamos a comer, atendiendo a todas nuestras señales (fisiológicas, emocionales y sociales). ¿Te atreverías a comprobar la cantidad de productos que tienes en casa que te resultan altamente palatables? Es posible que te sorprenda el resultado.

Por otro lado, quizá no te hayas parado a pensar hasta ahora qué cosas te gustan y cuáles no, y por qué. El exceso de azúcar, sal, grasas o potenciadores del sabor enmascaran y potencian el sabor real de los alimentos. Y decimos esto porque, si te gusta el café, ¿por qué le añades dos cucharadas de azúcar? En este caso, a lo mejor lo que te gusta más es el sabor dulce y no tanto el café, pues este es amargo. Te invitamos a que realices la siguiente reflexión con los alimentos que más y que menos te gustan. Piensa qué es lo que más te gusta o desagrada del alimento en sí (olor, sabor, textura, color, recuerdos, etc.). Posteriormente piensa si sueles añadirle azúcar, sal, salsas u otras sustancias o si lo consumes junto a otros alimentos dulces o salados, y el motivo por el que lo haces, en caso afirmativo.

Una vez hecha esta reflexión quizá hayas descubierto que algunos alimentos no te gustan en sí mismos, sino que te agradan porque los comes con otros o bien porque enmascaras su verdadero sabor (por ejemplo, comer coliflor con mayonesa). Para poder empezar a trabajar en la reeducación de los sabores, debemos tomar consciencia de que ciertas sustancias —de las que ya hemos hablado en estas páginas: azúcar, grasas *trans*, sal y potenciadores del sabor como el glutamato, por ejemplo—, son utilizadas para que el producto sea más palatable y, por tanto, más apetecible, y de ahí que queramos comerlo con mayor deseo (recuerda el efecto que esto produce en el sistema de recompensa). Una vez tenemos esto claro, comencemos con la tarea de reeducar nuestro paladar, porque sí se puede modificar la tolerancia que tenemos a los sabores.

Si nos queremos adaptar a una menor tolerancia, lo primero que debemos hacer es empezar a disminuir la dosis de forma progresiva. Esto es muy importante, pues hacerlo de golpe no permite que se produzca una adaptación del organismo y puede generar una apetencia muy alta, que incluso nos conduzca a comerlo compulsivamente, si lo vivimos como una restricción. Otro factor importante es no prohibirlo. Se trata de decidir mejorar los hábitos, de querer disminuir, por ejemplo, la cantidad de azúcares que tomamos, no de no comer nunca jamás algo que sea dulce. Es muy distinto y es fundamental comprender esto. Ya sabes que prohibir tampoco tiene efectos positivos y no es realista ni adecuado en el cambio de hábitos. ¿Cómo lo hacemos? Pues poco a poco y de forma gradual. Por ejemplo, si utilizabas 2 cucharadas de azúcar (o endulzante, estamos hablando de sabor) para la infusión, el próximo día pondrás 1 cucharada y ¾ partes y estarás unos días así. Una vez que sientas que no notas apenas diferencias con el sabor de antes, volverás a reducir la dosis a 1 cucharada y media. Y así hasta no añadir nada o añadir un poco, esto dependerá de con qué grado de tolerancia te sientas cómodo. Si se trata, por ejemplo, de un refresco, procederemos de la misma forma, pero con la cantidad de refresco en sí, de modo que iremos disminuyendo el número de vasos que tomas a diario paulatinamente.

A continuación, debemos abrir nuestra mente a nuevos sabores y alimentos. Uno de los problemas de la monotonía alimentaria es que, debido al exceso de sustancias dulces y saladas, nuestro paladar está sobresaturado y nos cuesta mucho más trabajo percibir otros sabores como agradables. Es por ello por lo que probar nuevos alimentos, combinaciones, texturas o preparaciones diferentes nos ayudará a encauzar nuestro paladar hacia otros derroteros que no se simplifiquen tanto como el azúcar y la sal.

Haz una lista de los alimentos que no te gustan, en mayor o menor medida. Puede incluir aquellos que ni siquiera hayas probado, en cuyo caso pregúntate por qué. Quizá sea por un recuerdo desagradable o porque el color te genera rechazo. En caso de que lo hayas probado, trata de pensar qué es exactamente lo que no te gustó: el color, el olor, el sabor, la textura, la combinación, la preparación, los recuerdos asociados, el contexto en que lo comiste, etc. Y finalmente, ¿crees que modificando algo podrías probarlo de nuevo y ver si te gusta? En este punto debemos tratar de ser atrevidos y que no nos dé miedo innovar: probar combinaciones nuevas, prepararlo con otra técnica culinaria, etc. Lo peor que puede pasar es que siga sin gustarte.

Nos gustaría dejar claro que no tenemos que comer de todo ni aspiramos a que te gusten todos los alimentos. Si comes fruta pero no te gusta el mango, pues mira, no pasa nada. Pero si para comer fruta y que te guste necesitas prepararla siempre con sirope o miel, entonces tenemos que hacer algo: ¡conseguir que te guste la fruta!

ALIMENTO QUE NO TE GUSTA	¿LO HAS PROBADO?		
	NO	SÍ	
	¿POR QUÉ?	¿POR QUÉ NO TE GUSTÓ?	¿CÓMO LO CAMBIARÍAS?

Puedes hacer el mismo ejercicio con alimentos que te gustan, pensando de qué otras formas podrías combinarlos o prepararlos para que puedan resultarte agradables también, ampliando así tu abanico de opciones y sabores e incluso aplicando dichas estrategias a alimentos que no te gustan. Evidentemente cuanto antes empecemos con la reeducación de los sabores, mejor. Es más, si tratamos de no influenciar en la apetencia natural y no sobreestimulamos a los niños con los dulces y salados, mucho mejor aún. Pero si no es tu caso, si tu umbral y tolerancia para ciertos sabores ya son altos, no está todo perdido, los adultos también podemos conseguirlo.

Para terminar, queremos darte unos consejos que te ayudarán en este proceso de entrenamiento del paladar:

TIPS PARA REEDUCAR LOS SABORES

- ☑ Sé consciente de la importancia de una alimentación completa, nutritiva y adecuada a tus necesidades.

- ☑ Identifica tu umbral del sabor: qué cantidad de azúcar o sal necesitas para sentir que te gusta lo que estás comiendo.

- ☑ Aprende a leer el etiquetado para poder identificar en qué productos se encuentran estas sustancias enmascaradas.

- ☑ Escucha a tu cuerpo y trata de saber tu grado de apetito y el tipo de hambre que tienes.

- ☑ Sé atrevido en la cocina: innova, descubre, prueba cosas nuevas hasta dar con ello.

- ☑ Lo más importante: disfruta del proceso y del resultado.

6.4. *Mindful eating* y alimentación intuitiva

Ya hemos hecho referencia varias veces a lo largo del libro a cómo la rutina de nuestro día a día, las prisas, etc., nos acercan a un ritmo de vida que nos hace desconectar y funcionar en piloto automático, sin permitirnos estar realmente presentes en lo que nos ocupa. Este piloto automático no puede poner en juego la comprensión emocional ni la escucha de nuestros sentidos. Por ese motivo, el entrenamiento en estrategias que nos ayuden a conectar con el presente y con nuestro cuerpo serán un buen camino que complementará el recorrido hacia una mejor relación con nuestro comportamiento alimentario. Hablamos de fomentar la interocepción, es decir, impulsar la capacidad que tenemos de percibir nuestro interior y de usar la mente con una función observadora de nuestro cuerpo y de nuestros pensamientos.

Una de las prácticas que nos orientan hacia la atención plena es el Mindfulness. En palabras de Kabat-Zinn (2005), se podría considerar como «una manera de enfocar nuestra atención de forma deliberada en la experiencia de cada momento sin dejarnos llevar por juicios, expectativas o ideas preconcebidas». Mindfulness, además, será un complemento genial para el trabajo con las autoverbalizaciones más críticas, a través de la aceptación de su presencia y de la concentración en el presente.

La práctica de la atención plena en el ámbito de la alimentación se denomina Mindful Eating. Os recomendamos encarecidamente la lectura del libro *Comer atentos* de Jan Chozen (2013), para explorar y profundizar en este campo. Lo que para nosotras resulta más interesante es la conexión desde nuestros distintos sentidos.

> **"**
> *De pequeños nos decían "no se juega con la comida" pero ahora sabemos que la comida hay que MIRARLA, OLERLA, TOCARLA, DISFRUTARLA: ¡CON LA COMIDA SÍ SE JUEGA!*
> **"**

Como ya vimos en el capítulo 3, Jan Chozen distingue entre nueve tipos de hambre, haciendo referencia a nueve maneras distintas en las cuales se despierta en nuestro cuerpo la «necesidad» de comer, aunque realmente no sea la comida la que alivie dicha necesidad *(véase el gráfico de la página siguiente)*.

Teniendo en cuenta estos tipos de hambre, podemos observar cómo la sensación (que ya sabemos que es una percepción real) de hambre puede estar originada por diversas causas: algunas más sensoriales (olfativa, visual, de sabor, de oído, de tacto), otras más emocionales (de corazón, mental), y otras más fisiológicas (de estómago, celular). En este sentido, disponer de capacidad para identificar si sentimos hambre y de qué tipo es, resultará importante a la hora de la connotación que otorguemos a los alimentos.

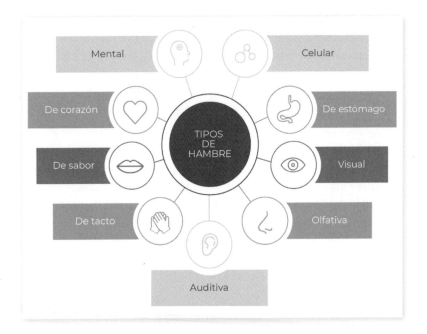

En una investigación realizada por Lucía Herrero (2023) se observó que las percepciones de salud se veían afectadas en función de las señales de hambre y saciedad percibidas: los participantes que se sentían hambrientos consideraban tanto a los alimentos dulces como salados hasta cerca de tres y dos veces más saludables, respectivamente, que los participantes que se sentían saciados. Es decir, que nuestras sensaciones de hambre y saciedad impactan sobre lo que llegamos a pensar sobre un tipo u otro de alimentos.

Jan Chozen señala en su libro *Comer atentos* que, cuando la relación con la comida pierde armonía, perdemos también el disfrute innato de comer. Desde nuestro punto de vista es una de las grandes riquezas que podemos obtener de esta práctica: aprender a disfrutar de nuevo; no solo de la ingesta, sino también de la preparación, de la propia elección de alimentos y por supuesto de la reconexión con los sabores y los sentidos. Este enfoque de atención plena, junto a la alimentación consciente e intuitiva, de la que hablaremos a continuación, ha mostrado tener una mayor eficacia en el abordaje de atracones, alimentación emocional y alimentación en respuesta a señales externas, puesto que genera una mayor consciencia de las señales internas a la hora de comer, tal como apuntan Warren *et al.* (2017). La mayor parte de las investigaciones que encontramos en alimentación consciente están enfocadas a la pérdida de peso; sin embargo, ya podemos leer algunas que van más allá, como es el caso del estudio de Lattimore (2020), en el que también intervienen personas con dificultades en alimentación emocional, y en el cual observan que realizar intervenciones mediante la atención plena antes de abordar la pérdida de peso tiene el potencial de modificar los factores psicológicos que sustentan la ingesta emocional. En cualquier caso, a pesar de que el sesgo de la pérdida de peso sigue estando presente, podemos afirmar que existe una asociación positiva entre el uso de técnicas de atención plena y la disminución de las preocupaciones sobre la imagen corporal, la restricción dietética, comer en ausencia de hambre, el aumento de la disposición a comer y los atracones, tal como apuntan Omiwole *et al.* (2019) en una revisión centrada en adolescentes; y es que el uso de la atención plena en la alimentación va más allá de los propios efectos que esta puede tener sobre la persona, pues también puede ser aprendida de padres a hijos. Del mismo modo que la alimentación emocional de los padres puede conducir a una alimentación emocional en los hijos, por simple aprendizaje vicario, las prácticas de alimentación conscientes en la familia o en la crianza se relacionan directa o indirectamente con una disminución de las conductas alimentarias emocionales en el niño o adolescente (Brantley C *et al.*, 2023).

Necesitamos recordar aquí que en investigación el término «alimentación emocional» a veces es usado haciendo referencia a un tipo de ingesta con características más compulsivas, y no exclusivamente a la vinculación emociones-comida.

Por otro lado, puede ser interesante conocer en mayor profundidad el término de Alimentación Intuitiva, acuñado por las nutricionistas Evelyn Tribole y Elyse Resch en 1995, que publicaron posteriormente un libro (2021). Este concepto es un enfoque de salud integral basado en 10 principios, que no tiene el peso como indicador de salud y que se fundamenta en el autoconocimiento y la conexión con el cuerpo y la mente. Y dentro de este paraguas de la alimentación intuitiva encontraríamos la alimentación consciente.

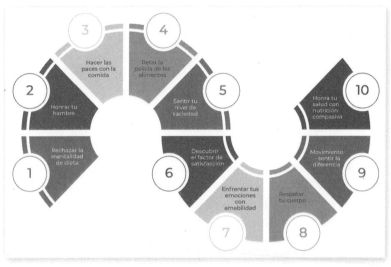

Los 10 principios de la Alimentación Intuitiva (adaptado de Tribole et al., 2021)

En los últimos años se han realizado numerosas investigaciones sobre el efecto de la alimentación intuitiva, asociándose de forma inversa con múltiples índices de patología alimentaria, alteraciones de la imagen corporal y psicopatología; mientras que se encontraba una relación positiva con la autoestima, la imagen corporal y el bienestar (Linardon, 2021). Si se analiza la relación entre la alimentación intuitiva y la calidad alimentaria, podemos encontrar estudios que evidencian que no hay una asociación consistente con la ingesta de alimentos más nutritivos, aunque se observa que comer por razones físicas más que emocionales y la congruencia entre la elección de alimentos y el cuerpo puede promover la calidad de la dieta (Jackson et al., 2022). Por otro lado, encontramos que la alimentación intuitiva sí puede ayudar a mejorar la calidad de la dieta debido a una mayor conciencia de las señales fisiológicas. La reducción de los atracones emocionales y de los atracones en general también puede aumentar la calidad de la dieta (Hensley-Hackett *et al.*, 2022). Si nos centramos en alteraciones alimentarias, Bennet nos indica que ciertas formas de alimentación intuitiva pueden ser un potencial factor protector para la pérdida de control sobre la alimentación (Bennet, 2022). Por su lado, el grupo de Koller (2020) observó que en la recuperación de los trastornos alimentarios, donde se enfatiza la ausencia de síntomas sobre la presencia de aspectos adaptativos como una imagen corporal positiva y actitudes alimentarias saludables, la apreciación del cuerpo y la alimentación intuitiva se relacionaron con la recuperación del TCA a través de una definición de recuperación integral (física, conductual y cognitiva). Así, los constructos psicológicos positivos (apreciación corporal y alimentación intuitiva) se relacionan con el estado de recuperación del TCA. Esto es de gran interés en el trabajo con las recaídas.

Más allá de la práctica de *mindful eating* y la alimentación intuitiva, el trabajar la estimulación sensorial con distintos alimentos en consulta (y en casa) es especialmente importante en población infantil. Podemos encontrar casos de inapetencia o rechazo a introducir nuevos alimentos, pero probablemente muchos de estos niños nunca se hayan enfrentado a dichos sabores, colores o texturas. En este contexto, la práctica del método Baby Led Weaning (BLW) —que no es más que el hecho de que sea el niño quien decida qué, cómo y cuánto comer los alimentos en su forma original— resulta muy interesante desde el punto de vista nutricional pero también psicológico, no solo por la independencia, autonomía y demás aspectos que se ven favorecidos, sino por el contacto con las sensaciones del propio cuerpo (saciedad, sentidos, precisión, etc.), por la posibilidad de tomar decisiones en referencia a nuestros gustos y preferencias sensoriales, así como por el aprendizaje del niño en la identificación de sus propias señales de hambre y saciedad, sin que nadie influya en ellas.

¿Podemos estimular nuestros sentidos en la adultez? ¡Por supuesto! Un primer paso por el que te invitamos a comenzar es reconocer de todos nuestros sentidos cuál se despierta en mayor medida con nuestros alimentos preferidos. Para ello, elige dos o tres de tus alimentos favoritos, prueba a comerlos de forma que cada sentido explore el alimento en profundidad y posteriormente anota qué sensaciones te ha provocado. Trata de buscar a qué te recuerda, qué observas en cada uno de los sentidos, qué te genera y, sobre todo, disfruta de la actividad.

	ALIMENTO O PRODUCTO PREFERIDO 1	ALIMENTO O PRODUCTO PREFERIDO 2	ALIMENTO O PRODUCTO PREFERIDO 3
TACTO			
VISTA			
OLFATO			
OÍDO			
GUSTO			

Al igual que a lo largo del capítulo 3 nos centrábamos en la importancia de conocernos y comprender nuestro estado emocional y su relación con nuestra alimentación, en este caso es importante conocer cómo nuestro cuerpo responde a los distintos alimentos y qué sentido se despierta con cada uno de ellos. Quizás no siempre es necesaria la ingesta para satisfacer nuestro deseo; puede que simplemente tenga que nutrir mi vista disfrutando del emplatado o del color, o nutrir mi olfato al concentrarme en las sensaciones que me provoca el alimento o, como explica Jan Chozen, quizás necesitamos crear una fiesta para nuestros ojos, no solo a través de la comida, sino también mediante la preparación de la mesa y del contexto que rodea la ingesta.

Es decir, al igual que prestamos atención hacia nuestro mundo interior, también prestamos atención a lo que nos rodea, dándole el espacio necesario para poder mantener una relación más saludable con la comida (no solo hablando de elecciones, sino a nivel comportamental).

Para trabajar la conexión con nuestro momento de comer, resulta necesario practicar el «comer más despacio». Poner en marcha estas estrategias nos ayudará igualmente con el reconocimiento de nuestros niveles de saciedad, como vimos en el capítulo

Por ese motivo, vamos a realizar un pequeño recorrido a lo largo de distintas estrategias que te pueden ayudar en este proceso, sin olvidar siempre la práctica del comer consciente como un complemento indispensable.

→ Mejora tu ambiente a la hora de comer; queremos invitarte a comenzar a comer en un lugar en el que puedas mantener una posición cómoda para ti, para tu cuerpo y que facilite tu ingesta. Trata de que sea un lugar tranquilo, que te permita poder estar concentrado y donde no haya muchas distracciones (televisión, teléfono móvil, que no sea un lugar de paso, etc.).

→ Establece un tiempo mínimo para la ingesta; es cierto que suelen recomendarse unos 20 minutos. Sin embargo, si esto resulta estresante para ti, permítete ser flexible y adaptar el tiempo recomendado a tus posibilidades, siempre respetando que sea un momento para alimentarte y no lo combines con otras actividades que distraigan tu atención. Con esto no hacemos referencia a la necesidad de disfrutar de la comida de forma aislada, puedes comer con compañeras o amigos, pero que sea un momento distendido y dedicado a la ingesta donde puedas identificar los aspectos sensoriales de los que hemos hablado antes, y no solo masticar y tragar.

→ Si notas que estás comiendo muy rápido, trata de parar y recapitular. Reconecta y busca formas de regular la velocidad de forma responsable y consecuente.

→ Te invitamos a dejar de centrarte en algunas técnicas automáticas como soltar los cubiertos cada vez que comes un bocado o contar hasta 10. Lo importante es disfrutar del momento de comer, y no tener la mente en acciones que te distraigan del disfrute. Si estás acostumbrado a realizar esta acción, no te preocupes, poco a poco puedes cambiarla, pero recuerda lo dañino que puede ser para ti el ser demasiado exigente y dar voz a los pensamientos más críticos; no olvides ser flexible.

→ Diseña un plan para poder disfrutar de la elaboración y el cocinado, pues forman parte de nuestro proceso de la ingesta. Quizás no puedas dedicar 30 minutos a preparar ese plato que tanto te gusta, pero ¿tienes 15 minutos para hacer una versión más rápida y poder disfrutar de él igualmente?

→ Si vas a comer dos platos, pon en tu mesa cada uno de ellos de forma individual. De esta manera podrás realizar una pequeña pausa a la hora de pasar de uno a otro. Si compartes comida, lo ideal es que te sirvas en tu propio plato la cantidad que decidas comer de cada preparación, de manera que seas consciente de ello y seas tú quien decida qué y cuánto comes.

→ Intenta que en la mesa esté solo lo que hayas previsto comer; las ollas mejor las dejamos en la cocina, pondremos el pan que queramos consumir en la mesa, etc. De esta forma podemos concentrarnos mejor en la comida en sí sin tener mayores distracciones.

→ Si te notas la respiración acelerada cuando se acerca el momento de la ingesta, para unos minutos y realiza 3 respiraciones diafragmáticas. En la respiración diafragmática es el estómago el que realiza el movimiento, es decir, al practicarla tu estómago subirá y bajará al llenar y vaciar tus pulmones de aire. Para empezar a ponerla en práctica te ayudará situar una de tus manos debajo del pecho y otra en la tripa para ir observando qué parte de tu cuerpo es la que se inflama con la inspiración. No es sencillo realizar esta respiración y te recomendamos contar con ayuda profesional para su práctica.

Para terminar este apartado, y dado que ya has practicado la identificación de saciedad de tu estómago, daremos un pasito más. Es importante reconocer, como hemos visto, tu nivel de hambre antes de empezar a comer y qué tipo de hambre estás teniendo. Este ejercicio, junto con la atención plena, te ayudará a aumentar tu grado de consciencia sobre las ingestas que realizas y a saber cuándo parar de comer (o en caso de seguir, al menos reconocer los motivos que te impulsan a ello).

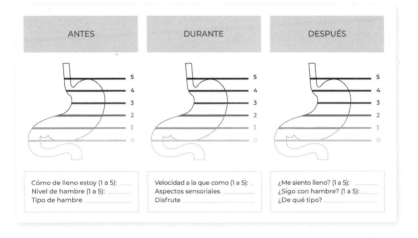

El ejercicio debe realizarse a lo largo de una ingesta, siempre y cuando podamos prestar atención a nuestro cuerpo. En primer lugar, antes de empezar a comer pregúntate cuánta hambre tienes (de 1 a 5, donde 5 será la mayor sensación de hambre), y qué tipo de hambre sientes. El nivel del estómago en este caso será inverso a la cantidad de hambre, es decir, que si tienes mucha hambre (5), debes sentir tu estómago bajo mínimos (1), pues estará vacío. Una vez empieces a comer, presta atención a la velocidad a la que comes, a los aspectos sensoriales que te transmiten los alimentos que ingieres o a cuánto estás disfrutando del momento. Además, piensa en cómo se va llenando tu estómago y en qué nivel de saciedad crees que te encontrarás a mitad de la comida. Una vez hayas terminado, vuelve a tomar consciencia del estado de tu estómago y anota cómo de lleno te sientes. A continuación, debes preguntarte, independientemente de tu sensación estomacal, si sigues sintiendo hambre. En este punto podemos encontrarnos varias opciones:

a) Si la respuesta es SÍ, piensa qué tipo de hambre es. Puede ser que, si tus niveles de saciedad son bajos y aún tienes hambre, lo que hayas comido no haya sido suficiente para saciarte. Pero si tu estómago está lleno y sigues teniendo hambre, sería importante analizar qué puede estar ocurriendo, pues es posible que esa señal de hambre atienda a otras necesidades, que tus sensaciones de hambre y saciedad estén alteradas o que no hayas sabido identificarlas bien.

b) Si la respuesta es NO, pregúntate si has sido capaz de parar de comer cuando has detectado que ya no tenías hambre. En caso afirmativo, ¡genial! Estás empezando a gestionarlo mejor. Por el contrario, si crees que podrías seguir comiendo a pesar de no tener hambre, debes preguntarte por qué crees que podrías continuar con la ingesta; si es por el placer de comer o por alguna otra motivación, puedes continuar comiendo de forma consciente.

c) No lo sabes. Debes poner en práctica la toma de consciencia de niveles de hambre y saciedad, para lo cual te animamos a que hagas este ejercicio varias veces.

La evolución en los niveles de llenado gástrico debe ser progresiva, es decir, empezando en un 1 o incluso menos, y aumentando durante el proceso hasta el 3-3,5. Te recomendamos que si llegas a tener una sensación de 5 de forma habitual, revises de nuevo tu identificación de señales, ya que mantener esos niveles puede generar malestar gastrointestinal. Recuerda que esa pequeña sensación de hambre que puedes tener al terminar y que se pasa en 5 minutos es normal, y el hecho de que no se mantenga en el tiempo indica que la ingesta ha sido suficiente. En cualquier caso, es importante tener presente que puede resultar bastante complicado ser capaces de identificar estas señales, sobre todo si hemos realizado numerosas dietas o si hemos o estamos pasando por un trastorno alimentario (Oliveira *et al.*, 2022; Baenas *et al.*, 2023). No te preocupes, si detectas cambios bruscos o los resultados no son coherentes, si no hallas respuestas o te sientes desubicada, te animamos a consultar con profesionales de la nutrición y la psicología para que te ayuden a identificar qué puede estar ocurriendo.

Por último, nos gustaría resaltar que ninguna de estas estrategias de prácticas conscientes como la alimentación intuitiva son dietas de pérdida de peso ni están vinculadas a reglas rígidas autoimpuestas. Es importante no confundir la práctica de la alimentación intuitiva con un abordaje dietético al uso o utilizarlas como mecanismos de justificación ante conductas alimentarias desordenadas. Del mismo modo que debemos saber en qué momento poder poner en marcha estas herramientas, dado que en muchos casos, antes de hacer uso de ellas es importante trabajar otros muchos aspectos para que no causen un perjuicio en lugar de un beneficio, como ocurre en casos de relación alterada con la comida o en trastornos alimentarios.

6.5. Alimentación saludable: consciente, respetuosa y flexible

Queremos terminar este capítulo sobre la toma de consciencia dando unas pinceladas sobre los conceptos más relevantes en su relación con la alimentación, de modo que puedas integrar todas las herramientas que estás adquiriendo en este libro en el hecho de realizar una alimentación saludable.

Empecemos por el principio: ¿qué se entiende por una alimentación saludable? Podríamos definir este concepto de forma muy simple, diciendo que es aquella pauta dietética que incluye alimentos que aportan nutrientes suficientes al organismo para ayudarle a realizar sus funciones correctamente, sin perjudicar la salud. De esta forma no solo prevenimos la aparición de enfermedades (o mejoramos su sintomatología y pronóstico), sino que también mejoramos la calidad de vida. Pero nosotras entendemos por alimentación saludable aquella que te permite ser consciente de tus señales y sensaciones, que respeta tus necesidades y que es flexible con tus elecciones. Nuestra «definición» de alimentación saludable no atiende tanto al valor nutricional sino más bien a la forma en la que nos relacionamos con la comida. Es por ello por lo que deberíamos tener como objetivo instaurar una alimentación saludable en nuestro estilo de vida y convertirlo en un hábito.

Dado que de la relación emocional con la comida hablamos a lo largo de todo el libro, en este apartado nos vamos a centrar en ofrecer algunas pinceladas sobre conceptos alimentarios propiamente dichos. Pero por favor no olvides desde dónde nos referimos siempre cuando hablemos de alimentación saludable, y ten en cuenta que ahora hablaremos de forma genérica sobre las recomendaciones para aportar a nuestro organismo los nutrientes que necesita.

Para empezar, una alimentación completa debe basarse principalmente en alimentos de origen vegetal, siendo estos los que predominen a lo largo del día. Entre ellos se encuentran: verduras, frutas, cereales, tubérculos, legumbres, aceites (vegetales), frutos secos y semillas. A esta base se le pueden añadir alimentos de origen animal (carne, pescado, huevo, lácteos), aunque no son imprescindibles, pues se puede llevar una alimentación totalmente saludable y adecuada consumiendo solo vegetales; simplemente es necesario saber combinar los alimentos de forma adecuada para obtener todos los nutrientes necesarios, sobre todo los esenciales. En la siguiente tabla tienes una clasificación de los grupos de alimentos en función de su origen.

	VEGETALES	ANIMALES
GRUPOS DE ALIMENTOS	· Verduras y hortalizas · Frutas · Legumbres y leguminosas · Cereales y tubérculos · Aceites y grasas · Frutos secos y semillas	· Pescados · Huevos · Carnes · Lácteos · Grasas

Los diferentes grupos de alimentos son ricos en determinados nutrientes (hidratos de carbono, grasas, proteínas, vitaminas o minerales); no obstante, no existe ningún alimento que solo contenga uno de estos nutrientes, por lo que teniendo esto en cuenta podríamos desmontar las bases de muchas de las dietas de moda. Todos estos nutrientes se diferencian en dos grandes grupos, que a su vez pueden subdividirse, como muestra la siguiente imagen.

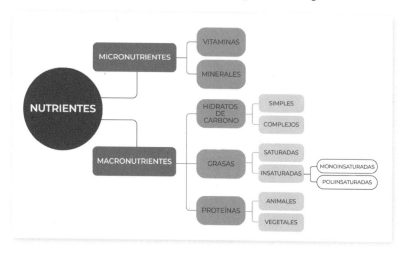

- **Hidratos de carbono.** Su función principal es la de aportar energía para que podamos movernos, pensar, reírnos, etc.
- **Grasas.** La función principal de las grasas es formar parte de estructuras, por ejemplo, de las membranas de las células; participar en la síntesis de hormonas, por ejemplo, las hormonas sexuales; o ejercer una función protectora, por ejemplo en la grasa visceral que se encuentra alrededor de nuestros órganos.
- **Proteínas.** Son las encargadas de generar estructuras (músculo) a partir de su molécula más pequeña: el aminoácido.
- **Vitaminas y minerales.** Son elementos presentes en menor cantidad cuyas necesidades para el organismo también son más pequeñas, pero son esenciales para la vida, pues participan en la mayoría de las reacciones bioquímicas que se dan en el cuerpo.

Como comentábamos antes, los distintos nutrientes están presentes en varios grupos de alimentos, como muestra la siguiente imagen:

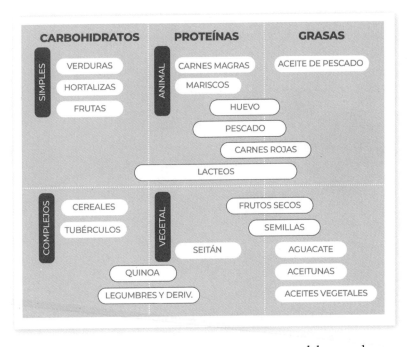

Lo más importante a tener en cuenta es que no debemos demonizar ninguno de estos grupos de alimentos, pues todos son necesarios para el desempeño de nuestras funciones vitales. Del mismo modo, tampoco debemos otorgarles un valor positivo: los alimentos (o los nutrientes) no son buenos ni malos. No debemos pensar que consumir un alimento con más grasa, sal, azúcar o calificado como poco nutritivo (o por el contrario, con más fibra, menos grasa o *light*) va a tener un efecto sobre nuestra salud o nuestro cuerpo, pues como ya hemos visto anteriormente los factores que influyen sobre la salud son numerosos, y la mayoría no son alimentarios. Es absurdo pensar que una ingesta concreta (o peor aún, un alimento) va a transformar drásticamente nuestra imagen o nuestro estado de salud. Aunque nos intentan hacer creer que ocurre, te confirmamos que NO ES CIERTO.

Un concepto del que se habla mucho últimamente es el de «matriz alimentaria», que hace referencia a la red formada por todos los nutrientes que se encuentran en un alimento. Por eso, el hecho de que un alimento tenga más o menos de un nutriente no lo convertirá en mejor o peor, ya que la presencia de otros nutrientes puede modificar el efecto que produce sobre el metabolismo y la forma de comportarse en el organismo. Pongamos el ejemplo del huevo: contiene colesterol en la yema, pero no por ello es una mala elección dietética, pues es un alimento rico en proteínas de alto valor biológico, en aminoácidos y ácidos grasos esenciales y en vitaminas, entre otros. Otro ejemplo sería la fruta, con una cantidad elevada de azúcares simples pero que al contener fibra se absorben de forma lenta evitando picos de glucosa e insulina.

Una vez te has familiarizado con los alimentos y los nutrientes que forman parte de ellos (y recordando que los nutrientes no son lo más importante), veamos cómo planificarte para que la alimentación sea lo más adecuada posible y se adapte a tus necesidades.

En primer lugar, debes empezar por la despensa. Intenta que tu despensa se componga de alimentos vegetales: fruta, verdura, legumbres (nos sirven las envasadas y todas sus variedades como tofu, tempeh, soja texturizada, hummus, etc.), cereales (preferentemente integrales, pues contienen más fibra y vitaminas), tubérculos (patata, boniato), frutos secos, semillas y aceite —si es de oliva virgen, mejor—. En función de tu estilo de alimentación, podrás añadir también carne, pescado, huevo, lácteos (de origen animal o vegetal). La carne mejor si es magra, reduciendo las carnes procesadas como embutidos o salchichas. El pescado, alternando blanco y azul; puedes usar también latas en conserva (cuidado con la sal). Los huevos que sean, preferiblemente, camperos. Y los lácteos, cuanto más naturales sean, mucho mejor. Recuerda que también puedes tener otros productos en la despensa y que no buscamos una despensa «perfecta», sino una despensa realista contigo, donde dejemos espacio a la flexibilidad y a la adaptación.

El segundo paso es ir a comprar. Para ello solo necesitas tener en cuenta tres cosas: 1) haz una lista con los alimentos que necesites, incluyendo aquellos que hayas pensado cocinar y algunos básicos de la despensa que te pueden servir para salir de un apuro; 2) intenta ir a comprar sin hambre, pues de esta forma podrás hacerlo de forma más tranquila; 3) trata de fomentar la compra en el mercado o pequeño comercio especializado en lugar de en grandes superficies, potenciarás el consumo local, la compra de alimentos de temporada y la sostenibilidad alimentaria.

Ahora sí, llega el momento de diseñar el menú. Vamos a intentar hacerlo de forma sencilla y general: tanto si comes un plato como si comes dos, la cantidad de verdura deberá ser siempre superior (alcanzando al menos el doble) del resto de alimentos (ricos en proteínas e hidratos de carbono). Si comes dos platos, intenta que la verdura —alternando cruda y cocinada— sea el primero de ellos, así aumentarás la sensación de saciedad y aportarás la ración de vitaminas, fibra y minerales. Las cantidades de proteínas e hidratos de carbono pueden diferir, y podrán estar mezcladas con las verduras, entre ellas, o bien formar un único plato que lo contenga todo. Como aderezo y para cocinar, utilizaremos las grasas (en la imagen representadas como G), bien como aceite para cocinar o aliñar o bien como aguacate, frutos secos o semillas. La proporción de alimentos, por ende, deberá ser, aproximadamente, tal y como se indica en el diagrama; de forma que no solo cumplamos las recomendaciones dietéticas actuales, sino que creemos platos completos nutricionalmente. Por supuesto, todo ello habrá que personalizarlo en función de cada individuo: circunstancias, necesidades, contexto, etc.

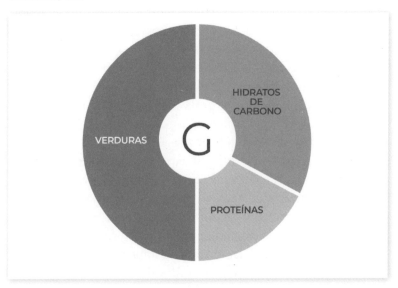

La bebida de elección, agua (o agua con gas, si quieres un toque más chic) y de postre, preferentemente fruta de temporada. En el caso de los tentempiés de media mañana o de la tarde, puedes elegir entre fruta fresca o desecada, frutos secos, lácteos sin azúcar, minibocadillos saludables, o combinaciones de ellos. Lo ideal es que, a lo largo del día, al menos consumas tres piezas de fruta y dos raciones de verduras; distribúyelas como más te guste, pero trata de que estén presentes.

Para terminar, vamos a darte una herramienta práctica para poder elaborar tus menús de forma sencilla: hazte con una planilla que incluya los tres grupos de alimentos (verduras, proteínas, hidratos de carbono). Piensa y distribuye las proteínas y luego ve eligiendo las verduras y carbohidratos con los que quieras acompañar al alimento proteico. Con esta base, podrás elaborar muchos menús, cambiando y modificando los alimentos. Veamos varios ejemplos en la tabla siguiente que te servirá de esquema para crear tus propios menús saludables.

		L	M	X	J	V	S	D
ALMUERZO	Proteína	Ensalada con **sardinas** y patatas asadas	Gazpacho Espinacas con **garbanzos**	Crema de verduras **Pollo** con arroz integral	Aliño de tomate con orégano Paella de verduras y **gambas**	Lasaña de verduras y **soja texturizada**	*Noodles* de verduras y **pollo** al curry	Ensalada **Tortilla** de patatas
	Verdura + Hidratos							
	Postre	Pera	Naranja	Papaya	Fresas	Kiwi	Plátano	Uvas
CENA	Proteína	Salteado de verduras Tosta integral con **hummus**	Revuelto de **huevo** y espárragos, pimiento y puerro Mazorca de maíz a la plancha	Crema de guisantes **Dorada** con boniato al horno	Torta de maíz con lechuga, tomate, cebolla, aguacate, **pollo** y especias	**Salmón** al papillote con cuscús	Dahl de **lentejas** con arroz y frutos secos	Coliflor con curry, sésamo y manzana **Acedías** a la plancha
	Verdura + Hidratos							
	Postre	Chirimoya	Manzana	Mandarina	Granada	Piña	Mango	Frutos rojos

Por supuesto, deberás elegir los alimentos en función de tus gustos, y las técnicas culinarias en función de tu tiempo y disponibilidad. Te animamos a probar a hacer tus propias planificaciones semanales y te dejamos este resumen con lo más importante.

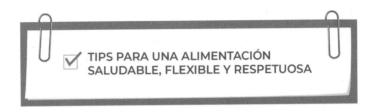

Qué alimentos debo priorizar:

→ Basa tu dieta en alimentos de origen vegetal (frutas, verduras, legumbres, tubérculos, cereales integrales, frutos secos y semillas).

→ No hay ningún alimento imprescindible. Tampoco hay ningún alimento obligatorio.

→ Al menos la mitad del plato debe ser verdura, tanto cruda como cocinada.

→ Consume 3 piezas de fruta al día como mínimo. Enteras, no en zumo.

→ Elige en este orden: sin procesar, poco procesado, procesado.

→ Prioriza los cereales en sus versiones integrales.

→ La proteína vegetal (legumbres y frutos secos) puede ser consumida a diario y en mayor cantidad que la proteína animal.

→ Los frutos secos sin sal, crudos o tostados antes que fritos o azucarados.

→ Consume carnes blancas (pavo, conejo, pollo) y magras antes que rojas (cerdo, ternera) y procesadas.

→ Alterna pescados blancos y azules.

→ Elige una buena grasa tanto para consumir como para cocinar: aguacate, aceite de oliva virgen, frutos secos.

→ El aporte principal de vitaminas y minerales procederá de frutas y verduras.

→ Fomenta una buena ingesta de grasas insaturadas.

→ Prioriza lácteos sin azúcar o sin edulcorar, y huevos camperos o de numeración 3 como máximo.

→ Incluye conservas de verduras y de pescado con límite de sal por debajo de 1 gr por cada 100 gramos de producto en tu despensa.

→ La sal utilizada en cocina y para consumo habitual será sal yodada.

→ Bebe agua en función de tu sed.

Planificación, organización, compra y cocina:

→ Planifica semanal o quincenalmente las comidas siempre que puedas.

→ Ordena la despensa: consume antes lo más antiguo.

→ Lleva un listado a la compra para facilitarte el trabajo.

→ Compra más en el mercado y menos en el supermercado.

→ Intenta comprar alimentos locales y de temporada.

→ Realiza una compra consciente y sostenible.

→ Prioriza técnicas culinarias como: horno, guisos, plancha, vapor o cocciones.

→ Intenta cocinar varios platos al mismo tiempo y practica la cocina de aprovechamiento.

→ Ten siempre preparado un *stock* de verduras o platos a mano (en nevera o congelador) para emergencias.

Otros aspectos igual de importantes:

→ Trata de disfrutar de todo el proceso, de principio a fin.

→ Integra la alimentación como parte de tu autocuidado.

→ Haz elecciones flexibles y conscientes siempre que puedas.

→ Adapta las elecciones a cada momento y a tus necesidades.

→ Recuerda que no hay buenos ni malos.

Capítulo 7

Nadie dijo que fuera fácil, pero merece la pena

Cuando creíamos que teníamos todas las respuestas, de pronto, nos cambiaron las preguntas.

Mario Benedetti

7.1. ¿Cómo empiezo? El camino de baldosas amarillas

En la película *El Mago de Oz*, de Victor Fleming, Dorothy (interpretada por la genial Judy Garland) debe seguir el camino de baldosas amarillas para llegar hasta Oz, el mago que la ayudará a volver a casa. En el camino la acompañan un león cobarde, un hombre de hojalata que se siente vacío y un espantapájaros con la cabeza llena de serrín. La moraleja de la historia, escrita por Lyman Frank Baum, es que es necesario que haya un equilibrio emocional y racional para afrontar nuestros miedos. Vayamos, pues, hasta Oz (el objetivo) por el camino de baldosas amarillas, teniendo en cuenta el corazón, el cerebro y el coraje.

Vamos a empezar este apartado con una pregunta que debes hacerte cada vez que sientas que algo no va bien: ¿quiero cambiarlo? Si la respuesta es sí, vamos con la pregunta dos: ¿qué puedo hacer para empezar a modificarlo?

A lo largo de los capítulos anteriores te hemos proporcionado varias herramientas para que puedas saber si tu relación con la comida está alterada y si estás dispuesto a dar el paso para mejorarla. Ahora es el momento de pasar a la acción de verdad.

Lo primero que queremos transmitirte es que es fundamental ir paso a paso. Sin prisa, pero sin pausa. Piensa en cuánto has tardado en llegar al punto actual; no puedes pretender cambiarlo en dos días. Si, por ejemplo, tu conducta alimentaria actual está relacionada con un aprendizaje adquirido en la infancia, y que ha sido reforzado durante años por tu entorno más cercano, pretender que este piloto automático cambie de la noche a la mañana es una pretensión poco realista y que, además, no funcionará si no logras trabajar todo ese proceso a nivel interno para poder entender de dónde viene dicha conducta y ser consciente de hasta dónde quieres y puedes llegar. Debemos ser conscientes también de que el camino tiene piedras, curvas y baches. No es una línea recta, ni una carretera recién asfaltada, y mucho menos con indicaciones evidentes y generales. Cada uno debe seguir su propio camino, sabiendo que este puede virar en cualquier momento y tenemos que saber adaptarnos a los giros y a las circunstancias sin perder de vista el objetivo, pero siendo flexibles y comprensivos con nosotros mismos, sin culparnos ni sentirnos fracasados. Recuerda que la conducta alimentaria está influenciada por muchos factores, y la mayoría no dependen de ti exclusivamente. Esto es una carrera de fondo, compleja y que requiere de un trabajo personal muy importante. ¿Estás dispuesto? ¡Vamos!

PASO 1. Para empezar, tienes que tener claro en qué punto estás actualmente (en todos los sentidos: alimentación, deporte, emociones, trabajo, descanso, entorno, etc.), y hacia dónde te quieres dirigir. Para ello tienes que *desaprender* muchas cosas para volver a aprender, de manera que los cambios que plantees sean duraderos y puedas mantenerlos en el tiempo. Piensa que en tu cerebro se han creado una serie de carreteras, por las que ya vas casi sin pensar, y que ahora debes aprender nuevos caminos. Hasta que tu cerebro entienda que son nuevas rutas, deberás estar muy atento para evitar coger la vía de siempre. En este momento hay que pasar del QUIERO o ME GUSTARÍA (idea o proyecto futuro) al VOY A INTENTARLO (implica acción en el presente).

PASO 2. Ya te hemos dicho que este proceso no es sencillo y es por ello por lo que te animamos a ponerte en manos de profesionales de la nutrición y la psicología (incluso de la actividad física o de cualquier otro ámbito que consideres que te puede ser de ayuda) para que te acompañen en el camino y te ayuden a identificar y gestionar todo aquello que necesitas cambiar. Déjate guiar y acompañar por ellos y confía en ti y en el proceso.

PASO 3. Ahora sí, ¡acción!

→ **Definir bien el objetivo.** Para poder llegar a un punto, primero es necesario saber cuál es ese punto. El objetivo que te plantees debe cumplir una serie de parámetros, pues de lo contrario es más complicado de alcanzar.

En primer lugar, te recomendamos que formules tus objetivos en positivo. Por ejemplo, «Quiero empezar a hacer deporte» en lugar de «No quiero ser tan sedentario». El lenguaje, sobre todo el que usamos con nosotros mismos, es un aspecto muy importante y debemos cuidarlo, por tanto, intenta transformar en positivo aquello que te plantees en negativo.

En segundo lugar, debe ser acordado y no impuesto, lo que significa que lo ideal es que parta de ti, y no de un factor externo (¿recuerdas la motivación intrínseca?, pues algo así); es decir, que debe ser algo personal. Decir que quieres cambiar tus hábitos para tener buena salud es algo demasiado genérico que, además, puede querer decir cosas diferentes según la persona. En este caso habría que profundizar en el significado de la palabra SALUD en todos sus ámbitos. George T. Doran publicó en 1981 un artículo titulado «Hay una manera inteligente de escribir metas y objetivos en la Administración», cuya finalidad era alcanzar objetivos de forma inteligente y eficiente. Es lo que se conoce como SMART (*inteligente* en inglés, pero que también se utiliza como un acrónimo para definir cómo debe ser un objetivo). Aunque Doran lo enfocó al mundo de la administración y las finanzas, se puede extrapolar a cualquier área. Así, podemos usar esta fórmula para intentar dar forma a los objetivos que nos planteemos, sin incurrir en ser demasiado rígidos.

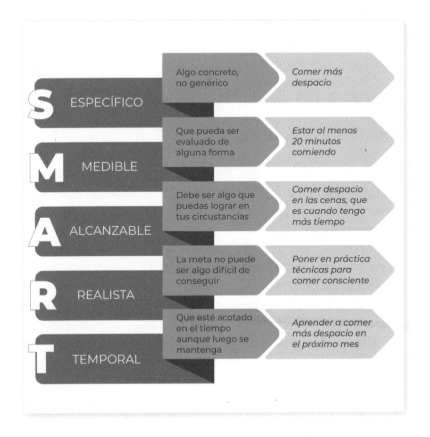

S ESPECÍFICO	Algo concreto, no genérico	Comer más despacio
M MEDIBLE	Que pueda ser evaluado de alguna forma	Estar al menos 20 minutos comiendo
A ALCANZABLE	Debe ser algo que puedas lograr en tus circustancias	Comer despacio en las cenas, que es cuando tengo más tiempo
R REALISTA	La meta no puede ser algo difícil de conseguir	Poner en práctica técnicas para comer consciente
T TEMPORAL	Que esté acotado en el tiempo aunque luego se mantenga	Aprender a comer más despacio en el próximo mes

Por tanto, un objetivo debe poder adecuarse a los 5 puntos que tienes en la imagen: que sea muy concreto, que pueda cuantificarse de alguna forma (por ejemplo, el grado de sensación de satisfacción o de hambre, etc.), alcanzable y realista (recuerda que ponerse metas muy altas puede generar mayor ansiedad y frustración posterior al no conseguirlas), y que tenga un tiempo delimitado para realizarse, teniendo en cuenta que en nuestro caso el objetivo a cambiar debería perdurar en el tiempo una vez alcanzado.

Para poner en práctica la definición de objetivos específicos, te animamos a que completes la tabla con al menos 3 objetivos (no tienen por qué ser todos relacionados con la salud). En cada uno de los apartados explica de forma breve si se ajusta a los puntos SMART.

	DEFINICIÓN	¿ESPECÍFICO?	¿MEDIBLE?	¿ALCANZABLE?	¿REALISTA?	¿TEMPORAL?
OBJETIVO 1						
OBJETIVO 2						
OBJETIVO 3						

→ **Tomar consciencia.** A lo largo de los capítulos 5 y 6 hemos visto cómo empezar a tomar consciencia. Ahora que nos hemos puesto en acción, hagamos un repaso de algunos puntos importantes con relación a los objetivos que te has propuesto. Considerar los beneficios que puede aportarte el cambio de hábitos te ayudará a mantener la motivación, de la que hablamos en el capítulo 5. Analiza cuáles son los beneficios de todo tipo (emocionales, familiares, sociales, físicos, educativos, conductuales, etc.) que crees que tiene cada una de las metas que te has propuesto. A continuación, hazte la pregunta que dará respuesta a tu motivación: «¿Para qué quiero…?». La motivación no solo es importante para iniciar el proceso de cambio, sino que hay que saber mantenerla, al menos en cierto grado, en el tiempo, y tener claro que puede cambiar a lo largo del proceso (tanto en intensidad como en tipología). En cualquier caso, puede ser interesante reanalizar de forma periódica cuál es tu tipo y grado de motivación. Asociado a ella también puedes evaluar la importancia que le das a cada aspecto y objetivo (para ello, te animamos a que realices una lista de prioridades que te ayuden a saber en qué punto se encuentran tus objetivos) y el nivel de implicación que pones para alcanzarlo. Esto te dará una idea de por cuál objetivo puedes comenzar a trabajar, pues no siempre será posible y/o recomendable iniciarlos todos al mismo tiempo. Ten en cuenta que no siempre vamos a encontrar el objetivo propuesto en el puesto número uno de prioridades; y esto no implica que para ti no sea importante ni que no se pueda alcanzar; simplemente es necesario conocer cuál es esa escala para que puedas generar las acciones acordes a tus circunstancias personales actuales, sabiendo que las prioridades también cambian con el tiempo, y que es totalmente normal.

	BENEFICIOS	NIVEL DE MOTIVACIÓN	IMPORTANCIA QUE TIENE PARA MÍ	IMPLICACIÓN EN CONSEGUIRLO	FACTORES QUE NO DEPENDEN DE MÍ
OBJETIVO 1					
OBJETIVO 2					
OBJETIVO 3					

El grado de motivación, importancia e implicación deben ir de la mano, de forma que lo ideal es que estén correlacionados. Si estás muy motivado por el objetivo 1, pero le das poca importancia y no te sientes en absoluto implicado en ponerlo en marcha, quizá debas replantearte el objetivo, o posponerlo para otro momento.

Por último, nos gustaría que hicieras un pequeño ejercicio sobre la transformación de hábitos en la que estés inmerso actualmente y que quieras modificar. Piensa en qué rutinas de las que llevas a cabo en el día a día podrían mejorar y qué cosas a cambiar están en tu mano (que pudieras empezar hoy mismo).

→ **Analizar los obstáculos y las habilidades que tenemos y que nos pueden ayudar en el proceso.** ¿Qué cosas te están dificultando dar el paso, o avanzar en cada uno de los objetivos? Y, por otro lado, ¿qué aspectos de ti mismo o de tus circunstancias son favorables? Imagina que has decidido llevar una alimentación más saludable y cuando la pones en práctica, tu pareja se une a tu reto, participa en la preparación de las comidas, te apoya en el proceso, etc. Esta sería una alianza que te podría ayudar. Por otro lado, si tienes un trabajo muy demandante y no dispones de tiempo para cocinar, esto podría ser un obstáculo que te dificultaría lograr tus metas. Conocer ambas cosas nos permite ser conscientes de las barreras y las oportunidades de las que disponemos y así poder poner en práctica estrategias que nos permitan seguir hacia delante o bien que nos impulsen al cambio. Podemos encontrarnos incapaces de identificar estas situaciones o de buscar alternativas para avanzar; en este caso, no te preocupes, busca profesionales de la psicología que te puedan ayudar.

⊕	DIFICULTADES	FACILIDADES
OBJETIVO 1		
OBJETIVO 2		
OBJETIVO 3		

→ **A continuación, hagamos una especie de plan de acción.** Una vez tienes claros tus objetivos, estás motivado e implicado, sabes que son metas importantes para ti, y conoces tus barreras, es el momento de ponerse a ello. Un plan de acción no es más que una serie de pasos que implican ponerse en marcha para conseguir un objetivo. Por ejemplo, los pasos a seguir para comer más verdura podrían ser: realizar una planificación semanal de comidas en la que, en cada toma, las verduras estén presentes; hacer una lista de la compra acorde a la planificación; ir a comprar al mercado; organizar la despensa para tener conservas de verduras y verduras frescas; preparar elaboraciones a base de verduras y hacer un *stock* de verduras para tener a mano; que en cada comida al menos la mitad del plato o más esté formado por verduras. Intenta que estos pasos sean a corto plazo, es decir, no hagas un plan de acción con el objetivo general, sino con objetivos específicos. Sin embargo, no siempre será tan sencillo elaborar este plan de acción; sobre todo porque va a depender de las metas que se tengan, del contexto y de las circunstancias personales. De hecho, en muchos casos, antes de plantearnos elaborar un plan de acción necesitamos trabajar por debajo de ese iceberg del que ya hemos hablado para poder conseguir un cambio en la parte visible del mismo. Si en tu caso, estás preparado para comenzar a hacer cambios, ¿Cuál sería tu plan de acción a corto plazo?

→ Para terminar, es fundamental que **tengas presentes todos tus avances.** No te centres exclusivamente en la meta ni en los «fracasos» que vayan ocurriendo por el camino (recuerda que tropezarse no es fracasar, es una oportunidad de aprender de las dificultades); cada vez que encuentres una piedra, piensa en cómo la solventaste la última vez y en cómo has cambiado desde que empezaste hasta ahora. Quizá no siempre sea posible aplicar las mismas estrategias que en otras ocasiones, pero poder reflexionar sobre ello te ayudará a ser más consciente de tus capacidades y de tus logros. De esto hablaremos un poco más adelante.

Recuerda que realizar todos estos pasos puede requerir ayuda profesional, no lo olvides; los dietistas-nutricionistas y los psicólogos estamos aquí para ayudarte.

7.2. Mi vida social

Somos seres sociales, y este es un valor que no debemos olvidar ni pretender evitar. Ya hemos hablado del impacto de los factores socioculturales en la conducta alimentaria, tanto en riesgo como en beneficios. Porque la acción de comer como acto cultural y social es maravillosa y no debemos tratar de que desaparezca de nuestras vidas; debemos aprender a disfrutar de ello sin que nos genere malestar en ningún sentido.

Sin embargo, es muy probable que en algún momento te hayas preguntado: «Vale, pero ¿qué hago para comer mejor cuando salgo fuera?». Como te acabamos de decir, dejar nuestro entorno de lado no es una opción, por lo que tendremos que aprender a relacionarnos con él y adaptarlo a nuestra vida y objetivos. Pero ¡cuidado!, sin caer en la rigidez ni la restricción. Si estamos en un proceso de cambio de hábitos y pensamos que salir puede ser un impedimento, lo primero que debemos hacer es plantearnos por qué tenemos esa idea. ¿A qué estamos asociando comer fuera de casa? Quizá pensamos que «comer mejor» es introducir restricciones de ciertos productos o cantidades, o quizás relacionamos salir a comer fuera con el permiso incondicional a la hora de elegir, etc., ¿te has preguntado alguna vez si en ti existe alguna asociación en este sentido?

No podemos ni debemos prescindir de nuestro entorno, aun cuando queramos mejorar nuestra relación con la comida. De hecho, una buena relación con la comida implica disfrutar de ella en cualquier entorno sin culpa, restricción ni sensación de permiso. ¿Serías capaz de no volver a salir con tu pareja, amigos o familia a comer fuera nunca más? ¿Te mereces no disfrutar de un día de playa por no comer fuera de casa? Esperamos que la respuesta a ambas preguntas sea NO. Recuerda que hablamos de cambiar tus hábitos, no de dejar de relacionarte con los demás o de dejar de disfrutar de tu tiempo de ocio. Por tanto, has de buscar un equilibrio, una forma de encajar las piezas que te permita conseguir tu objetivo y mantenerlo sin renunciar a tu vida. Sabemos que puede resultarte complicado, pues todo se mueve alrededor de la comida, pero se puede conseguir.

Veamos cuáles son las situaciones más habituales en las que el ambiente, principalmente social, gira en torno a la comida:

→ **Comidas familiares:** cumpleaños, celebraciones, encuentros con la familia, comidas de fin de semana. En este sentido, hemos de tener en cuenta que, desde que nacemos, nos relacionamos con nuestra familia alrededor de una mesa y de alimentos —comenzando con la lactancia materna, un fuerte vínculo emocional con la comida—, por tanto, ni es fácil romper esta asociación familia-comida ni queremos que lo hagas. Un estudio realizado por Mahmood *et al.*, (2021) concluye que las comidas familiares son las que más contribuyen a modelar los hábitos alimentarios de los niños, por lo que las costumbres y conductas de los padres tendrán un efecto importante sobre el comportamiento alimentario de los hijos, como confirman Scaglioni *et al.* (2018) y Liu *et al.* (2021).

Sin embargo, en estos casos no se trata de celebraciones, ni de cumpleaños o reencuentros, sino de las colaciones que tienen lugar diariamente, sobre todo entre semana, a las que no se les suele dar un carácter especial ni se suelen asociar a comidas sociales. En el caso de que esos reencuentros familiares estén debidos a celebraciones o incluso se realicen fuera de casa, la cosa cambia, y de forma errónea tendemos a pensar que son comidas «especiales». No obstante, aunque se salgan de nuestras rutinas, y seguramente incluyan alimentos diferentes a los habituales, debemos aprender a disfrutarlas de la misma forma que el resto, y elegir qué y cuánto comemos en función de nuestras necesidades (físicas, sociales y emocionales).

→ **Eventos de trabajo.** A menudo nos encontramos pacientes que tienen eventos laborales (congresos, comidas de empresa con clientes, etc.), de los que no pueden prescindir y a quienes les cuesta mucho gestionar esa situación. Por un lado, quieren comer bien, pero por otro, la presión del entorno ejerce una fuerza tal que al final sucumben a lo que, se supone, está socialmente bien visto: comérselo todo, beber vino, la copa de después, aprovecharse, ya que invita el jefe, etc. También está el caso de personas que comen fuera a diario por horarios de trabajo y no pueden llevarse la comida de casa; a la hora de comer bien, puede resultar complicado realizar una adecuada planificación y elección.

→ **Uso de _snacks_ como tentempié cuando estás fuera.** Es habitual abusar de aperitivos muy palatables en situaciones en las que no tenías previsto salir. Las opciones que encontramos en la calle tampoco ayudan mucho, por lo que la tendencia es a comer peor en esta tesitura. Njike _et al._ (2016) determinaron que el consumo de _snacks_ puede contribuir hasta en un tercio sobre la ingesta diaria de energía, aportando principalmente alimentos energéticamente densos y pobres en nutrientes.

→ **Salidas fuera de casa.** Lo más normal es que cuando salimos a cenar, al cine, a un parque temático o a cualquier sitio que implique comer fuera de casa, las opciones suelan ser lo que conocemos por comida rápida, y eso afecta a la probabilidad de elegir teniendo menos en cuenta nuestras señales fisiológicas y dejándonos llevar más por el entorno. Un estudio realizado en 2017 por Watts _et al._ concluye que el índice de alimentación saludable (HEI, del inglés Health Eating Index) era más bajo cuando se producía una mayor frecuencia de cenas de comida preparada o comidas con amigos fuera de casa. Por su parte, Cobb _et al._ (2015) encontraron asociaciones directas entre la disponibilidad de comida rápida y la cantidad ingerida. En estos casos sí entra en juego la parte emocional y/o social. Como ya hemos comentado, el entorno es importante para nosotros, a nivel personal y a nivel comunitario: tratamos de buscar la aceptación en un colectivo, nos cuesta trabajo diferenciarnos y hacer cosas diferentes para no sentirnos juzgados. También nos afecta el estigma social (en este caso de las comidas, por ejemplo: «¿No vas a comer postre? Anda ya, que no pasa nada»), y asociamos las comidas sociales al disfrute y a aprovechar para comer lo que no se come habitualmente, entre otros ejemplos. También tenemos a los que piden ensalada y pollo a la plancha, y todo el mundo les pregunta: «¿Es que estás a dieta?», que es hacer lo mismo pero en sentido opuesto. Comer fuera de casa puede ser un momento para disfrutar de otras opciones diferentes a las habituales, ¡¿por qué no?! Lo importante es el lugar desde donde lo haces: ¿lo haces por aprovechar puesto que el resto de días te prohíbes esos alimentos, o lo haces desde la apetencia y disfrute del momento? Por otro lado, casi nadie se plantea querer mantener sus hábitos alimentarios cuando sale a comer fuera de casa, precisamente por todas esas asociaciones sociales y culturales que tenemos, pero esto tampoco está reñido: no elijas o evites comer algo cuando sales por la presión social; escucha a tu cuerpo.

Todas estas situaciones, cuando una persona quiere modificar sus hábitos, son claros retos a los que se enfrenta constantemente, tanto por la presión social del «qué dirán» como por la dificultad de elegir entre tantas opciones. El mero hecho de comer fuera ya se asocia a: comer comida diferente, comer más cantidad, tomar postre (que no suele ser fruta), beber alcohol, y a frases como «Me merezco disfrutar», «Por un día no pasa nada», «Hoy es el día para comer de todo», «Hoy sí beberé alcohol», «No pido agua porque van a pensar que estoy a dieta», etc.

Bien, suponemos en este punto que, dado que queremos dar un giro a nuestros hábitos, nos planteamos aprender a comer cuando salimos fuera. Antes de ponernos a ello, te recomendamos hacer el siguiente ejercicio. Anota en el cuadro de la izquierda de la imagen inferior las comidas que elegirías cuando comes fuera en el caso de que estuvieras «a dieta», y en el cuadro de la derecha, lo que elegirías si no lo estuvieras. Trata de incluir todo lo que se te ocurra (comida, bebida, café, postre, etc.).

¿Son diferentes tus elecciones? Si la respuesta es SÍ, tenemos que trabajar en ello. Primero, para romper ese pensamiento de «estar a dieta» del que ya hemos hablado. Y segundo, para comprender que no hay que asociar alimentos o tipos de alimentos a unas situaciones u otras. No hay alimentos «de dieta» y de «no dieta», como tampoco hay alimentos «de fin de semana» o para «entre semana». Murray *et al.* (2018) ya hablaban del efecto del *CheatMeal* (comida trampa) sobre la probabilidad de tener atracones. Debemos tender a que ambas columnas sean muy similares, lo cual no implica que siempre tengan que ser idénticas. Es decir, el hecho de salir fuera no nos debe impedir seguir manteniendo nuestros hábitos saludables, del mismo modo que esos alimentos que solo tomarías el fin de semana o cuando sales fuera también pueden estar en otras situaciones. ¿Acaso no podemos cenar pizza un martes? Por otro lado, también debemos trabajar la parte más consciente y tomar las decisiones valorando los pros y los contras. Y en esas decisiones se incluye la aceptación social. ¿Preferimos tener buenos hábitos o que piensen de nosotros que somos diferentes por no realizar las elecciones que hacen los demás? Pongamos un ejemplo muy habitual. Sales con amigos a tomar algo, y decides beber agua porque ya no te apetece tanto tomar cerveza. Todos te preguntan si estás tomando medicación o —en el caso de que seas mujer—, si estás embarazada, una clara señal de la percepción que tiene la sociedad de beber alcohol, a lo que nosotras llamamos alcohol social. Respondes que no, que quieres cuidarte, estás cambiando tus hábitos y ya no te gusta tanto la cerveza o te gusta, pero prefieres hacer otra elección. Todos quedan asombrados, le quitan importancia a tu deseo de estar más saludable e incluso te dicen: «Anda, ¿qué te va a pasar por una cerveza?» o «Entonces, ¿cómo vas a disfrutar cuando salgamos?». En este ejemplo hablamos de un pequeño gesto de salud que, como has podido ver, implica una desaprobación a nivel social o, cuanto menos, una sensación de discriminación dentro del colectivo que te hace sentir solo ante el peligro.

Por otro lado, no le damos importancia a la relación alimentación-salud pero sí asociamos peso con salud; pensamos que los efectos de la alimentación sobre la salud son muy efímeros, aunque son rápidos cuando hablamos del peso, lo cual fomenta el pesocentrismo, la gordofobia y la cultura de la dieta. Y por todo ello, tendemos a no aceptar las decisiones de los demás si no son acordes a las «normas sociales», y mucho menos sin juzgar.

Por lo tanto, puede que comer bien fuera de casa no te resulte fácil. Pero se puede lograr una relación adecuada con la comida cuando comes fuera. Y por ello, la idea no es dejar de ir a los sitios a los que ibas antes de realizar tu cambio de hábitos, ni alimentarte a base de pollo y ensalada cada vez que sales. El trabajo importante radica en aprender a relacionarte bien con la comida en cualquier contexto, gestionar la situación social y saber elegir lo más adecuado en cada caso y, por supuesto, que sea también apetecible para ti. Así que, vamos a ello.

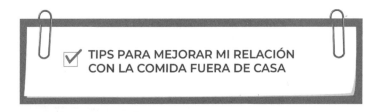

☑ TIPS PARA MEJORAR MI RELACIÓN CON LA COMIDA FUERA DE CASA

→ Trata de llevar en el bolso o mochila algún tentempié: frutos secos, frutas desecadas, fruta. De esta forma, si tu día se alarga y te pilla fuera de casa, podrás recurrir a estos en caso de que te entre hambre.

→ Intenta no llegar con demasiada hambre a los sitios, para no terminar devorando todo el pan que te ponen nada más sentarte. Atiende a tus señales y trata de regularte para poder disfrutar después de la comida. Recuerda ser flexible contigo mismo.

→ Busca siempre algún plato de verdura, intenta que no falte en la mesa, aunque sea para compartir.

→ Piensa en tu sensación de hambre (fisiológica) y pide las cantidades acordes a ella. A veces, como ya hemos comentado, tener muchas opciones nos incita a pedir más y, como tenemos hambre, aún más. En este caso, mejor que falte a que sobre, y si continuamos con hambre, podemos pedir algo más después.

→ Si compartes, sírvete la cantidad que quieras comer de cada cosa en tu plato, así podrás ser más consciente de lo que has comido de cada una en lugar de ir picando de forma inconsciente.

→ Es muy habitual que platos que crees que no traen nada, vengan cargados de aliños o salsas que igual ni siquiera te apetecen. Intenta pedir que te sirvan las salsas o los aliños aparte, de forma que seas tú quien decida cuánto poner en la comida.

→ Elige la bebida. Nuestra recomendación es que preferentemente sea agua o agua con gas. Según el punto en el que te encuentres del proceso de cambio. En función también del momento y el contexto, igual te apetece tomar otra cosa, y no pasa nada. En cualquier caso, la tendencia debe ser a consumir la menor cantidad de alcohol posible, básicamente por tu salud.

→ Si decides tomar postre, puedes optar por alguno que tenga fruta. Pero si ese día quieres comer una tarta o similar, ¡genial!, puedes inclinarte por compartirla con alguien o bien pedirla para ti.

→ ¿Café o infusión? Lo que prefieras, eso sí, ve aprendiendo a regular la cantidad de azúcar o edulcorante para poder disfrutar realmente del sabor original.

→ Los digestivos no son digestivos. El alcohol y la cantidad de azúcar que contienen, lejos de ayudarte a hacer bien la digestión, la dificultan y empeoran. Por tanto, si decides tomarlos, que no sea con esa excusa. Lo mismo ocurre con los cócteles. Por tu salud, cuanto menos alcohol, mejor. Te recomendamos recordar las actividades para disminuir las dosis que vimos en el capítulo 6.

→ Por último, y lo más importante, recuerda disfrutar. Comer saludable no implica comer de forma aburrida. Elige de forma consciente, presta atención a tu cuerpo, pon todos tus sentidos en la comida y en el contexto, y deléitate en el momento.

7.3. La responsabilidad y el compromiso

«Las personas con hábitos inadecuados tienen la culpa de los alimentos que eligen». Numerosas veces hemos escuchado esta afirmación en la sociedad y otras tantas las ocasiones en las que son las propias personas que vienen a consulta las que la verbalizan (autoverbalizaciones). ¿Cuánto de verdad hay en esto? Si vi-

viéramos en una burbuja, si realmente en vez de seres humanos influenciados por la sociedad y nuestro desarrollo de vida, fuésemos personas que creciéramos sin influencias, podríamos quizás hablar de «culpa». Sin embargo, incluso en este ejemplo, estaríamos olvidando el componente fisiológico y otras tantas variables que influyen en nuestras elecciones alimentarias.

La realidad es muy distinta; como venimos viendo a lo largo de toda esta lectura, son muchos los factores e influencias a los cuales está sometida una persona que necesita realizar un cambio de hábitos. También, frecuentemente se afirma que las personas que presentan obesidad según categorización de IMC son responsables de su «situación» ; sin embargo, como hemos ido comprobando a lo largo del libro, la evidencia científica reciente nos acerca a la idea de que el estigma derivado de esta asociación así como las estrategias de «lucha contra la obesidad» han sido más perjudiciales que beneficiosas si hablamos de la incorporación de hábitos saludables.

Por tanto, hablar de culpa no nos trae más que aspectos negativos y conflictos internos que posteriormente tendremos que trabajar a nivel psicológico. Te animamos a hablar de RESPONSABILIDAD. Somos responsables de nuestras acciones, pero podemos necesitar ayuda para comprender qué otras influencias ejercen poder en nuestra conducta y para saber cómo gestionarlas de forma más adecuada. Responsabilidad y compromiso van unidos. Lo primero que debemos tener en cuenta es cuáles son las responsabilidades que consideramos que tenemos en referencia a nuestra salud. El motivo de que este aspecto tenga tanto peso en el tratamiento es que si me siento responsable significa que también tengo en mis manos la posibilidad de crear un cambio.

> **Analizar las situaciones de salud en las cuales la persona se siente responsable es algo prioritario en las sesiones de psiconutrición.**

En segundo lugar, desde la consulta de psicología trabajamos las influencias externas en esas conductas de salud, de las cuales nos sentimos responsables, y analizamos la posibilidad de acción individual en dichas influencias. Posteriormente, trabajamos el compromiso. El compromiso es lo que nos va a permitir trazar un plan de tratamiento, es decir, cambios y acciones que la persona se compromete a realizar a corto plazo. ¿Con quién se compromete la persona que decide mejorar su relación con la comida?, ¿con el profesional? Esperamos que tu respuesta haya sido ¡no!, y si no es así, presta mucha atención a las siguientes líneas.

La persona se compromete con ella misma. El profesional, sea de la psicología o de la nutrición, se convierte en un acompañante, un guía que le ayuda en cada campo a nivel de educación o de intervención; pero en ningún momento se convierte en la figura sobre la cual recae el compromiso de la acción. Si bien es cierto que el profesional también tiene parte de responsabilidad y adquiere un compromiso con su paciente como parte del equipo en psiconutrición.

Centrándonos en el compromiso en uno mismo, no se trata de un compromiso «todo o nada»; los pensamientos dicotómicos limitan nuestros pasos al provocarnos sentimientos decepcionantes y frustraciones cuando no logramos llegar al extremo que hemos idealizado. Se trata de un compromiso con nosotros mismos y con nuestro autocuidado. «Cuidarse» implica comprensión, respeto por uno mismo y una de las cosas más importantes y a la vez más complicadas de cumplir: encontrar espacio en el día para esas conductas de autocuidado. Y ¿por qué son tan importantes estas conductas de autocuidado? Como hemos visto a lo largo de los distintos capítulos, la rapidez de la rutina en la cual nos encontramos diariamente, y las cargas con las cuales llenamos nuestra maleta, hacen que ocupemos nuestro tiempo con obligaciones, compromisos y atenciones a numerosas personas y situaciones. Esto, en muchos casos, provoca que el mirarnos a nosotros mismos y prestar atención a nuestras necesidades quede en último lugar. Por ello, es importante comprometernos a tenernos presentes, limitar un espacio para cuidarnos. Cuando pensamos en realizar esta conducta, suele venir acompañada de un sentimiento de egoísmo. Es habitual que, al dedicar un espacio en tu vida para ti, sientas que estás desatendiendo o quitando tiempo a otras responsabilidades. Generalmente, si esto ocurre, significa que durante mucho tiempo has asumido responsabilidades y cuidados de los demás de forma que te has olvidado de ti mismo. Eso significa que tienes que permitirte tiempo para adaptarte a esta nueva situación en la cual no acudes velozmente a todas las demandas, y donde a veces tienes que decir NO. Ten paciencia contigo mismo si esto te ocurre, y ofrécete la oportunidad de explorar esta nueva opción.

Volvamos al compromiso. ¿Cómo podemos trabajarlo? Una alternativa que a nosotras nos parece muy útil en consulta son las cartas de compromiso a dos niveles; es decir, por un lado, una carta de compromiso a nivel nutricional y, por otro lado, a nivel psicológico, ya que los objetivos en ambos campos difieren. Esta carta se la queda la persona para poder releerla en esos momentos en los cuales se olvidan las responsabilidades con uno mismo y con la propia salud. Te invitamos a comenzar este camino de compromiso contigo mismo con una carta generalizada donde reflejes los primeros pasos que te atreves a dar (recuerda, pasos sencillos que no supongan un gran cambio al comienzo).

Si continuamos hablando sobre compromiso, hay una palabra muy importante que nos gustaría que se incluyera en tu vocabulario tanto si eres una persona que intenta comprender su relación alterada con la alimentación como si eres profesional en este campo. La palabra es FLEXIBILIDAD.

En los tratamientos para el cambio de hábitos y para atracones, es muy común caer en patrones estrictos, que como hemos ido viendo tienen unas consecuencias negativas en nuestra relación con la comida y con nosotros mismos. Por ese motivo, la flexibilidad es nuestra mejor herramienta para huir de los ciclos restricción-atracón o control-descontrol. ¿Qué es, concretamente, la flexibilidad? Flexibilidad es escucharte, adaptarte, permitirte, comprenderte y sobre todo, aceptar tu humanidad. No somos robots y no podemos actuar como si lo fuéramos. Ningún día de nuestra vida es exactamente igual a otro y, por tanto, carece de sentido crear patrones estrictos de funcionamiento sobre los cuales debamos funcionar.

Recopilando: responsabilidad, compromiso y flexibilidad son tres palabras que creemos necesario incluir en nuestro vocabulario cuando hablamos de conductas de salud. Te invitamos a escribirlas en tres pósits y colocarlas en un lugar visible para ti. Si eres profesional en este campo, no olvides incluirlas en los tratamientos para lograr una mejor adaptación a un cambio de hábitos y una adecuada salud mental.

Como vemos, el respeto hacia nosotros mismos y escuchar nuestro cuerpo y nuestra mente nos da la clave para recorrer el camino de forma correcta. Por ese motivo, es especialmente importante hablar de autocuidado y de autoestima cuando nos centramos en este proceso, y algo que nos aleja de esto es centrarnos en el PESO. A lo largo del capítulo 5 hemos visto cómo el hecho de enfocar el cambio en «bajar de peso» como un dato numérico aislado nos hace trabajar desde un control externo, con las consecuencias que esto puede tener. Además, si trabajamos hacia un compromiso por nuestra salud, desfocalizarnos de «el peso» cobrará aún mayor importancia. Veamos con un ejemplo sencillo:

Situación: Durante esta semana, Francisco ha logrado realizar cambios en su alimentación incrementando el consumo de verduras e incluso ha cocinado en alguna ocasión, algo que era un gran reto para él. No ha podido realizar deporte, ya que la situación laboral le impide encontrar huecos para ello, priorizando en su tiempo libre otras acciones. Al venir a consulta (siendo una consulta enfocada en el peso), Francisco no ha bajado de peso.

¿Cómo valoramos esta situación?

Si el objetivo de Francisco se centraba en la bajada de peso comprometiéndose con bajar 1 kilo a la semana y responsabilizándose de cumplir un cronograma de rutina de deporte y alimentación, Francisco sentirá que, al no reducir ese peso, la semana ha sido un fracaso, afectando a su motivación y al sentimiento de capacidad posterior. Si, por el contrario, el compromiso de Francisco recaía sobre los cambios que iba a introducir en la rutina, sentirá reforzados dichos cambios que se han realizado a través de una responsabilidad con él y su salud, el hecho de incrementar las verduras y de cocinar algún día habrá actuado como gasolina para continuar su camino de autocuidado. Esto recargará sus energías para continuar trabajando, lo cual nos permitirá a nosotras, como terapeutas, ayudar a Francisco a establecer una rutina de deporte que se adapte a sus intereses y capacidades y que se establezca desde el disfrute y respeto al cuerpo, y no desde la obligación y exigencia.

Os dejamos algunas preguntas básicas que os pueden servir para comenzar a explorar este aspecto:

¿QUÉ ES LO MÁS IMPORTANTE PARA MÍ RELACIONADO CON MI SALUD?	¿QUÉ ES LO QUE ME RESULTA MÁS COMPLICADO DE LOGRAR CUANDO PIENSO EN CUIDARME?	¿QUÉ GRADO DE COMPROMISO SIENTO QUE TENGO CON MI AUTOCUIDADO?

7.4. Conservar el equilibrio

Si has llegado hasta este punto es que estás en el camino de lograr tu objetivo de cambio de hábitos. Pero el objetivo en sí mismo no termina aquí. **La meta principal es mantener a largo plazo los cambios que has logrado, lo que indicará que los has incorporado en tu día a día como parte de tu estilo de vida.** Y, en este sentido, consideramos muy importante abordar el concepto de «dieta de mantenimiento». Si ya has reflexionado sobre el significado de la palabra DIETA, habrás comprendido que las connotaciones que tiene suelen ser negativas y temporales.

Es decir, se tiende a pensar que durante el proceso de cambio se pueden comer unos alimentos y no otros, y que una vez este finalice, se puede retomar la alimentación anterior. Por ejemplo, eliminar los hidratos de carbono (pan, pasta, arroz, cereales, etc.) mientras se está perdiendo peso y, una vez lleguemos a la fase de «mantenimiento», volverlos a incorporar. Tenemos que desmentir esta dicotomía. No se trata de dejar de comer, sino de reestructurar las cantidades y proporciones.

Como hemos ido aprendiendo a lo largo del libro, muchas de estas creencias restrictivas son perjudiciales para nuestra salud física y emocional, generando incluso patrones de comportamiento que pueden acercarnos a una psicopatología, como una alteración alimentaria. Si eliminamos la restricción y la división de alimentos «permitidos y prohibidos», las supuestas dietas o pautas de mantenimiento no tendrían cabida en nuestro proceso. Es por ese motivo que nosotras no recomendamos este concepto, ya que no debe haber una etapa diferenciada, sino que la incorporación progresiva de hábitos más saludables en nuestro día a día debe ser algo que podamos implementar en todo nuestro contexto; y como venimos hablando, que sea flexible y nos permita disfrutar de la comida (del placer de sus sabores o del disfrute social) y atender a nuestras necesidades (físicas, sociales y emocionales).

Nos gustaría que hicieras la siguiente reflexión en un contexto muy habitual como «la búsqueda de pérdida de peso»: si empiezas a consumir un alimento (por ejemplo, verduras o legumbres) durante la «supuesta pérdida de peso» porque es más saludable, ¿por qué lo abandonas pasado un tiempo?, ¿es que deja de ser saludable si tu peso es más bajo? O si te sientes bien haciendo deporte, ¿por qué dejas de hacerlo?

> **"**
> *Recuerda que el número de la báscula no va siempre ligado a la salud, pero unos hábitos de vida adecuados sí.*
> **"**

Este sería un motivo más para alejarnos del peso en referencia a la salud. Fíjate que si nos centramos en el número en la báscula, las elecciones que realizamos ya no se basan en lo nutritivas o no que sean; sino en cómo repercuten en nuestro peso, aunque eso nos haga llevar a cabo conductas que puedan dañarnos.

Por otro lado, el hecho de pensar en cambios a largo plazo o en mejorar nuestra relación con la comida si comemos de forma compulsiva nos puede generar cierta preocupación si nos pasan por la cabeza frases como: «Nunca más podré comer dulces». ¡Cuidado! No debemos ser estrictos, volvemos a las prohibiciones de las que ya hablamos en el capítulo 4. Debemos pensar que lo importante es lo que hacemos de forma habitual, sin que eso suponga hacer un mal uso de la palabra ocasional. ¿Qué queremos decir con esto? Pues que, a veces, cuando pensamos que podemos comer determinados productos de forma ocasional, no definimos bien a qué frecuencia de consumo nos referimos. Por ejemplo: se pueden tomar dulces, alcohol, chucherías, refrescos, *snacks*, productos «procesados» o comida rápida de forma ocasional. Pero si el lunes se bebe un refresco, el martes se va a la hamburguesería, el miércoles se toma una cerveza, el jueves las patatas chips, el viernes una pizza precocinada, el sábado comes chucherías en el cine y el domingo una tarta en la merienda, al final, todos los días de la semana has incluido algún producto poco nutritivo. Por tanto, la frecuencia ya no es ocasional, sino diaria. Cuando hablamos de consumo ocasional nos referimos al conjunto de todos los productos menos interesantes nutricionalmente. Si una persona lleva una vida saludable de forma general, porque coma productos menos interesantes a nivel nutricional en Navidad, en un cumpleaños o en una fiesta, no dejará de estar sana, pues su estilo de vida sigue en la misma línea. De la misma forma, si alguien lleva una vida poco saludable, el hecho de que durante unos meses coma mejor o haga deporte no mejorará su salud.

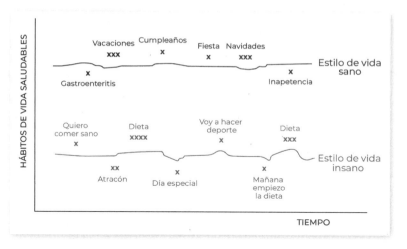

Por otro lado, cuando hablamos de «alimento ocasional» en muchas ocasiones se determina que son productos que solo pueden ser consumidos unos días específicos. Pongamos un ejemplo:

«No me permito comer tarta excepto en cumpleaños. Sin embargo, un martes fui a almorzar a casa y mi amiga había preparado un pastel que olía súperrico y me apetecía muchísimo comer. Al ser martes, no tenía permitido consumirlo, debía dejar ese consumo para la fiesta del fin de semana».

En este ejemplo no solo percibimos la restricción, sino la desconexión que realizamos con nuestros sentidos (que tan importantes son en nuestra alimentación) y cómo nos alejamos de nuevo de la salud. Si hablamos de salud, da igual el día que lo consumas, lo importante es saber cuánto te está nutriendo y tener presente esto en tu día a día: «Quizás no es la merienda más nutritiva, pero me nutre a otros niveles y mañana podré optar por otras opciones que me nutran a nivel físico».

Para mantener el equilibrio en lo que se refiere a la salud, necesitamos abordar principalmente cuatro aspectos: el equilibrio alimentario, la gestión emocional, el descanso y la actividad física. Dado que de los dos primeros ya te hemos proporcionado numerosas herramientas con las que empezar a trabajar, a continuación te daremos unos consejos para tener un descanso adecuado y para incorporar la actividad física en tu día a día.

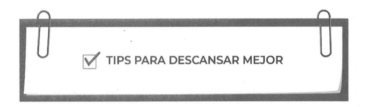

→ Duerme suficiente cada día, dedicando al menos 8 horas al descanso.

→ Crea un ambiente agradable y tranquilo antes de dormir y durante el sueño. Cuida el lugar donde tienes la cama, generando un espacio que te transmita calma y serenidad.

→ Evita el uso de pantallas en las horas previas a irte a la cama; la emisión de luz azul activa el cerebro, haciéndole creer que es de día, lo que retrasa la secreción de melatonina (la hormona que induce el sueño), generando dificultades para dormir e impidiendo que tengas un buen descanso al alterar los ritmos circadianos.

→ En este sentido, trata de exponerte a la luz solar durante el día para favorecer dichos patrones cíclicos día-noche.

→ Utiliza música relajante si te sientes alterado o tienes dificultades para conciliar el sueño.

→ Practicar yoga, pilates o meditación te puede ayudar a sentirte más sereno y tranquilo a lo largo del día, lo cual favorecerá el descanso.

→ Evita hacer actividad física intensa en las dos horas previas al sueño, pues el ejercicio activa el sistema nervioso. Sin embargo, el Observatorio Global del Sueño establece que la práctica habitual de ejercicio físico promueve un sueño saludable, ya que disminuye el estrés y produce cansancio físico. De hecho, un buen descanso (en cantidad y calidad) se asocia a mayor longevidad.

→ No escuches la radio o la televisión mientras te estás durmiendo o estás dormido, pues el estímulo auditivo mantiene tu cerebro activo y no le permite descansar.

→ Evita consumir productos estimulantes por la tarde-noche: cafeína, alcohol, nicotina, etc. Sus efectos estimulantes pueden durar hasta 8 horas, generando estados de sueño más ligeros y favoreciendo los despertares nocturnos una vez que desaparecen sus efectos.

→ Trata de no hacer comidas copiosas ni muy pesadas justo antes de irte a dormir.

→ Intenta mantener unos horarios regulares para que el organismo se adapte a ellos.

→ Te recomendamos no realizar actividades intelectuales previas a la hora del sueño; nuestro cerebro también necesita relajar la capacidad de atención. Llena tu noche de *hobbies* que te permitan desconectar de tus rutinas habituales.

Antes de comenzar a hablar de actividad, debemos distinguir entre actividad física y ejercicio físico. En palabras de la OMS (Organización Mundial de la Salud), se considera actividad física a «cualquier movimiento corporal producido por los músculos esqueléticos que exija gasto de energía», mientras que el ejercicio físico es «una variedad de actividad física planificada, estructurada, repetitiva y realizada con un objetivo relacionado con la mejora o el mantenimiento de uno o más componentes de la aptitud física». Dicho esto, veamos qué podemos hacer para estar más activos e incorporar el ejercicio físico en nuestra rutina diaria.

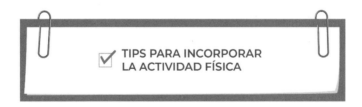

☑ TIPS PARA INCORPORAR LA ACTIVIDAD FÍSICA

→ Levántate activo, con energía y vitalidad. Para ello será necesario un buen descanso.

→ Trata de permanecer el menor tiempo posible sentado. Si tienes un trabajo sedentario, intenta levantarte cada hora y dar un pequeño paseo de 5 minutos, subir y bajar escaleras, etc.

→ Elige siempre las escaleras en lugar del ascensor o las escaleras mecánicas: en casa, en el trabajo, en un hotel, en el cine, en el metro, etc.

→ Si puedes sustituir el coche por la bicicleta o por caminar, ¡mejor que mejor! Igual no tardas más o la diferencia de tiempo no es significativa. En caso de que no puedas, trata de aparcar el coche un poco más lejos de tu destino y caminar un poco; y si vas en bus, prueba a bajarte una parada antes de lo habitual.

→ Busca actividades lúdicas que impliquen movimiento como bailar o hacer senderismo.

→ Crea tu propia rutina de ejercicios con ayuda de un profesional cualificado de la actividad física y el deporte. Puedes empezar por 15 minutos e ir aumentando poco a poco. La OMS recomienda practicar al menos 150 minutos de actividad física aeróbica moderada a la semana (60 minutos al día en niños) y 2 veces por semana, actividades de fuerza.

→ Planifica muy bien tu semana para incorporar el tiempo de ejercicio. No te pongas metas muy altas ni seas demasiado exigente contigo mismo. Debes permitirte fallar o incluso tener tus descansos comodines (días flexibles que programes para el descanso), es decir, que si, por ejemplo, te has organizado 4 días de actividad en la semana, tienes 3 descansos comodines que puedes usar según las dificultades que encuentres para realizar la actividad cada día. Quizás un día tienes una cita médica y gastas uno de tus descansos comodines, otro día has quedado con unas amigas, etc.

→ Ve modificando, con ayuda profesional, el tipo de ejercicios en función de tus avances y progresos, de tus gustos y de aquello con lo que te sientas más cómodo. Prueba con ejercicios grupales e individuales, quizá alternarlos te ayude.

→ Lo más importante será tener clara la importancia de la actividad y el ejercicio físico en la salud, la prioridad que se le otorgue, que sea fácil de incorporar en el día a día (tanto a nivel personal como social) y, sobre todo, que te guste.

7.5. Las recaídas

Para comenzar este apartado debemos recordar las etapas del cambio de Prochaska y Diclemente (1986) que vimos en el capítulo 6. Si recuerdas, la recaída era nombrada como parte del tratamiento y se considera algo que puede ocurrir tanto si estamos cambiando nuestros hábitos como si trabajamos para mejorar nuestra relación con la comida. Es más, nosotras consideramos de mejor pronóstico un tratamiento en el cual se ha vivido como mínimo una situación de recaída y se han podido trabajar los recursos para volver a comenzar el proceso, en comparación con alguien que lleva un tiempo en tratamiento sin que haya ocurrido una situación de recaída.

Lo más habitual es asociar recaída a fracaso. Es muy común que nos aparezcan pensamientos del tipo «ahora tengo que empezar por el principio», «no han servido de nada estos meses», pero estos pensamientos se alejan de la verdadera realidad. Todo el aprendizaje a nivel psico-educacional, nutricional o el trabajo personal realizado está en nosotros; es decir, una recaída sería algo así como montar en una atracción de feria, marearte muchísimo y sentir que no sabes andar, sin embargo, cuando logras centrarte de nuevo puedes caminar sin ningún problema, pues no has perdido esa capacidad, simplemente te sientes incapaz de ponerla en práctica durante un tiempo. La clave está en «centrarnos de nuevo». Pongamos un ejemplo:

María lleva unos meses cambiando sus hábitos, tenía situaciones de ingesta compulsiva cada vez que había un problema en su oficina y ella no se sentía capaz de expresar su opinión. Después de estos meses de trabajo, María ha comprendido mejor cómo funciona en esta situación y ha logrado mejorar su caja de herramientas con nuevos recursos para afrontar sus emociones, aunque aún continúa el aprendizaje sobre ella misma. A nivel nutricional ha comprendido que las restricciones fomentaban su ansia por la comida y esto la ha ayudado a mejorar sus elecciones alimentarias, sabiendo identificar mejor y leer las etiquetas mirando más allá de las calorías. Últimamente, en la oficina los días están siendo complicados, ha aumentado el volumen de trabajo y por tanto la sobrecarga de María; a pesar de intentar poner en marcha sus conductas de autocuidado, el estrés diario le ha llevado a olvidar alguna de sus rutinas y a optar por elecciones alimentarias de mayor rapidez. El último día que María fue a la oficina no paraba de pensar en comida, exactamente en el bollo de chocolate que tanto le gusta, y también en una palmera y en unas galletas que compraba cuando solía llegar agobiada a casa. Ese día María fue directa al supermercado y compró lo que buscaba para comerlo de camino a casa, sin embargo, algo fue distinto esta vez: al llegar, aún quedaban algunos envases de lo que había comprado sin abrir y el trayecto de guardar el coche y subir a su vivienda le permitió tomarse unos minutos para comprender lo que estaba ocurriendo: había comido de forma compulsiva de nuevo.

En este punto, suele haber dos caminos:

→ **Camino 1:** la culpa comienza a apoderarse de los pensamientos de María, comenzando también el oleaje de autocríticas y la sensación de «ya la he fastidiado otra vez, no valgo para nada». Toda esta frustración probablemente termine con una gran restricción (ya conocemos lo negativo de esto) o con una nueva situación de comer compulsivamente basada en «ya que la he fastidiado, qué más da, no podré lograrlo igualmente».

Como vemos, en esta opción el ciclo comienza y la recaída no ha sido orientada de forma adecuada, pudiendo volver a las conductas anteriores de forma cíclica y siendo necesario volver a comenzar como si nos encontráramos en la etapa de cambio de precontemplación. A pesar de ello, los conocimientos no han sido olvidados y el aprendizaje sobre nuestro interior aún menos; por tanto, ni siquiera en este caso partiríamos de la misma base que al comienzo.

→ **Camino 2:** en este caso María observa sorprendida que se ha dado cuenta de lo ocurrido antes incluso de lo habitual (habitualmente en casa continuaba comiendo de esa forma). Es cierto, ha ocurrido una situación de comer compulsivo, pero María analiza la dura semana de trabajo y comprende que, como había hablado con sus profesionales, esto formaba parte del proceso. Intenta dar a su cuerpo y a su mente lo que verdaderamente necesita y continúa en la medida de lo posible con su rutina diaria sin que esta situación implique una gran desorganización de la cena que tenía prevista (aunque hace pequeños ajustes de forma flexible) ni una restricción para el próximo día.

En esta segunda opción, María necesita parar, analizar lo ocurrido y comenzar su nuevo recorrido por las distintas etapas. Este recorrido lo hace de forma distinta, ya que como venimos señalando, el aprendizaje queda en ella y puede ir haciendo uso de sus recuerdos para avanzar en el proceso de nuevo. María en este ejemplo se ha levantado de su caída, pero para ello ha necesitado prestar atención a la misma, desde el aprendizaje sin centrarse en juicios críticos.

Como conclusión hay que destacar la importancia de tener presente la «recaída» desde el comienzo. Será parte de nuestro recorrido y por ese motivo tenerla en cuenta nos ayudará a prepararnos para poder levantarnos de la misma y continuar. No tengas miedo a que la opción exista, hazla presente e incluso analiza qué situaciones, acontecimientos o emociones pueden hacer tambalear tu estabilidad (vulnerabilidad). Una vez hagas presentes estas situaciones, puedes visualizar distintas formas de afrontarlas para así preparar tu caja de herramientas con muchos más recursos y aumentar la seguridad en ti misma. Recuerda, a pesar de tener numerosos recursos, podemos caernos, algo necesario para aprender a levantarnos; los recursos nos ayudan, pero no nos protegen ante las numerosas variables que nos pueden afectar en nuestro día a día. Te invitamos a realizar el siguiente ejercicio de reflexión que puede ayudarte en este camino y recuerda que puedes ampliarlo tantas veces como sea necesario.

A continuación, te dejamos una actividad de reflexión.

¿QUÉ ME GENERA MÁS MIEDO DE UNA "RECAÍDA"?	¿QUÉ APRENDÍ DE MI ÚLTIMA RECAÍDA?	¿QUÉ HA OCURRIDO DISTINTO ESTA VEZ?

Capítulo 8
Si eres profesional, eres un pilar fundamental

Nunca dudes que un pequeño grupo de ciudadanos comprometidos puede cambiar el mundo. De hecho, es lo único que lo ha logrado.

Margaret Mead

8.1. Cómo llegar mejor al paciente

Hasta este punto nos hemos dirigido especialmente a todas aquellas personas que están buscando cambiar su relación con la comida y mejorar sus hábitos de salud. Queríamos dedicar un capítulo expresamente a los profesionales de la salud que trabajan en este ámbito, pues consideramos que son un pilar imprescindible en este proceso.

Es fundamental que, como profesional, cambies también tu manera de enfocar los «problemas» relacionados con el peso (que suelen ser motivo de consulta y denominados bajo esa expresión por las personas que piden cita) y las alteraciones alimentarias, pues de lo contrario seguiremos poniendo tiritas en lugar de curando heridas y continuaremos fomentando el estigma de peso y participando de la cultura de la dieta que ya hemos visto el daño que genera.

Para empezar, hemos querido tratar un aspecto muy importante que suele generar dificultades en la consulta: la adherencia del paciente. Para mejorar esta adherencia necesitamos conocer cuatro aspectos básicos: 1) la comunicación y el lenguaje, 2) los estilos de aprendizaje, 3) la entrevista motivacional y 4) el trabajo interdisciplinar.

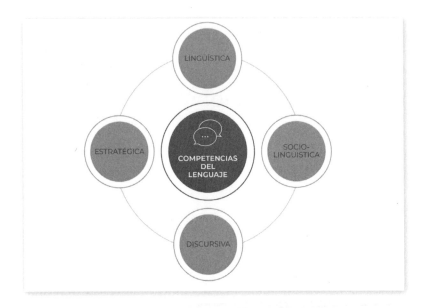

1. Comunicación. En primer lugar, debemos tener en cuenta cómo funciona la comunicación, pues en la consulta se produce un proceso comunicativo al 100 %. La comunicación es la transmisión de señales mediante un código común entre emisor y receptor, donde se produce una acción consciente de intercambio de mensajes con el fin de enviar y recibir información. Dicho código es el lenguaje, definido como la expresión del pensamiento mediante palabras. Nuestro cerebro piensa en imágenes, transforma lo que verbalizamos en representaciones gráficas y viceversa. Bien, pues la comunicación en la que se basa el lenguaje puede ser de dos tipos: verbal (consciente), que sería básicamente oral o escrito, y no verbal (inconsciente), que son gestos, imágenes, colores, miradas, sonidos, expresiones, etc. Y aunque nos parezca que el lenguaje verbal es el más importante, el significado de lo que decimos procede en un 35 % del lenguaje verbal y en un 65 % del no verbal. Según Roman Jacobson (1960) es importante saber para qué sirve comunicarse, a través de las 6 funciones principales del lenguaje: expresiva, apelativa, metalingüística, referencial, fática y poética. Cuando utilizamos el lenguaje verbal permitimos que el pensamiento se contextualice y se verbalice, de forma que aprendemos según verbalizamos; es un mecanismo de asociación. Para comunicarnos de forma eficaz a través del lenguaje verbal, debemos dominar las 4 competencias básicas del lenguaje.

Noam Chomsky describió la competencia lingüística como la capacidad de emitir enunciados correctamente, es decir, de formular frases bien estructuradas. La competencia sociolingüística hace referencia a la capacidad de emitir y entender expresiones en diferentes contextos. Por su parte, la discursiva implica saber captar o elaborar textos con sentido coherente y adaptados a cada persona (es decir, a su comprensión). Y, finalmente, la competencia estratégica supone disponer de estrategias de comunicación que compensen las limitaciones de forma que sea más efectiva. Como profesional es fundamental que conozcas las competencias de la principal herramienta que utilizas en tu día a día: el lenguaje verbal.

Por otro lado, el lenguaje no verbal es decisivo en la comunicación, pues no solo aporta gran cantidad de información, sino que nos ayuda a contextualizar el mensaje emitido a través del lenguaje verbal. Como hemos comentado, al ser inconsciente es subjetivo, y por ello está sujeto a interpretación (por parte del receptor), lo que a su vez implica que no siempre el mensaje enviado corresponde con el recibido. Esta interpretación está influida por el contexto, la cultura o las circunstancias. En cualquier caso, nos da mucha más información que el verbal, y lo complementa. Debemos ser conscientes de que el cuerpo está emitiendo información constantemente a través del lenguaje corporal, lo que nos permite obtener datos muy valiosos del paciente.

Existen 7 canales de comunicación no verbal:

→ **Expresión facial.** En muchas ocasiones representa las emociones.

→ **Gestos.** Relacionados con la cultura. Investigaciones recientes asocian ciertos gestos con un origen genético (Tracy *et al.*, 2008; Keltner *et al.*, 2016).

→ **Postura.** La posición del cuerpo puede indicarnos el estado emocional o la predisposición a la acción: aceptación o satisfacción (posturas expansivas); negatividad o pasividad (posturas de contracción). Te recomendamos que en consulta uses posturas expansivas, ya que facilitan la comunicación a la persona que te visita. Así mismo, algunos estudios apuntan que la postura podría influir en la secreción hormonal, de forma que en función de nuestra posición se podría favorecer la sensación de bienestar o tranquilidad.

→ **Apariencia.** El aspecto también es fuente de información (edad, cultura, profesión, gustos, etc.). La primera impresión puede ser importante, pero no siempre es real. Por ejemplo, llevar bata puede estar relacionado con una sensación de voluntad de persuasión, superioridad, imposición, rigidez o control.

→ **Háptica.** Estudio del tacto y de cómo influye en las relaciones y la conducta. Podemos acercarnos más o menos al paciente (tocarle el hombro o la mano) según el efecto que deseemos conseguir en él.

→ **Proxémica.** Muestra la cercanía o lejanía con el paciente: espacio entre el paciente y el profesional. La distancia puede ser mínima (a menos de 45 cm), personal (45-120 cm), social (más de 120 cm) o pública.

→ **Paralenguaje.** Es un indicador emocional que hace referencia al volumen, al tono de voz, a la velocidad, etc. Por ejemplo, hablar en un tono más bajo o decaído puede indicarnos tristeza; los tonos agudos se asocian a menor credibilidad. También debemos tener en cuenta que no hablar también es comunicar, y en este sentido tenemos que aprender a respetar los silencios en consulta.

→ **Oculéxica.** Recientemente se ha descrito un nuevo canal que está presente en el resto de ellos y que hace referencia al valor del tiempo que dedicamos al paciente o la mirada que tenemos en la comunicación no verbal.

Es muy importante que el lenguaje verbal y el no verbal concuerden entre sí, y si no lo hacen debemos ser conscientes de ello, pues nos aporta información de gran valor. Por ejemplo, si un paciente nos está escuchando con una expresión de ceño fruncido (como si no entendiera lo que le estamos explicando) y luego nos dice que le ha quedado claro, quizá sería conveniente profundizar un poco más y/o preguntarle, pues es posible que no lo haya comprendido bien, no comparta tus palabras o le hayan quedado dudas.

Por tanto, no olvidemos que hablar es más que unir palabras, escuchar es más que oír a la persona que tenemos enfrente y comunicar es mucho más que enviar y recibir datos.

2. Estilos de aprendizaje. En segundo lugar, vamos a hablar de los estilos de aprendizaje. En 1995, Howard Gardner publicó su libro *Inteligencias múltiples*, donde describe su teoría sobre la existencia de 8 tipos de inteligencias, haciendo hincapié en que la inteligencia implica diferentes ámbitos y habilidades y cada persona tiene más desarrollada una u otra, aunque poseemos un poco de todas ellas.

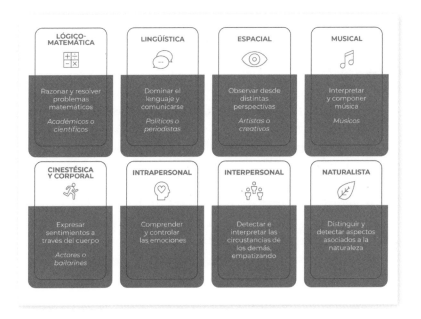

Muy ligados a las inteligencias múltiples se encuentran los estilos de aprendizaje, que no son más que la forma que cada uno tiene de aprender, a través de estrategias diferentes. Según Jean Piaget (1964), «el alumno o receptor de la información es el motor de aprendizaje en función de su propia experiencia», es lo que se conoce como constructivismo. Por ejemplo, si en la consulta de nutrición utilizas materiales prácticos que permitan al paciente crear un menú, la experiencia de haber sido él quien lo ha diseñado favorecerá el proceso de aprendizaje.

Por su parte, Albert Bandura (1982) desarrolló la teoría del aprendizaje social, basada en la imitación, como es por ejemplo el caso de los niños. Si queremos que un niño de 6 años coma verduras, deberemos trabajar con los padres para que ellos también lo hagan a fin de que su hijo imite conductas saludables. Existen 4 estilos de aprendizaje básicos (destacados a continuación en cursiva), a los que posteriormente se han unido otros.

→ *Pragmático*. Son muy prácticos y necesitan corroborar sus ideas. Buscan siempre respuestas.

→ *Reflexivo*. Son observadores y analizan los datos con cautela antes de obtener conclusiones.

→ *Teórico*. Son racionales y analíticos. Integran y sintetizan la información para dar respuesta a las preguntas.

→ *Activo*. Se muestran abiertos a cosas nuevas y les suelen gustar los retos.

→ **Visual**. Asimilan imágenes y símbolos, y tienen memoria fotográfica.

→ **Auditivo**. Aprenden escuchando.

→ **Verbal**. Aprenden leyendo o escribiendo.

→ **Cinestésico**. Son los que necesitan poner en práctica cualquier cosa para asimilar el concepto.

→ **Matemático**. Son lógicos y necesitan razonar y esquematizar la información relevante.

→ **Social**. Les gusta trabajar en equipo y compartir sus ideas con él.

→ **Solitario**. Aprenden en soledad. Son reflexivos y necesitan tranquilidad.

→ **Multimodal**. Combinan varios estilos al mismo tiempo.

¿Y para qué te contamos esto? Pues porque es muy importante que, como profesional, adaptes tu forma de enseñar al paciente y a su estilo de aprendizaje para que el proceso sea óptimo y se desarrollen las competencias emocionales adecuadas, logrando que el mensaje llegue al receptor y que este lo ponga en práctica tras interiorizarlo. Si somos capaces de adecuarnos a la forma de aprender del paciente, se potenciará el resultado. Por ejemplo, si hemos identificado que el estilo de aprendizaje principal de un paciente es el visual, será más fácil trabajar con él mediante imágenes; mientras que, si fuera más lógico, lo ideal sería trabajar con esquemas o gráficos.

3. Entrevista motivacional. En tercer lugar, hablemos de la entrevista motivacional. Si ya comentábamos en el capítulo 5 la importancia de la motivación para la persona que quiere cambiar sus hábitos, ahora hablaremos de cómo trabajar esa motivación desde la consulta. Tanto si eres psicólogo como dietista-nutricionista o cualquier otro profesional sanitario, trabajar la motivación en consulta es clave para la adherencia. Así, la entrevista motivacional, desarrollada por Miller y Rollnick en 1999, consiste en un conjunto de técnicas destinadas a facilitar la obtención y mantenimiento de conductas determinadas a través de una entrevista semiestructurada y centrada en el paciente, donde el profesional trata de explorar la motivación intrínseca que este tiene para el cambio de hábitos, así como las resistencias al mismo. Se ha demostrado su eficacia en clínica, pues mejora la implicación de los pacientes y su respuesta al tratamiento, no solo en enfermedades crónicas como la diabetes, por ejemplo, sino en el ámbito de la salud en general, ya que se ha observado que la entrevista motivacional puede ser útil para reforzar la motivación y promover la adherencia en el cambio de comportamiento (Bischof *et al.*, 2021). Recientemente se ha visto que aplicar la entrevista motivacional en un enfoque de compasión, aceptación, asociación y empoderamiento ayuda a los pacientes a adoptar y mantener comportamientos de salud positivos (Cole *et al.*, 2023).

Aunque no vamos a profundizar en la entrevista motivacional, pues no es el objeto de este libro, sí nombraremos los puntos clave sobre los que se trabaja cuando usamos esta herramienta.

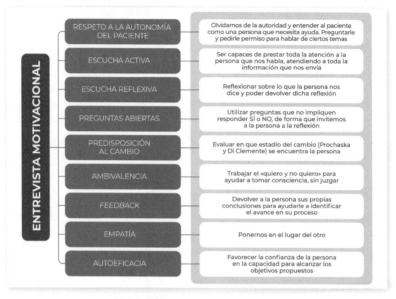

ENTREVISTA MOTIVACIONAL

RESPETO A LA AUTONOMÍA DEL PACIENTE	Olvidarnos de la autoridad y entender al paciente como una persona que necesita ayuda. Preguntarle y pedirle permiso para hablar de ciertos temas
ESCUCHA ACTIVA	Ser capaces de prestar toda la atención a la persona que nos habla, atendiendo a toda la información que nos envía
ESCUCHA REFLEXIVA	Reflexionar sobre lo que la persona nos dice y poder devolver dicha reflexión
PREGUNTAS ABIERTAS	Utilizar preguntas que no impliquen responder SÍ o NO, de forma que invitemos a la persona a la reflexión
PREDISPOSICIÓN AL CAMBIO	Evaluar en que estadío del cambio (Prochaska y Di Clemente) se encuentra la persona
AMBIVALENCIA	Trabajar el «quiero y no quiero» para ayudar a tomar consciencia, sin juzgar
FEEDBACK	Devolver a la persona sus propias conclusiones para ayudarle a identificar el avance en su proceso
EMPATÍA	Ponernos en el lugar del otro
AUTOEFICACIA	Favorecer la confianza de la persona en la capacidad para alcanzar los objetivos propuestos

Adaptado de Martínez Rubio A et al. (2013)

4. Trabajo interdisciplinar. Por último, queremos hablarte de la forma de trabajo más adecuada en el abordaje en psiconutrición. Para ello, primero debemos distinguir dos conceptos que suelen utilizarse de forma equivalente pero no son lo mismo: interdisciplinar y multidisciplinar. En el trabajo multidisciplinar, el paciente puede ser visto por diferentes profesionales, de forma independiente, y sin que exista relación entre ninguno de ellos. Un ejemplo serían los centros sanitarios donde hay consultas de varios profesionales, pero trabajan de forma independiente sin comunicarse. Por el contrario, el trabajo interdisciplinar implica un contacto entre los profesionales que ven al paciente, es decir, que se comunican y comparten información. De esta forma, el trabajo es mucho más eficaz porque pueden trabajar aspectos similares en áreas diferentes, profundizando más y permitiendo ir siempre en una misma dirección y de la mano. Este es el caso de la psiconutrición, donde psicólogo y dietista-nutricionista trabajan conjuntamente (que no es lo mismo que al mismo tiempo) con el paciente.

Trabajar de forma interdisciplinar no tiene por qué implicar hacerlo en el mismo espacio físico, ni siquiera en la misma ciudad. Lo importante no es dónde se haga, sino cómo se haga. Será preferible trabajar de forma interdisciplinar que multidisciplinar, pero hemos de tener en cuenta que, si en este momento no podemos hacerlo de este modo, siempre será más beneficioso un trabajo multidisciplinar con un dietista-nutricionista y un psicólogo, que el hecho de que el paciente solo vaya a uno o a otro, aunque no se comuniquen (siempre y cuando sea necesaria esa doble atención). Por tanto, no temas a derivar a un paciente a un compañero si consideras que lo necesita; tu deber profesional es ayudarle en todo lo que puedas, pero a veces no podemos llegar más allá y necesitamos que otro profesional intervenga.

Suele ser más dificultosa la derivación al psicólogo que al dietista-nutricionista, aunque en cualquier caso no siempre es sencilla, y dependerá del paciente, del caso y del momento (tanto del punto en el que se encuentre el proceso como del momento vital de la persona).

¿Qué puedes hacer? En primer lugar, ser empático y comprender que para el paciente puede ser delicado lo que vas a proponerle; quizá nunca se lo había planteado, desconoce el papel que puede tener ese profesional, o tiene ciertos prejuicios al respecto. En segundo lugar, ser lo más sincero posible; háblale de tus competencias y de las necesidades que consideras que debe trabajar para seguir avanzando, en qué crees que le va a ayudar esa persona en su proceso y para qué, concretamente, necesitáis ayuda. En tercer lugar, muéstrale tu confianza plena en el profesional al que le quieres derivar y explícale cómo vais a trabajar juntos, ¡sois un equipo!; si confía en ti y ve que tú confías en la otra persona, le será más fácil. Y, por último, en caso de ser necesario, puedes ofrecerte a acompañarle el primer día o incluso llamar tú mismo al profesional para concertar la cita mientras estés con tu paciente. Por supuesto, una vez establecido el contacto, deberás mantener una comunicación constante y fluida con tu compañero, siempre con el permiso explícito del paciente y respetando sus decisiones si hay algunas cosas que no quiere que sean compartidas.

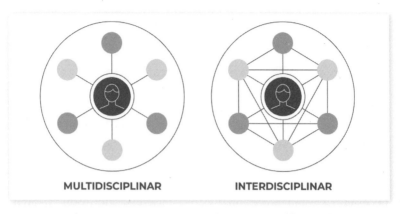

MULTIDISCIPLINAR   INTERDISCIPLINAR

Si actualmente te encuentras solo como profesional y quieres cambiar tu forma de trabajar, te invitamos a buscar otro profesional con el que empezar a hacerlo. Y sobre todo, cuando lo hagas, asegúrate de que tiene los mismos valores y el mismo enfoque de salud que tú. No tengas miedo, entendemos que te puede resultar retador, pero te aseguramos que una vez crees tu red de contactos, te alegrarás.

8.2. Cómo alejarnos del pesocentrismo en consulta

Durante todo el libro hemos visto cómo no es adecuado considerar el concepto de «peso» como señal externa sobre la cual guiar nuestros progresos. En este apartado vamos a centrarnos en cómo abordar las consultas de forma no pesocentrista, teniendo en cuenta que muchos pacientes vienen demandando justo una pérdida de peso.

¿Y cómo hacemos esto teniendo en cuenta la sociedad en la que vivimos, llena de estímulos que nos llevan a dar un valor muy elevado al peso-imagen corporal? Pues nosotras pensamos que hay 5 puntos básicos que debes explorar, analizar y sobre los que tienes que reflexionar para realizar este cambio de paradigma.

1. Reevaluar tus propias creencias con relación al peso corporal. Tanto como profesionales como personas que formamos parte de la sociedad, estamos imbuidos en el estigma del peso y de la obesidad; bien porque nos han formado con un enfoque peso-centrista o bien (y además) porque socialmente existe una discriminación a las personas con supuesto exceso de peso y corporalidades grandes, que se alejan de los cuerpos entendidos como normativos.

2. **Identificar las señales de estigma de peso que nos rodean,** de forma que puedas comprender a las personas a las que acompañas, no enjuiciarlas, no culpabilizarlas y sobre todo ser más inclusivos y respetuosos con ellas. Existen numerosos factores que fomentan el estigma; muchos de ellos son tan sutiles que ni siquiera somos conscientes de ellos, como por ejemplo, que nos alaben por estar más delgados, o que en los ascensores se indique el peso máximo y el número de personas (asumiendo entonces que hay un peso estándar por persona). Quizá haya otros que sí te puedan resonar un poco más:
   • El ideal de belleza y los cánones de delgadez impuestos y reafirmados por los intereses de muchos (industria farmacéutica, industria alimentaria, mundo de la estética, etc.).
   • La normalización de comentarios no solicitados, ni necesitados, sobre cuerpos ajenos.
   • La adjudicación de un valor moral a los alimentos según sus supuestos efectos sobre el peso.
   • Los comportamientos normalizados y contradictorios sobre la conducta alimentaria («me lo merezco», «debo mantener el tipo», etc.), que generan una relación pésima con la alimentación, además de patrones conductuales alterados.
   • La cosificación de la mujer desde niñas, fomentando las muñecas llenas de estereotipos y roles.
   • La perpetuación de la cultura de la dieta, el pesocentrismo y la gordofobia.
   • La constante asociación entre la delgadez y el éxito personal y/o profesional, incluso entre la delgadez y la aceptación social.
   • La culpabilización social e individual por «pasarse» o por «no tener fuerza de voluntad», y más aún en cuerpos grandes.

Todos estos factores y muchos otros, que como te decíamos son inherentes en nuestra sociedad actual, están impactando a diario y de forma constante en nuestro autoconcepto y en las asociaciones que establecemos con relación a la alimentación y a la imagen corporal, con las graves consecuencias que esto tiene para la salud física y mental, como describen Sánchez Carracedo (2022) y Emmer *et al.*, (2020).

3. Entender que el sesgo de peso existe, también en investigación, que sigue muy centrada en el IMC, en la relación del peso y la salud, en el establecimiento de abordajes dirigidos a la obesidad (peso) y no tanto al cambio de hábitos, etc. En la «Declaración conjunta de consenso internacional para acabar con el estigma de la obesidad» (Rubino *et al.*, 2020), en la que participaron cerca de 40 asociaciones con expertos en la materia, se estableció que la brecha entre la evidencia científica y los conceptos erróneos en la narrativa pública se basan en 5 suposiciones equivocadas:
– La creencia de que el peso corporal es el resultado de calorías que entran y calorías que salen.
– El concepto de que la obesidad es causada principalmente por comer en exceso voluntariamente y en un estilo de vida sedentario.
– La idea de que la obesidad es una elección de estilo de vida de las personas.
– El concepto de que la obesidad es una condición.
– La asunción de que la obesidad severa suele ser reversible comiendo menos voluntariamente y haciendo más ejercicio.

Si estas premisas son las que sustentan la investigación científica, debemos ser conscientes del sesgo que existe en la misma y que, por suerte, parece ir cambiando.

4. Trabajar desde la flexibilidad y no desde la rigidez. El estigma de peso está asociado con un mayor riesgo de trastornos de la conducta alimentaria, alimentación emocional, malestar psicológico y falta de control en las ingestas (Ortiz-Rodríguez *et al.*, 2023). Por tanto, si seguimos centrando las consultas en el control del peso, la rigidez de las pautas dietéticas o la hiperresponsabilidad y culpabilización de los pacientes, estaremos incrementando el riesgo de generar más dietantes crónicos. Como conclusión: enfoca tus consultas desde la flexibilidad y el respeto.

5. No pesar a los pacientes de forma habitual, **ni hablar del peso como objetivo** del proceso de cambio. Debemos trabajar la desvinculación entre el concepto de peso y salud, peso y éxito o peso y bienestar. En este sentido, una de las preguntas más planteadas es si pesar o no pesar a la persona que viene a consulta. Suponemos que después de llegar hasta aquí, seguramente entiendes y compartes que pesar a los pacientes no es lo que nos debe preocupar como profesionales. Nos han hecho creer que el peso (incluyendo todas sus variables: porcentaje de grasa, porcentaje de músculo, perímetros, etc.) resulta un complemento necesario a la hora de valorar los progresos en una consulta nutricional, y nada más lejos de la realidad. No solo no es necesario en la mayoría de casos, sino que puede ser iatrogénico y estigmatizante pesar a los pacientes en las consultas. En cualquier caso, la decisión de pesar o no al paciente vendrá determinada por diversos factores, y será consensuada por ambos profesionales.

A veces puede resultar de interés pesar a la persona, en situaciones muy concretas, por ejemplo, cuando creemos necesario exponer al paciente al peso (para trabajar miedos, resistencias, etc.), lo cual deberá hacerse desde psicología. Otras veces es necesario conocer si se está produciendo una recuperación ponderal, como en el caso de la anorexia nerviosa. En cualquier caso, aunque pesemos, por un lado deberemos decidir si mostrar o no el peso al paciente (en función de lo que se esté trabajando, como veremos luego) y por otro, nunca será el foco de la consulta. Desde nutrición, se trabajarán conceptos de composición corporal (sin vincularlos al peso ni a la imagen corporal), y será necesario realizar una gran labor educativa para que la persona pueda comprender los beneficios de modificar sus hábitos de salud, con una visión integral más centrada en la relación con la comida. Este trabajo educacional se realiza al comienzo de una intervención en nutrición.

> **"**
> *La educación y los conocimientos nos acercan hacia un control interno y un compromiso con nuestro cambio de hábitos.*
> **"**

Una vez establecidas unas bases educacionales, y en el caso de que hayamos decidido pesar a la persona, la pregunta importante radica en: ¿se comunican los resultados? En esta decisión tienen cabida ambos profesionales (el de psicología y el de nutrición) y el trabajo psiconutricional cobra vital importancia, siendo necesario un enfoque interdisciplinar como hemos visto en el apartado anterior. La comunicación entre ambas profesiones a la hora de tomar esta decisión es imprescindible para elegir el procedimiento. De hecho, te recomendamos que en este punto exista una adecuada coordinación a la hora de trabajar.

¿Qué variables son importantes tener en cuenta para decidir si comunicar o no los resultados a la persona que viene a consulta?

→ ¿Se encuentra emocionalmente estable como para hacer frente a unos resultados que no le agraden o para los que no esté preparado?

→ ¿Se ha realizado o se está realizando un trabajo con la imagen corporal desde la consulta de psicología? ¿Se ha valorado cómo puede afectar el resultado del peso a dicho trabajo?

→ ¿Ha realizado la persona cambios importantes a nivel nutricional? Si la respuesta es afirmativa, ¿es necesario indicarle, por tanto, los resultados de las medidas corporales?

→ ¿Se considera que la persona puede usar el peso para motivarse? En tal caso es necesario hacer una labor de reeducación para disociar el peso de la motivación por el cambio de hábitos.

→ ¿Pide la persona que se le indique el resultado? En caso afirmativo, deberíamos valorar si se trata de una petición racional, o si está motivada por un intento de control y valoración externa. En ocasiones podemos encontrar situaciones de rechazo a conocer el valor del peso, lo cual también es necesario trabajar en consulta. Desde la consulta de psicología se realizaría una labor de exposición y análisis de las emociones relacionadas para poder obtener más información que nos ayude a delimitar si se trata de un miedo, rechazo o de otras variables psicológicas que pueden estar asociadas. Y, posteriormente, en la consulta de nutrición, se trabajaría la importancia que el paciente le da al peso, buscando alternativas que permitan visualizar los progresos de cambio en otros sentidos.

Tengamos en cuenta que estos puntos serían solo necesarios en el caso de que exista algún motivo específico, como hemos indicado, que hiciera necesario usar esas medidas o valores en consulta. De forma genérica esto no será necesario y no nos encontraremos con estos dilemas.

Pasamos ahora a valorar aspectos importantes a tener en cuenta si decidimos no comunicar a la persona que viene a consulta los resultados:

→ Empatía y asertividad. Es imprescindible transmitir con cariño, empatía y asertividad los motivos por los cuales los resultados no serán transmitidos (si la persona pregunta por ellos).

→ Generalizar. Quizás no consideramos adecuado ofrecer una información detallada sobre los resultados, pero sí podemos devolver algún comentario de forma general y centrarnos en todos los cambios que se han producido.

→ Reforzar otras variables. Siempre es necesario reforzar cambios que percibamos que se han realizado: incremento de verduras o frutas, salir a pasear, conductas de autocuidado, etc. Pero en el caso de no devolver los resultados o de no pesar a la persona, resulta especialmente importante, ya que sería una motivación que además reforzaría su control interno y calmaría la incertidumbre de no disponer de otros datos.

¿Qué otras variables puedo tener en cuenta para no centrarme en el peso del paciente como indicativo de éxito? Son muchos los factores que podemos tener en cuenta, sin embargo, consideramos importante dividirlos según la profesión y que cada profesional en su área se encargue de reforzar y trabajar estos aspectos. Las variables serán distintas según el objetivo de tratamiento, es decir, no son las mismas variables las que usaríamos ante un caso de ingesta compulsiva que ante un caso de un paciente que viene a consulta para modificar sus hábitos sin ingesta compulsiva. Vamos a usar de ejemplo este segundo caso para mostrar algunos factores que nos indicarían un avance adecuado.

NUTRICIÓN	PSICOLOGÍA
· Cambios alimentarios · Mejores elecciones · Organización y planificación alimentaria · Introducción de nuevos alimentos · Mejora de resultados en analítica · Gestión de cantidades y proporciones · Reconocimiento de señales de hambre y saciedad · Trabajar conceptos e ideas preconcebidas · Alimentación consciente e intuitiva · Alimentación flexible y respetuosa · Mitos alimentarios	· Compromiso de autocuidado · Mejor comprensión y regulación emocional · Habilidades sociales · No aislamiento · Autovaloración · Autocompasión · Flexibilidad · Gestión de la ingesta compulsiva

Si hacemos referencia a un caso de ingesta compulsiva y/o ingesta emocional que afecte a la estabilidad de la persona que viene a consulta, los factores que indicarían un buen pronóstico serían distintos. En nutrición, lo más importante es la organización alimentaria y tratar de reducir las conductas compensatorias posingesta (así como los mitos que las acompañan) que, en un intento de disminuir la cantidad de calorías ingeridas durante el día, lo que provocan es un mayor desajuste en los niveles de hambre-saciedad, aumentando la posibilidad de una nueva ingesta compulsiva. Desde la psicología se trabajaría el ser capaz de reconocer y comprender el estado emocional que se asocia a la ingesta y posteriormente la gestión de este.

Como vemos, la decisión de la importancia y el uso del peso en consulta está muy relacionada con las características propias de la persona y su historia, así como con la valoración del caso que realizan los profesionales. No es una decisión que se pueda tomar rápidamente, siendo necesario un análisis exhaustivo de las necesidades, beneficios y consecuencias que se puedan obtener. Sin embargo, la premisa inicial siempre será no focalizarnos en el peso.

Resulta llamativo comprobar que, tras un tiempo guiándonos por otro tipo de señales que no son el número en la báscula, la persona aprende a identificar cambios en su cuerpo y presta atención a pequeñas señales que antes ignoraba, no solo físicas, sino también en relación a su conducta alimentaria. Por tanto, este trabajo no es solo beneficioso a la hora de barajar qué tipo de control guiará nuestro proceso, sino también a la hora de tomar contacto con nuestro cuerpo.

Si eres dietista-nutricionista, te recomendamos que la báscula no sea un elemento prioritario o esencial en tu consulta; es más, puedes prescindir de ella durante algunas semanas (sobre todo en épocas en las que todos los pacientes suelen querer pesarse, como después de navidades o de vacaciones de verano) y observar el efecto que provoca en los pacientes. Si practicas el no dar importancia al peso, verás cómo al final los pacientes adquieren el concepto. Del mismo modo, a la hora de realizar los informes o las planificaciones dietéticas, debemos tender a evitar centrarnos en calorías o en datos no relevantes, y destacar lo más importante —por ejemplo, qué aspectos a nivel cualitativos hay que modificar—, y dejar de lado las calorías y cantidades de nutrientes que tiene la pauta alimentaria para centrarnos más en la calidad de esta. También nos podemos plantear utilizar otros elementos a la hora de trabajar que no se centren en la dieta y el peso, como pueden ser recetarios, fichas explicativas, herramientas y recursos que puedan ayudar al paciente a mejorar sus hábitos alimentarios y a trabajar todos los conceptos que hemos comentado, etc.

Lo más habitual es que la persona que acude al dietista-nutricionista vaya con la idea de pesarse, comer poco e ir al gimnasio. Debemos cambiar ese concepto, para lo que, primero, tenemos que cambiar nosotros. En la carrera universitaria nos enseñan a trabajar con programas dietéticos que calibran al miligramo las cantidades de alimentos, a sentarnos tras una mesa a decirle al paciente lo que debe hacer, o a limitarnos a ver al paciente en la consulta.

¿Y si pensamos en formas diferentes de hacer las cosas que no centralicen todo en la cantidad (kilos de peso y kilos de comida)? Por ejemplo, puedes hacer una consulta al aire libre, o ir a casa del paciente a ver su despensa o a ayudarle a planificarse en la cocina, o comer un día en la consulta con los pacientes para valorar aspectos que consideras importantes y que no detectas con el abordaje tradicional. No tengas miedo a hacer las cosas de forma diferente. Tras las primeras citas con tus pacientes, puede resultarte práctico elaborar un plan de acción en el que determines los aspectos que estimas más conveniente trabajar en un orden de prioridades que puedes acordar con el propio paciente. Por supuesto debes tener en cuenta que este orden puede cambiar y que pueden aparecer nuevos factores a trabajar a lo largo del proceso.

Para terminar, te recomendamos que dediques un tiempo a reflexionar sobre todas estas cuestiones, sobre tu grado de estigma (todos tenemos estigma) y sobre cómo puedes construir un espacio seguro lejos del pesocentrismo y la gordofobia.

8.3. La empatía

Trabajamos con y para las personas. Esto es algo que hemos intentado transmitir a lo largo del libro, pero que llegado el momento de hablar sobre cómo enfocar todos estos aspectos en consulta, resulta aún más importante. Bajo nuestro punto de vista, hay una herramienta básica, y a la vez muy potente, que te invitamos a poner en práctica en tu consulta: la empatía.

Se conoce comúnmente la empatía como la capacidad de ponernos en el lugar del otro, pero es mucho más que eso. Usaremos la palabra «conexión» para hablar de empatía. Se trataría de conectar con las necesidades y deseos de la persona que viene a nuestra consulta, no quedarnos en lo superficial, sino ser capaces de mirar y sentir más allá. También es importante la empatía en el trabajo en equipo, en el cual debemos respetar, entender, debatir, complementar y escuchar a otros compañeros, que no siempre opinarán de la misma forma, pero con los que debemos consensuar y ceder en muchos casos, sin que ello afecte a nuestra relación profesional ni personal.

Generalmente, construir un lugar seguro es un aspecto relevante en todas las consultas; sin embargo, creemos que en situaciones como las que hemos descrito a lo largo de esta lectura resulta aún más necesario. Recordemos que habitualmente las personas que visitan nuestras consultas han pasado por largos periodos dietéticos, por experiencias que han podido resultar estigmatizantes y dañinas, por falta de comprensión sobre su alteración alimentaria, por juicios y culpabilizaciones e incluso por recursos que intentaban fomentar su «fuerza de voluntad» que, como sabemos, no nos sirve de mucho.

Tener presentes las situaciones habituales que se asocian con estos estados nos ayudará a conectar en las primeras sesiones y guiar nuestra entrevista. Probablemente, una persona que entre en nuestro despacho, sienta cierta inseguridad por si volverán a repetirse experiencias anteriores, por si esta vez será escuchada o por si se impondrán hábitos sin tener en cuenta sus gustos y preferencias. Por ello, es tan importante que a la hora de explorar distintos campos podamos hacer devoluciones que nos permitan incrementar la alianza terapéutica y que la persona se sienta comprendida y escuchada. Estas devoluciones deben ser cuidadosamente elegidas para no caer en conductas dañinas.

Para crear un contexto de confianza, te dejamos algunos puntos que pueden ayudarte como profesional:

- Cuida los detalles de consulta, ten a la mano agua, pañuelos, retira el peso y cualquier otro objeto que sientas que puede dañar a la persona que te visita.
- Desde la primera entrevista, dedica un espacio para poder explicar tu método de trabajo. Es interesante que puedas realizar un encuadre adecuado sobre lo que se espera del tratamiento y sobre aquello que no van a poder encontrar en ti.
- Si percibes que la persona se encuentra incómoda, recuerda comunicarle lo que estás sintiendo y cómo puedes ayudarla: «Estoy notando que quizás no estás del todo cómoda ¿es cierto?», o quizás puedes hacerlo de forma más genérica: «¿Cómo te encuentras en la consulta?». Ambas frases puedes completarlas con: «¿Puedo hacer algo para que te sientas más cómoda?».
- Deja siempre espacios para que la persona se sienta libre y con tiempo para pensar antes de dar respuesta a tus preguntas, o bien para que realice cualquier comentario que considere. A veces pecamos de hablar más de lo necesario; debemos aprender a convivir con pequeños tiempos de silencio que permitan dar ese espacio a las personas a las que acompañamos.

Aunque hablemos de los primeros encuentros, esto es algo que necesitamos tener presente a lo largo de las diferentes situaciones que iremos encontrando en consulta. Por ejemplo, en el capítulo 7 hemos hablado sobre «recaídas». Las recaídas son un momento genial en el contexto de consulta en el que, además de continuar construyendo un ambiente de seguridad, tenemos la oportunidad, a través de nuestra actitud ante las mismas como profesionales, de fortalecer el proceso de cambio de hábitos en el que el paciente está inmerso. Por ejemplo, si como profesional yo activo la crítica ante la recaída y analizo cada detalle en consulta buscando la causa desde el juicio y el control, ¿qué puedo esperar entonces que esté aprendiendo la persona que acompaño? Si por el contrario puedo ser compasiva con esa persona, entender desde dónde me está compartiendo cómo se siente, la situación vivida, las distintas influencias; en este caso, estamos ayudando a la persona a tener una forma de tratarse mucho más sana y respetuosa.

Uno de los aspectos más complejos de manejar desde la consulta de nutrición es cuando nos encontramos un paciente que tiene unos mitos muy arraigados que cuesta trabajo desmitificar. Por ejemplo, algo que para los dietistas-nutricionistas es tan sencillo como que un plátano no engorda más que una manzana o que los hidratos de carbono no engordan más que las proteínas, resulta a veces complicado que cale en el paciente y se acaba hablando de ello en sucesivas consultas porque el mismo paciente lo pregunta una y otra vez. Como hemos visto al principio del capítulo, en este caso podría ser muy útil el uso de estrategias visuales para explicar el concepto y de esta forma ayudar al paciente a asimilarlo. También, como profesionales, necesitamos desarrollar y trabajar nuestros recursos personales: tolerancia al malestar, regulación emocional; así como tener apoyo y tribu fuera de las consultas con otros profesionales.

A veces, la sobrecarga de trabajo nos puede hacer tomarnos ciertas cosas que ocurren en el contexto laboral y de consulta como algo personal, lo cual sin duda nos daña a nosotros y a la persona que acompañamos. Por ese motivo, tener supervisiones, grupos de apoyo o buscar nuestra propia ayuda en terapia puede mejorar nuestra atención profesional.

Es algo así como si habláramos de la autoempatía del profesional. Estamos en constante contacto con personas y trabajando por y para su salud, por lo que resulta imprescindible dar importancia a nuestro autocuidado, y una parte de este es la autoempatía.

¿Somos conscientes de cómo nos afectan las distintas circunstancias que ocurren en consulta? ¿Me ofrezco un espacio de autocuidado donde poder volver a conectar con mi bienestar y encontrarme «en forma» para mi trabajo en consulta? Para ello te invitamos a reflexionar sobre tu estado contigo mismo y sobre tus necesidades como profesional.

No podemos olvidar que nosotros somos personas, además de profesionales.

Sin duda, el mayor aprendizaje está en tener presente que la persona que visita nuestras consultas necesita nuestra ayuda, no está acudiendo a nosotros, invirtiendo un tiempo y dinero simplemente por «pasar el rato». Muchas de sus dificultades para llevar a cabo el aprendizaje propuesto o los avances necesarios puedan deberse a mecanismos psicológicos que se activan y se ponen en marcha; por esto es tan importante el trabajo en equipo en los casos necesarios.

> **"**
> *Escucharnos, respetarnos y dar espacio para nuestro cuidado nos ayudará a cuidar y trabajar mejor con las personas que nos visitan.*
> **"**

8.4. Estrategias de prevención: psicoeducación y educación alimentaria

En todo proceso de cambio de hábitos o trabajo con la alteración de la relación con la comida, debemos prevenir la migración hacia trastornos de la conducta alimentaria. Concha Perpiñá (2015) nos habla de las migraciones diagnósticas en los trastornos alimentarios señalando que son posibles, y cómo el trastorno de atracones se incluye entre estos. A lo largo de esta lectura no nos hemos referido específicamente al tratamiento en entidades diagnósticas incluidas en la DSM-5 TR, sin embargo, sí a conductas que, si no se realiza una adecuada labor de prevención, podrían desembocar en patologías mayores. Nuestra labor como profesionales de la salud es trabajar hacia la prevención para que esto no ocurra.

Analizaremos este camino comenzando por el momento en el cual abrimos nuestros ojos hacia posibles señales de alarma. La prevención comienza desde el primer momento en el que una persona nos llama para pedir cita, y continúa a lo largo de todas las sesiones. Incluso podríamos decir que desde antes podemos estar haciendo cierta prevención en la forma en la que comunicamos y expresamos nuestra manera de trabajar y de entender la salud. Nosotras te invitamos a la observación desde el instante en el que una persona se sienta en tu sala de espera; es interesante reflexionar sobre los familiares acompañantes, si viene solo, si permiten que la persona se levante y camine hacia la consulta solo, si acompañan a la persona hacia nuestra consulta, si la dejan hablar, etc. Además de esta observación, nuestra mejor herramienta de prevención es prestar atención al discurso de la persona que nos visita o de los familiares que le acompañan. Para poder realizar una comunicación eficaz y que a su vez no rompa la alianza establecida, te animamos a practicar la asertividad en consulta. Nos gusta entender este concepto como lo hace Olga Castanyer (2014), quien nos señala que la asertividad se encuentra cerca de la autoestima, que se trata de una habilidad «estrechamente ligada al respeto y cariño por uno mismo y, por ende, a los demás». Por tanto, es en estos momentos en los cuales debemos hacer uso de todas nuestras habilidades como profesionales para que, desde el cariño, la empatía y el respeto podamos explorar los aspectos que nos han resultado alarmantes.

Te invitamos a reflexionar sobre algunos factores o señales de alarma que pueden aparecer en la relación en consulta y que nos ayudarán a tener presente la necesidad de realizar una labor de mayor exploración preventiva.

→ Urgencia por la pérdida de peso o preocupación excesiva por el mismo.

→ Gran ingesta de comida y presencia de atracones, acompañada de restricciones o incremento de la actividad física.

→ Información contradictoria en consulta, bien del propio paciente o entre familiares.

→ Perfeccionismo excesivo a la hora de llevar a cabo las indicaciones que se señalan. Por ejemplo, es habitual que encontremos situaciones en las cuales la persona incluso realiza mayores cambios de los hablados o propuestos rozando incluso la rigidez (aunque trabajemos desde la flexibilidad).

→ Ocultación de la figura tras el bolso o abrigos en consulta.

→ Vergüenza ante la posibilidad de que se use un peso.

→ Negación a la visita de familiares a consulta.

→ Exigencias al profesional de la nutrición con relación a la incorporación de alimentos específicos y rechazo a la ingesta de algunos alimentos considerados «menos saludables».

→ Conducta obsesiva relacionada con la báscula, con la alimentación (por ejemplo, el contaje de calorías) o con la actividad física.

→ Interés exagerado por la comida saludable y la «comida real».

Recordemos que no estamos haciendo referencia a señales de alarma sobre la presencia de alteraciones de la conducta alimentaria como anorexia o bulimia específicamente; se trata de situaciones que pueden ocurrir en consulta —tanto de nutrición como de psicología—, que nos indican que debemos trabajar y explorar algunos aspectos concretos para prevenir mayores dificultades y la posibilidad de migración hacia un trastorno de la conducta alimentaria.

Si revisamos la literatura la mayor parte de artículos apuntan a que las estrategias de prevención no solo mejoran los patrones alimentarios en adultos (Ni Lochlainn *et al.*, 2021), sino también en niños de edad escolar, donde el aprendizaje experiencial se asocia a una mayor preferencia por verduras y frutas (Dudley *et al.*, 2015). No obstante, hemos de tener en cuenta que la ciencia tiende a utilizar el concepto de salud y hábitos de forma simplista sin tener en cuenta todas las variables de las que ya hemos hablado y que están implicadas en la salud. En cualquier caso, el principal objetivo de realizar estrategias preventivas debe radicar en fomentar una buena relación con la comida.

Por otro lado, es importante tener muy presente todo lo que nos podría interesar conocer de una persona para abordar si es necesario realizar un cambio de hábitos, tanto desde la consulta de nutrición, como desde la de psicología, tal como se muestra en la siguiente tabla.

¿QUÉ NOS INTERESA CONOCER DE UNA PERSONA CUANDO VISITA UNA CONSULTA PARA UN CAMBIO DE HÁBITOS?	
DESDE NUTRICIÓN	DESDE PSICOLOGÍA
· Hábitos alimentarios · Hábitos de sueño · Hábitos intestinales · Hábitos tóxicos · Composición corporal · Analítica completa · Enfermedades previas · Enfermedades actuales · Antecedentes familiares de enfermedad · Exploración de trastornos alimentarios (previos o presentes) · Uso de fármacos · Cirugías previas · Nivel de actividad física · Rutinas diarias: trabajo, familia, vida social... · Estado de ánimo actual · Historial de dietas y relación con la comida · Uso de redes sociales relacionadas con la comida · Mitos y conceptos alimentarios · Explorar comidas sociales	· Línea de vida dietética · Hábitos actuales (alimentarios, actividad física, gestión del estrés) · Relación con el propio cuerpo · Restricción o ingesta compulsiva · Emociones asociadas a la ingesta · Exploración TCA actual o previo · Exploración genograma y relación con la comida de familiares · Consumo de fármacos · Exploración de psicopatología previa · Autocuidado y autoestima

Siempre que comencemos a explorar algún aspecto más concreto que nos apunte a un posible problema con la comida, es probable que tengamos que consultar con otros profesionales para descartar comorbilidades; si esto es necesario, la guía NICE (2017) recomienda que nuestros pacientes comprendan el propósito de dichas reuniones y los motivos por los que compartimos información con estos profesionales. Por otro lado, es importante que mantengamos la tranquilidad y la transmitamos a la persona que está en consulta. Explorar factores de riesgo no es sinónimo de concluir que estamos ante una migración hacia un problema de la conducta alimentaria de mayor gravedad. Exploramos para prevenir. Tener esto presente y transmitirlo a las personas que vienen a nuestra consulta nos ayudará a crear un clima de confianza y no de miedo y rechazo.

8.5. Trabajar en psiconutrición en población infantil

A lo largo del libro nos hemos ido acercando a diferentes aspectos relacionados con la alimentación infantil y hemos tratado de trasladar todos estos aprendizajes para fomentar una relación saludable con la comida desde edades tempranas.

Como profesionales de la salud, podemos encontrarnos ante peticiones de ayuda que incumben a población infantil. A veces acuden padres a consulta preocupados por el peso de sus hijos, o con la inquietud de mejorar su alimentación, o bien porque tienen sospechas de que se está gestando un trastorno de la conducta alimentaria. En cualquiera de los casos, el trabajo con población infantil debe hacerse desde una base educativa y sin perder de vista el objetivo de fomentar unos buenos hábitos en toda la familia.

¿Cómo podríamos actuar en estos casos? Resulta complicado sintetizar todo lo que nos gustaría compartir en estas líneas así que vamos a intentar resumir algunos de los aspectos más importantes en estos 10 puntos imprescindibles a considerar cuando trabajamos psicología y nutrición en población infantil:

- Es recomendable evitar (en la medida de lo posible) la presencia de los menores en consulta, especialmente en cortas edades. Al fin y al cabo, la compra, la elaboración de platos y la intervención en la relación que los pequeños establecen con la comida son llevadas a cabo por las personas con las que se convive. Son estas personas las que necesitan venir a consulta para trabajar todos los aspectos vinculados con el cambio de hábitos.

Las prohibiciones, el sobrecontrol alimentario, así como las pautas dietéticas establecidas externamente según la corporalidad de las personas no son recomendables. Como señalan Tribole y Resch (2019) en su libro *Alimentación intuitiva*: «La forma más segura de hacer que un niño pierda el interés por ese alimento que su progenitor se empeña en que coma es decirle que no probará el postre hasta que termine de comer. De este modo, la comida se convierte en el enemigo, la barrera para conseguir lo que realmente quiere».

• Desde la incorporación de la alimentación complementaria necesitamos favorecer el contacto con los sentidos: olor, gusto, tacto, vista, oído; así como respetar las sensaciones de hambre y saciedad. Se recomienda la introducción de alimentos a través del método *baby-led weaning* que favorece el desarrollo de todo lo dicho anteriormente, así como el desarrollo de la motricidad fina y diversos beneficios a nivel logopédico.

• Uno de los aspectos que más conflicto suele generar a las familias es el encontrar la manera más adecuada de gestionar la relación con alimentos y/o productos que pueden resultar menos recomendables a nivel nutricional. Aunque en las primeras etapas de introducción de alimentación complementaria resulta sencillo gestionar la exposición a determinados productos o alimentos, es cierto que en determinadas edades esto se convierte en una batalla que puede generar conflictos. La prohibición genera el mismo efecto (del que ya hemos hablado en adultos) en población infantil, por tanto, el trabajo con la alimentación flexible y la alimentación intuitiva puede incorporarse a estas edades. En este sentido, la exposición a alimentos palatables les permite no crecer en un entorno de prohibición. Este tema suele ser bastante controvertido en consulta, porque es complejo entender y lograr esa línea entre la no prohibición y el miedo de los padres a que pidan constantemente estos alimentos. Sin duda, como padres nos preocupa que nuestros hijos tengan una alimentación saludable, pero como profesionales debemos trasladar el concepto de que una alimentación saludable implica que sea flexible, y la flexibilidad requiere la oportunidad de saber relacionarnos con cualquier tipo de producto, independientemente de su valor nutricional. Evidentemente, esto no es sinónimo, como muchas veces preguntan los padres, de dejar al niño comer lo que quiera cuando quiera, dado que los alimentos más palatables serán, *a priori*, más apetecibles para ellos. Lo que ocurre es que, si los prohibimos, potenciamos el deseo en lugar de incentivar la naturalidad. Por tanto, el trabajo en consulta debe basarse en trabajar el no prohibir alimentos menos nutritivos, y también el no forzar aquellos alimentos considerados como más saludables.

• Es aconsejable que ningún familiar esté realizando una dieta hipocalórica con el objetivo de «perder peso»; así como que no se realicen comentarios sobre la comida ni sobre la corporalidad de las personas del entorno del menor, y mucho menos hacia el menor. Si se da esta situación, debemos trabajar con la familia para reeducar y generar un ambiente agradable, no pesocentrista y libre de dietas en casa.

• Incorporar al menor en la realización de la lista de la compra, en las distintas visitas al mercado o supermercado, así como fomentar su aprendizaje, a través de la participación activa, sobre la diversidad de alimentos, como frutas y verduras, son estrategias necesarias para generar patrones alimentarios adecuados, que además, fomentan un mayor interés de los más pequeños por la comida.

• Otro aspecto que se debe trabajar es el incentivo en casa de actividades y conversaciones con relación al desarrollo de una imagen corporal positiva: funcionalidad corporal, diversidad corporal, respeto al propio cuerpo, etc. Esto debe realizarse de forma traslacional; es decir, no solo dirigido al menor, sino en cualquier contexto y con cualquier persona.

• Si en consulta sospechas de que un familiar del menor está padeciendo una alteración de la conducta alimentaria, resulta imprescindible que puedas atender esta problemática y realizar las derivaciones necesarias. Te recomendamos prestar especial atención al nivel de consciencia de enfermedad de la persona para poder realizar unas pautas que pueda llevar a cabo.

• En edades tempranas, la selectividad alimentaria, la dificultad del menor para gestionar determinadas texturas, la rigidez a la hora de consumir determinados alimentos de marcas específicas (e incluso diferenciar si hemos cambiado de marca) así como el rechazo alimentario pueden ser indicadores de otras alteraciones del desarrollo. Este motivo nos lleva a recomendarte el trabajo en equipo con psicología infantil, neuropsicología, especialistas en atención temprana o psicopedagogía para valorar la situación. No debemos confundir esto con el proceso natural de desarrollo en el que aparece la fase de rechazo a alimentos amargos como las verduras, en el que muchos padres se preocupan. En este caso, es importante hacer una valoración de la alimentación de forma global, determinar si el desarrollo infantil sigue su curso normal y establecer recursos que faciliten la aceptación de nuevos sabores (disminuir la exposición o intensidad de sabores muy dulces, exponer de forma más constante a alimentos amargos, realizar elaboraciones diferentes de esos alimentos, implicar al pequeño en el proceso, etc.).

• La edad de aparición de las alteraciones alimentarias cada vez es más baja; por este motivo, es fundamental incorporar en tus consultas preguntas de exploración que te hagan descartar si te encuentras ante un caso que pueda tener riesgo de TCA. Recuerda no solo explorar la relación con la comida y el bienestar con la imagen corporal, sino también las relaciones sociales, el estado afectivo y los vínculos familiares (especialmente estos últimos aspectos si eres profesional de la psicología).

Por último, nos gustaría recordarte que el trabajo en equipo en población infantil puede necesitar la incorporación de profesionales más específicos, como, por ejemplo:

- Revisión en logopedia ante casos de rechazo alimentario: miedo al atragantamiento, dificultades a la hora de ingerir sólidos.
- Profesionales de la psicología especialistas en terapia familiar sistémica: en ocasiones necesitamos trabajar con la familia, desde un lugar distinto al que lo haríamos en consulta individual. En estos casos podemos trabajar en equipo, incluyendo la psicóloga individual, la terapeuta familiar y la profesional de la nutrición.
- Profesionales de la neuropsicología, psicopedagogía y especialistas en atención temprana.
- Comunicación constante con pediatría, y a veces con endocrinología pediátrica o gastroenterología pediátrica.
- Comunicación con el profesorado y/o las personas encargadas del comedor del centro escolar.

8.6. Aspectos más relevantes en patologías digestivas y psiconutrición

Normalmente cuando se habla sobre la relación entre patología digestiva y nutrición, se hace referencia a los reajustes a nivel alimentario ante una sintomatología gastrointestinal y sus posibles beneficios en la reducción del síntoma.

Sin embargo, también a nivel psicológico esta relación cobra especial importancia en un doble sentido: por un lado, en la afectación a nivel psicológico como consecuencia del propio diagnóstico y sus implicaciones; y por otro lado, en el aumento de la sintomatología directamente relacionada con el estado afectivo de la persona.

La evidencia científica actual nos indica que muchos patrones de conductas alimentarias alteradas aparecen tras una sintomatología digestiva de la que, a pesar de todas las pruebas médicas, no se encuentra una causa ni diagnóstico (Wiklund *et al.*, 2021). En ocasiones, el control sobre la comida o las posibles restricciones para evitar sintomatología excusadas (o reales) en una patología digestiva pasan más desapercibidas por el entorno social y de esta forma se convierten en un factor a tener presente a la hora de realizar diagnósticos diferenciales. Así, como muestra Satherley *et al.* (2017) en un estudio sobre la enfermedad celíaca, la necesidad de llevar una dieta libre de gluten y la preocupación en torno a los alimentos se asoció con una restricción de la ingesta. Por otro lado, también es posible que la sintomatología digestiva aparezca como consecuencia de las complicaciones médicas de los trastornos alimentarios (Baenas *et al.*, 2017).

Como indican López *et al.* (2023): «la existencia de una patología digestiva, ya sea de origen funcional (dispepsia funcional, síndrome de intestino irritable), o no (celiaquía, intolerancias, enfermedad inflamatoria intestinal), puede originar que la existencia de síntomas a nivel digestivo, como distensión, diarrea, vómitos, estreñimiento, gases, etc., que condicionen pérdida de apetito, conductas restrictivas con la alimentación y pérdida de peso promuevan el desarrollo de alteraciones alimentarias y de TCA».

Por otro lado, los tratamientos establecidos para gestionar la sintomatología digestiva pueden ser factores precipitantes de distintos aspectos que nos acerquen a una relación alterada con la alimentación. Es por ello que debemos prestar especial atención a cómo se plantea el tratamiento nutricional:

• Realizar exclusivamente restricciones o limitaciones a determinados productos o alimentos cuando sea necesario, teniendo muy presentes los tiempos establecidos de esa dietoterapia y realizando la incorporación cuando se considere segura.

• Fomentar la consciencia de enfermedad y la función de las pautas nutricionales establecidas. Se desarrollará una consciencia de la sintomatología que provocan los alimentos para tomar decisiones desde ese lugar y no desde una evitación o restricción buscando un cambio de corporalidad. Este aspecto se debe trabajar en conjunto con la consulta de psicología.

• Realizar una adecuada y profunda educación alimentaria centrada en la comprensión de la enfermedad y del papel de los alimentos en cada caso y en cada fase.

• Realizar una intervención donde se tengan en cuenta otras variables de la salud que pueden afectar a la sintomatología digestiva: descanso, nivel de estrés, consumo de fármacos, uso de sustancias (tabaco, alcohol, drogas), antecedentes familiares, estados fisiológicos (embarazo, menopausia, deporte), etc.

• Se mantendrá una comunicación constante con los profesionales de la medicina digestiva para valorar las necesidades de cada persona de forma individual y realizar las pruebas médicas oportunas, tanto en el diagnóstico como en la revisión.

• Ante una vivencia desde el sufrimiento y dolor que afecta a la funcionalidad de la persona se debe realizar una derivación a profesionales de la psicología que puedan trabajar la aceptación del diagnóstico y sus implicaciones.

• Se deberá estar muy pendiente de posibles señales de alarma que nos puedan indicar la aparición de un posible TCA, así como de la posibilidad de que la sintomatología digestiva inexplicable desde las pruebas médicas pueda tener un origen psicosomático o bien «esconda» una alteración alimentaria.

Así mismo, la intervención psicológica debe ser dirigida hacia:

• Trabajar la aceptación del diagnóstico y sus implicaciones, fomentando habilidades de tolerancia al malestar y de regulación emocional. Aceptar la situación en la cual la persona se encuentra y comprender las limitaciones que implica le ayudará a adaptarse y flexibilizar sin caer en pensamientos rumiativos que le impidan progresar. El trabajo con la aceptación situacional estará compuesto por las emociones asociadas, la rabia ante el diagnóstico, la reorganización a nivel de alimentación y la readaptación social entre otros.

• Establecer estrategias de prevención y desarrollar variables protectoras de alteraciones de la conducta alimentaria.

• Disponer de recursos y trabajar la funcionalidad de los rasgos vinculados con trastornos de ansiedad que pudieran relacionarse con la sintomatología digestiva. Como señalan Peiró *et al.* (2006), los factores psicológicos pueden afectar e incluso desencadenar muchos de los síntomas gastrointestinales en los trastornos gastrointestinales funcionales.

• Cuando el patrón dietético tenga que verse alterado por el propio diagnóstico digestivo, necesitaremos favorecer la expresión emocional y trabajar la adaptabilidad al entorno.

Para terminar, nos gustaría hacer eco de esta imagen que podéis encontrar en Simian y Quera (2016); estos autores destacan la importancia de incorporar en los tratamientos de la enfermedad inflamatorio intestinal los objetivos de mejora de calidad de vida y de las distintas limitaciones para el día a día de estas personas.

Adaptado de Simian y Quera (2016)

Antes de finalizar este recorrido que hemos compartido contigo, queremos recalcar la importancia de no simplificar el problema. El ser humano es un sistema abierto, no cerrado, lo que implica que existen numerosos factores con los que interactuamos constantemente y que además interactúan entre sí. Eso nos convierte en un sistema muy complejo en el que mover una simple pieza puede suponer desestructurar el resto. No es únicamente la persona que nos visita, hay otros factores (emocionales, físicos, familiares, sociales, etc.) que le afectan y que pueden ser causa y consecuencia del propio problema. Por tanto, debemos tener una visión más integral, ver a las personas en su conjunto y no ser reduccionistas. Recuerda que, como profesional, el objetivo principal de tu trabajo es la salud de quien se sienta en tu consulta.

> **Construyamos, entre todos, una sociedad con más herramientas para mejorar la salud.**

Agradecimientos

Nos gustaría mostrar nuestro agradecimiento, en primer lugar, a todas las personas que hemos conocido a lo largo de nuestro recorrido profesional y que han influido de forma sustancial en nuestra pasión por la psiconutrición, haciendo posible que hoy tengas en tus manos este libro.

En segundo lugar, a Isabel Blasco, quien, sin leer una sola página y nada más conocer la temática que le propusimos la primera vez, nos abrió sus puertas de par en par y nos brindó la oportunidad de compartir contigo nuestra experiencia.

En tercer lugar, un gracias enorme a todas las personas que han elegido este libro para aprender, para conocerse, para mejorar sus hábitos y su relación con la comida. Y a todas esas personas y familias maravillosas que confían en nosotras y nuestros equipos (gracias también a ellos, son una parte muy importante de nosotras).

Un agradecimiento especial para todos los profesionales de la nutrición, la psicología, la actividad física y otras ciencias sanitarias que cada día trabajan, investigan y ponen todo su empeño en encontrar soluciones para mejorar nuestra salud, física y mental, y en dar respuesta a las cuestiones que se van planteando a lo largo del tiempo y que suponen grandes retos. En este sentido, queremos mostrar nuestro agradecimiento a todas las personas que, de una forma u otra, promueven la salud desde el respeto y la flexibilidad y nos hacen cuestionarnos cada día, lo cual nos acerca a ser mejores profesionales y personas.

Para terminar, agradecemos enormemente el apoyo, el cariño y la paciencia que nuestras familias nos han brindado en este camino, sin su aliento no hubiéramos podido lograrlo. Un fortísimo gracias.

Bibliografía

Acosta A. G., Pérez C. L. «Modelo predictor de las conductas del balance energético corporal BEC. Retos: nuevas tendencias en educación física, deporte y recreación». 2021; (41), 653-663.

Adams R. C., Sedgmond J., Maizey L., Chambers C. D., Lawrence N. S. «Food Addiction: Implications for the Diagnosis and Treatment of Overeating». *Nutrients.* 2019; 11(9):2086.

Agüera Z., Wolz L., Sánchez J. M., Sauvaget A., Hilker I, Granero R *et al.* «Adicción a la comida: Un constructo controvertido». *Cuadernos de Medicina psicosomática y psiquiatría.* 2015; 117:17-31.

Albuquerque D., Nóbrega C., Manco L., Padez C. «The contribution of genetics and environment to obesity». Br Med Bull. 2017; 123(1):159-173.

Almirón E., Navas-Carretero S., Emery P. «Research into food portion size: methodological aspects and applications». Food & Function. 2018; 9(2):715-739.

Almiron-Roig E., Tsiountsioura M., Lewis H. B., Wu J., Solis-Trapala I., Jebb S. A. «Large portion sizes increase bite size and eating rate in overweight women». Physiol Behav. 2015; 139:297-302.

Alonso C. M., Gallego D. J., Honey P. *Los estilos de aprendizaje. Procedimientos de diagnóstico y mejora*, Bilbao, Ediciones Mensajero, 1995.

Álvarez del Blanco R., *Neuromarketing*, Prentice-Hall, 2011.

Álvarez J., Real J. M. F., Guarner F., Gueimonde M., Rodríguez J. M., de Pipaon M. S., Sanz Y. «Microbiota intestinal y salud. Gastroenterología y Hepatología». 2021; 44(7), 519-535.

American Psychiatric Association. «Diagnostic and statistical manual of mental disorders», 5.o ed., Washington, DC: Author, 2013.

Amigo I., Fernández C., «El papel del psicólogo clínico en el tratamiento del sobrepeso y la Obesidad». *Papeles del Psicólogo*. 2013; 34(1):49-56.

Amin T., Mercer J. G., «Hunger and Satiety Mechanisms and Their Po- tential Exploitation in the Regulation of Food Intake», Curr Obes Rep. 2016; 5(1):106-12.

Andrades C. *Cuida de ti*. Editorial Vergara; 2021.

Antonopoulos A. S., Tousoulis D. «The molecular mechanisms of obesity paradox». Cardiovasc Res. 2017; 113(9):1074-1086.

Aparicio-Martínez P., Perea-Moreno A. J., Martínez-Jiménez M. P., Redel-Macías M. D., Pagliari C., Vaquero-Abellan M. «Social Media, Thin-Ideal, Body Dissatisfaction and Disordered Eating Attitudes: An Exploratory Analysis. Int J Environ Res Public Health. 2019; 16(21):4177.

Arboleya S., Delgado S., Gueimonde Fernández M. *Factores que influyen en el desarrollo de la microbiota*. Editorial Ergón-CSIC. 2016.

Arillo-García D., Herrero-Martín G., Jáuregui Lobera I. «Trastornos de la conducta alimentaria, tipo de apego y preocupación de la imagen corporal». JNNPR. 2019; 4 (7):704-719.

Armstrong S., Mendelsohn A., Bennett G., Taveras E., Kimberg A., Kemper A. R. «Texting Motivational Interviewing: A Randomized Controlled Trial of Motivational Interviewing Text Messages Designed to Augment Childhood Obesity Treatment». Childhood Obesity. 2018; 14(1), 4-10.

Arrieta F., Pedro-Botet J. «Recognizing obesity as a disease: A true challenge». *Rev Clin Esp*. 2020; 221(9):544-6.

Arroyo Pedro. «La alimentación en la evolución del hombre: su relación con el riesgo de enfermedades crónico degenerativas». Bol. Med. Hosp. Infant. Mex. 2008; 65(6):431-440.

Arsuaga J. L. *Los aborígenes: La alimentación en la evolución humana*. RBA; 2003.

Baenas I., Etxandi M., Fernández-Aranda F. «Medical complications in anorexia and bulimia nervosa». Med Clin (Barc). 2023; S0025-7753(23)00478-5.

Baenas I., Miranda-Olivos R., Solé-Morata N., Jiménez-Murcia S., Fernández-Aranda F. «Neuroendocrinological factors in binge eating disorder: A narrative review». *Psychoneuroendocrinology*. 2023; 150:106030.

Baile J., González M. *Intervención psicológica en obesidad*. Madrid: Pirámide; 2013.

Baile J., González M. *Trastorno por atracón. Diagnóstico, evaluación y tratamiento*. Pirámide; 2016.

Baile J., Gónzalez M. *Tratando obesidad. Técnicas y estrategias psicológicas*. Pirámide; 2013.

Bajaña Marí S., García A. M. «Uso de redes sociales y factores de riesgo para el desarrollo de trastornos relacionados con la alimentación en España: una revisión sistemática» [Social networks use and risk factors for the development of eating disorders: A systematic review]. Aten Primaria. 2023; 55(11):102708.

Bandura A. *Teoría social del aprendizaje*. Vergara; 1982.

Baños R., Cebolla A., Etchetnendy E., Felipe S., Rasal P., Botella C. «Validation of the dutch eating behavior questionnaire for children (DEBQ-C) for use with Spanish children». Nutrición Hospitalaria. 2011; 26(4), 890-898.

Basulto J., Manera M., Baladia E., Miserachs M., Rodríguez V. M., Mielgo-Ayuso J. *et al.* «¿Cómo identificar un producto, un método o una dieta "milagro"». GREPAED-N. 2012. Recuperado a partir de http://www. grepaedn. es/documentos/dietas_milagro. pdf.

Bayon V., Leger D., Gómez-Merino D., Vecchierini M. F., Chennaoui M. «Sleep debt and obesity». *Ann. Med.* 2014;46(5):264-72.

Beauchamp G. K., Mennella J. A. «Flavor perception in human infants: development and functional significance». *Digestion*. 2011; 83 Suppl. 1:1-6.

Beck A. *Cognitive Therapy and the Emotional Disorders*. New York, NY: Penguin; 1993.

Bedoya Pérez J. L., Carrillo Cataño C. A., Chaves Caballero P. S., Oquendo Palencia S., Ortega Sierra C. A. «Efectos de la dieta cetogénica en el control de la Diabetes Mellitus Tipo 2: una revisión sistemática». Trabajo Fin de Grado. Universidad del Norte. 2021.

Bell L., Rushforth J. *Superar una imagen corporal distorsionada: un programa para personas con trastornos alimentarios*. Alianza Editorial; 2010.

Berge J. M., Wall M., Hsueh T. F., Fulkerson J. A., Larson N., Neumark-Sz-tainer D. «The protective role of family meals for youth obesity: 10-year longitudinal associations». *J Pediatr.* 2015; 166(2):296-30.

Bernabeu-Mestre J., Esplugues Pellicer J. X., Trescastro-López E. M. «Evolución histórica de las estrategias alimentarias y sus condicionantes». *Alimentación y Cultura.* 2014.

Bischof G., Bischof A., Rumpf H. J. «Motivational Interviewing: An Evidence-Based Approach for Use in Medical Practice». *Dtsch Arztebl Int.* 2021; 118(7):109-115.

Blanco Fernández M. A., Rodríguez S., Cuadrado L., Montil Jiménez M.M., Acinovic C., García A. *et al.* «Intervención integral y equipos multidisciplinares en el tratamiento de la obesidad: una experiencia en un grupo de obesos prediabéticos mayores de 50 años». 2015.

Blüher M. «Are metabolically healthy obese individuals really healthy?», *Eur J Endocrinol.* 2014; 171(6): R209-19.

Boesveldt S., de Graaf K. «The differential role of smell and taste for eating behaviour». *Perception.* 2017; 46(3-4):307-319.

Bradley M. M., Codispoti M., Cuthbert B. N., Lang P. J. «Emotion and motivation I: defensive and appetitive reactions in picture processing». *Emotion*, 2001; 1(3), 276.

Brandsma E., Houben T., Fu J., Shiri-Sverdlov R., Hofker M. H. «The immunity-diet-microbiota axis in the development of metabolic syndrome». Curr Opin Lipidol. 2015; 26:73-81.

Brantley C., Knol L. L., Douglas J. W. «Parental mindful eating practices and mindful eating interventions are associated with child emotional eating». *Nutr Res.* 2023; 111:34-43.

Brosof L, Levinson, C. «Social appearance anxiety and dietary restraint as mediators between perfectionism and binge eating: A six month three wave longitudinal study». *Appetite*. 2016; 11(108):335-342.

Burton E. T., Smith W. A., Thurston I. B., Gray E., Perry V., Jogal S. *et al.* «Interdisciplinary Management of Pediatric Obesity: Lessons Learned in the Midsouth». *Clin Pediatr (Phila)*. 2018; 57(5), 509-518.

Busetto L., Bettini S., Makaronidis J., Roberts C. A., Halford J. C. G., Batterham R. L. «Mechanisms of weight regain». *Eur J Intern Med*. 2021; 93:3-7.

Caleyachetty R., Thomas G. N., Toulis K. A., Mohammed N., Gokhale K. M., Balachandran K., Nirantharakumar K. «Metabolically Healthy Obese and Incident Cardiovascular Disease Events Among 3.5 Million Men and Women». J Am Coll Cardiol. 2017; 70(12):1429-1437.

Campillo J. E. *El mono obeso*. Madrid: Crítica. 2004.

Candelaria Martínez M., García Cedillo I., Estrada Aranda B. D. «Adherencia al tratamiento nutricional: intervención basada en entrevista motivacional y terapia breve centrada en soluciones». *Revista mexicana de trastornos alimentarios*. 2016; 7(1), 32-39.

Capello A. E., Markus C. R. «Differential influence of the 5-HTTLPR genotype, neuroticism and real-life acute stress exposure on appetite and energy intake». *Appetite*. 2014; 77:83-93.

Carr D., Friedman M. «Is Obesity Stigmatizing? Body Weight, Perceived Discrimination, and Psychological Well-Being in the United States». *Journal of Health and Social Behavior*. 2005; 46(3):244-259.

Cash T. F., Brown T. A. «Body image in anorexia nervosa and bulimia nervosa. A review of the literature». *Behavior Modification*. 1987; 11(4), 487-521.

Castanyer, O. *La asertividad. Expresión de una sana autoestima*. Desclee de Brouwer; 2014.

Castellano MAN, Werner E. P., Guzmán P. E., Escursell R. M. R. «Relación entre trastornos de conducta alimentaria, sobrepeso y obesidad en adolescentes». *Enseñanza e Investigación en Psicología*. 2019; 1(1), 9-18.

Cavanagh KV, Kruja B, Forestell CA. «The effect of brand and caloric information on flavor perception and food consumption in restrained and unrestrained eaters». *Appetite.* 2014, Nov; 82:1-7.

Cetin D., Lessig B. A., Nasr E. «Comprehensive Evaluation for Obesity: Beyond Body Mass Index». J Am Osteopath Assoc. 2016; 1;116(6):376-82.

Challet E. «The circadian regulation of food intake». *Nature Reviews Endocrinology.* 2019; 15(7), 393-405.

Chaput J. P. «Is sleep deprivation a contributor to obesity in children?». *Eat Weight Disord.* 2016; 21(1):5-11.

Chin S. H., Kahathuduwa C. N., Binks M. «Physical activity and obesity: what we know and what we need to know». *Obes Rev.* 2016; 17(12):1226-1244.

Chomsky N. *El lenguaje y el entendimiento,* Barcelona: Planeta-De Agostini; 1992.

Chomsky N. *La arquitectura del lenguaje.* Editorial Kairós; 2003.

Chozen J. *Comer atentos.* Kairós; 2013.

Cid J. A., Ramírez C. A., Rodríguez J. S., Conde A. I., Lobera I. J., Herrero-Martín G., Ríos P. B. «Self-perception of weight and physical fitness, body image perception, control weight behaviors and eating behaviors in adolescents». Nutrición hospitalaria: Órgano oficial de la Sociedad española de nutrición parenteral y enteral. 2018; 35(5): 1115-1123.

Cipolla-Neto J., Amaral F. G., Afeche S. C., Tan D. X., Reiter R. J. «Melatonin, energy metabolism, and obesity: a review». J. Pineal Res. 2014; 56(4):371-81.

Citrome L. «Binge eating disorder revisited: What's new, what's different, what's next». *CNS Spectrums.* 2019; 24(S1), 4-13.

Clemmensen C., Müller T. D., Woods S. C., Berthoud H. R., Seeley R. J., Tschöp M. H. «Gut-Brain Cross-Talk in Metabolic Control». Cell. 2017; 168(5):758-774.

Coates A. E., Hardman C. A., Halford J. C. G., Christiansen P., Boyland E. J. «Social Media Influencer Marketing and Children's Food Intake: A Randomized Trial». *Pediatrics.* 2019; 143(4): e20182554.

Cobb L. K., Appel L. J., Franco M., Jones-Smith J. C., Nur A., Anderson C. A. «The relationship of the local food environment with obesity: A systematic review of methods, study quality, and results». *Obesity* (Silver Spring). 2015; 23(7):1331-44.

Colantuoni C., Rada P., McCarthy J., Patten C., Avena N. M., Chadeayne A., Hoebel B. G. «Evidence that intermittent, excessive sugar intake causes endogenous opioid dependence». *Obes Res.* 2002; 10(6):478-88.

Colantuoni C., Schwenker J., McCarthy J., Rada P., Ladenheim B., Cadet J. L. *et al.* «Excessive sugar intake alters binding to dopamine and muopioid receptors in the brain». *Neuroreport.* 2001; 12(16):3549-52.

Cole S. A., Sannidhi D., Jadotte Y. T., Rozanski A. «Using motivational interviewing and brief action planning for adopting and maintaining positive health behaviors». Prog. Cardiovasc Dis. 2023; 77:86-94.

Collins R., Stafford L. D. «Feeling happy and thinking about food. Counteractive effects of mood and memory on food consumption». *Appetite.* 2015; 84:107-12.

Cordella P., Moore C. «Patrón adaptativo obesogénico cerebral: una propuesta para comprender y evaluar la obesidad en la práctica clínica». *Revista chilena de nutrición.* 2015; 42(1): 60-69.

Cortés L. Y., Bohórquez M. S. «Relación entre la microbiota intestinal y el exceso de peso. Revisión de literatura». Trabajo Fin de Grado. Universidad Santiago de Compostela. 2020.

Cortez E. A. G., Ríos E. D. S. G., Reyes E. L. «Definición de obesidad: más allá del índice de masa corporal». *Revista Médica Vallejiana.* 2020; 9(1), 61-64.

Cuadro E., Baile J. I. «El trastorno por atracón: análisis y tratamientos». *Revista mexicana de trastornos alimentarios.* 2015; 6(2):97-107.

Cuccolo K., Kramer R., Petros T., Thoennes M. «Intermittent fasting implementation and association with eating disorder symptomatology». *Eat Disord.* 2022; 30(5):471-491.

Cui H., López M., Rahmouni K. «The cellular and molecular bases of leptin and ghrelin resistance in obesity». *Nat Rev Endocrinol.* 2017; 13(6):338-351.

Cummings J. R., Hoover L. V., Gearhardt A. N. «A randomized experiment of the effects of food advertisements on food-related emotional expectancies in adults». *J Health Psychol.* 2023 Sep; 28(10):929-942.

Dashti H. M., Mathew T. C., Al-Zaid N. S. «Efficacy of Low-Carbohydrate Ketogenic Diet in the Treatment of Type 2 Diabetes». Med. Princ. Pract. 2021; 30(3):223-235.

De Cosmi V., Scaglioni S., Agostoni C. «Early Taste Experiences and Later Food Choices». *Nutrients.* 2017; 9(2):107.

De Decker A., Verbeken S., Sioen I., Van Lippevelde W., Braet C., Eiben *et al.* «Palatable food consumption in children: interplay between (food) reward motivation and the home food environment». *Eur J Pediatr.* 2017; 176(4):465-474.

de Diego-Cordero R., Rivilla-Garcia E., Diaz-Jimenez D., Lucchetti G., Badanta B. «The role of cultural beliefs on eating patterns and food practices among pregnant women: a systematic review». *Nutr Rev.* 2021; 79(9):945-963.

De Jong J. W., Vanderschuren L. J., Adan R. A. «The mesolimbic system and eating addiction: what sugar does and does not do. Current Opinion in Behavioral Sciences». 2016; 9: 118-125.

De la Fuente M., Salvador M., Franco C. «Efectos de un programa de entrenamiento en conciencia plena (Mindfulness) en la autoestima y la inteligencia emocional percibidas». *Behavioral Psychology.* 2010; 18(2):297-315.

Devaraj S., Hemarajata P., Versalovic J. «La microbiota intestinal humana y el metabolismo corporal: Implicaciones con la obesidad y la diabetes». *Acta bioquímica clínica latinoamericana.* 2013; 47(2), 421-434.

Di Angelantonio E., Bhupathiraju ShN., Wormser D., Gao P., Kaptoge S., Berrington de González A. *et al.* «Bodymass index and all-cause mortality: individual-participant-data meta-analysis of 239 prospective studies in four continents». Lancet. 2016; 388:776-786.

Díaz Muñoz G. A., Castañeda-Gómez Á. M., Monsalve MPB, Salazar J. P. Z., Velandia M.C. B., Arbeláez F. B. «Efecto de la dieta cetogénica baja en calorías sobre la composición corporal en adultos con sobrepeso y obesidad: revisión sistemática y metaanálisis». *Revista de Nutrición Clínica y Metabolismo*. 2021; 4(3).

Díez López C. M. *Marketing olfativo: ¿qué olor tienes en mente? = Olfactive marketing: what smell have you in mind?* 2013.

DiNicolantonio J. J., O'Keefe J. H., Wilson W. L. «Sugar addiction: is it real? A narrative review». Br J. Sports Med. 2018. 52(14), 910-913.

Dip G. «La alimentación: factores determinantes en su elección». *Revista de Divulgación Científica de la Facultad de Ciencias Agrarias de la UNCUYO*. 2014; 1.

Doran G. T. «There's a SMART way to write management's goals and objectives». *Management review*. 1981; 70(11): 35-36.

Dudley D. A., Cotton W. G., Peralta L. R. «Teaching approaches and strategies that promote healthy eating in primary school children: a systematic review and meta-analysis». *Int J Behav Nutr Phys Act.* 2015; 12:28.

Ekman P. «An argument for basic emotions». *Cognition & emotion*. 1992; 6(3-4): 169-200.

Ekman P. «Basic emotions». *Handbook of cognition and emotion*. 1999; 45-60.

Ekman P. E., Davidson R. J. *The nature of emotion: Fundamental questions*. Oxford University Press. 1994.

Ellis A. *Overcoming Destructive Beliefs, Feelings, and Behaviors: New Directions for Rational Emotive Behavior Therapy*. Editorial Prometheus; 2010.

Emmer C, Bosnjak M, Mata J. «The association between weight stigma and mental health: A meta-analysis». *Obes Rev*. 2020; 21(1):e12935.

Enríquez A. C. *Neuromarketing y neuroeconomía: código emocional del consumidor*. Ecoe Ediciones; 2013.

Enriquez J. P., Archila-Godinez J. C. «Social and cultural influences on food choices: A review». *Crit Rev Food Sci Nutr*. 2022; 62(13):3698-3704.

Escandón-Nagel N., Garrido-Rubilar G. «Trastorno por Atracón: una mirada integral a los factores psicosociales implicados en su desarrollo». *Nutrición y Dietética Hospitalaria.* 2020; 40(4), 108-115.

Escandón-Nagel N., Peró M., Grau A., Soriano J., Feixas G. «Emotional eating and cognitive conflicts as predictors of binge eating disorder in patients with obesity». *International Journal of Clinical and Health Psychology.* 2018; 18(1):52-59.

Escandón-Nagel N. «Comparación entre personas con malnutrición por exceso con y sin trastorno por atracón». *Nutr Hosp.* 2016; 33:1470-1476.

Espeitx Bernat E. «La alimentación como instrumento: restricciones alimentarias severas, consumos desmesurados y "dietas adelgazantes"». Zainak. *Cuadernos de Antropología Etnografía.* 2005; 27, 123-140.

Espejo J. P., Tumani M. F., Aguirre C., Sánchez J., Parada A. «Educación alimentaria nutricional: Estrategias para mejorar la adherencia al plan dietoterapéutico». *Revista chilena de nutrición.* 2022; 49(3), 391-398.

Fairburn C. *La superación de los atracones de comida. Cómo recuperar el control.* Paidós Iberica; 2011.

Fandiño J., Moreira R.O., Preissler C., Gaya C.W., Papelbaum M., Coutinho W. F., Appolinario J. C. «Impact of binge eating disorder in the psychopathological profile of obese women». *Comprehensive Psychiatry.* 2010; 51:110-114.

Fernandes J., Ferreira-Santos F., Miller K., Torres S. «Emotional processing in obesity: a systematic review and exploratory meta-analysis». *Obes Rev.* 2018; 19(1): 111-120.

Ferreira Y. A. M., Kravchychyn A. C. P., Vicente S. D. C. F., da Silveira Campos R. M., Tock L., Oyama L. M. *et al.* «An interdisciplinary weight loss program improves body composition and metabolic profile in adolescents with obesity: Associations with the dietary inflammatory index». *Frontiers in Nutrition.* 2019; 6.

Floody P. D., Navarrete F. C., Mayorga D. J., Jara C. C., Campillo R. R., Poblete A. O. *et al.* «Efectos de un programa de tratamiento multidisciplinar en obesos mórbidos y obesos con comorbilidades candidatos a cirugía bariátrica». Nutrición Hospitalaria. 2015; 31(5), 2011-2016.

Frigolet M. E., Gutiérrez-Aguilar R. «Los colores del tejido adiposo». *Gaceta médica de México*. 2020; 156(2), 143-150.

Fuentes París S. A., Alba M. J. «Guía de práctica clínica (GPC) para la prevención, diagnóstico y tratamiento del sobrepeso y la obesidad en adultos». 2017. [Trabajo Fin de Grado].

Ganson K. T., Cuccolo K., Hallward L., Nagata J. M. «Intermittent fasting: Describing engagement and associations with eating disorder behaviors and psychopathology among Canadian adolescents and young adults». *Eat Behav*. 2022; 47:101681.

García del Castillo Rodríguez J. A., García del Castillo López Á., López-Sánchez C., Días P. C. *Configuración teórica de la motivación de salud desde la teoría de la autodeterminación*. 2015.

Gardner H. *Inteligencias múltiples* (Vol. 1). Barcelona: Paidós; 1995.

Geanny S. O., Luis Raúll T. H., Luis Enrique A. M. «Marcadores nutrigenéticos asociados al balance energético». *In Fisiovilla* 2022.

Geiker N. R. W., Astrup A., Hjorth M. F., Sjödin A., Pijls L., Markus C. R. «Does stress influence sleep patterns, food intake, weight gain, abdominal obesity and weight loss interventions and vice versa?». *Obes Rev*. 2018; 19(1):81-97.

Gianini M. L., Smith J. E. «Body Dissatisfaction Mediates the Relationship between Self-Esteem and Restrained Eating in Female Undergraduates». *International Journal of Behavioral Consultation and Therapy*. 2008; 4(1):48-59.

Giskes K., van Lenthe F., Avendano-Pabon M., Brug J. A. systematic review of environmental factors and obesogenic dietary intakes among adults: are we getting closer to understanding obesogenic environments?» *Obesity reviews*. 2011; 12(5): e95-e106.

Gómez-Acosta A., Pérez C. L. «Regulación emocional y conductas de balance energético corporal en adultos: Una revisión de evidencia». *Acta Colombiana de Psicología*. 2020; 23(2), 349-365.

Gómez-Pérez D., Ortiz M., Saiz J. «Estigma de obesidad, su impacto en las víctimas y en los Equipos de Salud: una revisión de la literatura». *Revista médica de Chile*. 2017; 145 (9):1160-1164.

Gómez-Pérez D., Ortiz M. S. «Estigma de obesidad, cortisol e ingesta alimentaria: un estudio experimental con mujeres». *Revista médica de Chile*. 2019; 147(3), 314-321.

González A., Mosquera D. «Trabajo con patrones de autocuidado: un procedimiento estructurado para terapia EMDR». *Revista Iberoamericana de Psicotraumatología y Disociación*. 2012; 4(2).

González Oñate C., Martínez Sánchez A. «Estrategia y comunicación en redes sociales: Un estudio sobre la influencia del movimiento RealFooding». *Ámbitos. Revista Internacional de Comunicación*. 2020; 48: 79-101.

Goodarzi M. O. «Genetics of obesity: what genetic association studies have taught us about the biology of obesity and its complications». Lancet Diabetes Endocrinol. 2018; 6(3), 223-236.

Goossens G. H. «The Metabolic Phenotype in Obesity: Fat Mass, Body Fat Distribution, and Adipose Tissue Function». *Obes Facts*. 2017; 10(3):207-215.

Gordon E., Arial Donges A., Bauman V., Merlo L. «What Is the Evidence for "Food Addiction?" A Systematic Review». *Nutrients*. 2018; 10(4), 477.

Grande Tizón A. «Trastornos de la conducta alimentaria: estudio de caso de los mensajes difundidos en Instagram por el *influencer* Carlos Ríos». Trabajo Fin de Grado. Universidad Rey Juan Carlos. 2023.

Hauck C., Cook B., Ellrott T. «Food addiction, eating addiction and eating disorders». *Proc Nutr Soc*. 2020; 79(1):103-112.

Hawkins L., Farrow C., Thomas J. M. «Does exposure to socially endorsed food images on social media influence food intake?» *Appetite*. 2021; 165:105424.

Heatherton T. F., Baumeister R. F. «Binge eating as escape from self-awareness». *Psychological Bulletin*. 1991; 110(1), 86-108.

Hebebrand J., Albayrak Ö., Adan R., Antel J., Dieguez C., de Jong J., Leng G., Menzies J., Mercer J. G., Murphy M., van der Plasse G.,

Dickson S. L. «"Eating addiction", rather than "food addiction", better captures addictive-like eating behavior». *Neurosci Biobehav Rev.* 2014; 47:295-306.

Heisler L. K., Lam D. D. «An appetite for life: brain regulation of hunger and satiety». *Curr Opin Pharmacol.* 2017; 37:100-106.

Hendriks A. E., Nederkoorn C., van Lier I. M., van Belkom B., Bast A., Havermans R. C. «Sensory-specific satiety, the variety effect and physical context: Does change of context during a meal enhance food intake?». *Appetite.* 2021; 163, 105179.

Hensley-Hackett K., Bosker J., Keefe A., Reidlinger D., Warner M., D'Arcy A., Utter J. «Intuitive Eating Intervention and Diet Quality in Adults: A Systematic Literature Review». *J Nutr Educ Behav.* 2022; 54(12):1099-1115.

Hernández Ruiz de Eguilaz M., Martínez de Morentin Aldabe B., Almiron-Roig E., Pérez-Diez S., San Cristóbal Blanco R., Navas-Carretero S. *et al.* «Multisensory influence on eating behavior: Hedonic consumption». *Endocrinol Diabetes Nutr.* 2018;6 5(2):114-125.

Hernández Ruiz de Eguilaz M., Martínez de Morentin Aldabe B., Almiron-Roig E., Pérez-Diez S., San Cristóbal Blanco R., Navas-Carretero S., Martínez J. A. «Multisensory influence on eating behavior: Hedonic consumption». *Endocrinol Diabetes Nutr.* (Engl Ed). 2018; 65(2):114-125.

Herrero L., McCrea C. E. «Hunger modulates perceptions of food health but not taste in restricted eaters». *Front Psychol.* 2023; 14:1212778.

Herrero Martín G., Andrades-Ramírez C. «Diferencias entre el comer emocional en personas con normopeso y obesidad y su relevancia en el abordaje terapéutico». *Nutr Hosp.* 2016; 33(Supl. 6):9-34.

Herrero Martín G. «Alimentación emocional y *marketing* alimentario: estrategias para prevenir la obesidad». *Revista Española de Nutrición Humana y Dietética.* 2018; 22, 44-45.

Herrero Martín G. *Alimentación saludable para niños geniales.* Amat editorial; 2018.

Herrero Martín G. *Comer bien en familia.* Editorial Espasa; 2021.

Herrero Martín G. «Psiconutrición: la importancia del trabajo inter-disciplinar en el abordaje de la obesidad». *Revista Española de Nutrición Humana y Dietética*. 2017; 21, 34-35.

Hill D., Conner M., Clancy F., Moss R., Wilding S., Bristow M., O'Connor D.B. «Stress and eating behaviours in healthy adults: a systematic review and meta-analysis». *Health Psychol Rev.* 2022 Jun;16(2):280-304.

Hoefling A., Strack F. «The tempting effect of forbidden foods. High calorie content evokes conflicting implicit and explicit evaluations in restrained eaters». *Appetite.* 2008; 51(3):681-9.

Hosp. Infant. Mex. 2008; 65(6):431-440.

Hovey D., Henningsson S., Cortes D. S., Bänziger T., Zettergren A., Melke J., Fischer H., Laukka P., Westberg L. «Emotion recognition associated with polymorphism in oxytocinergic pathway gene ARNT2». Soc. Cogn. Affect Neurosci. 2018; 13(2):173-181.

Howard J. B., Skinner A. C., Ravanbakht S. N., Brown J. D., Perrin A. J., Steiner M. J., Perrin E. M. «Obesogenic behavior and weight-based stigma in popular children's movies, 2012 to 2015». *Pediatrics.* 2017; *140*(6).

Hughes E. K., Gullone E. «Emotion regulation moderate relationships between body image concerns and psychological symptomatology». *Body Image: An International Journal of Research.* 2011; 8(3): 224-23.

Jackson A., Sano Y., Parker L., Cox A. E., Lanigan J. «Intuitive eating and dietary intake». *Eat Behav.* 2022; 45:101606.

Jakobson R. *Las funciones del lenguaje.* La Haya. Siglo XXI. 1960.

Jáuregui Lobera I., Herrero Martín G., Bolaños Ríos P., Andrades Ramírez C. «Trastornos de la conducta alimentaria y obesidad». *Grupo Aula Médica.* 2019.

Jiménez L. El cerebro obeso. «Las claves para combatir la obesidad están en el cerebro. Parte 1: Cerebro, apetito y saciedad». *Createspace*; 2014.

Jiménez L. *El poder y la ciencia de la motivación: Cómo cambiar tu vida y vivir mejor gracias a la ciencia de la motivación.* Independently published. 2017.

Jiménez L. *La guerra contra el sobrepeso, ¿quién es el responsable de la epidemia de obesidad?* 2016.

Jiménez L. *Lo que dice la ciencia para adelgazar de forma fácil y saludable*. Plataforma actual. 2014.

Jiménez L. *Lo que dice la ciencia sobre dietas, alimentación y salud*. Plataforma actual. 2015.

Kabat-Zinn, J. «Coming to Our Senses: Healing Ourselves and the World through Mindfulness». New York: Hyperion; 2005.

Kaplan H. I., Kaplan H. S. «The Psychosomatic concept of obesity». *Journal of Nervous and Mental Disease*. 1957; 125(2):181-201.

Keltner D., Tracy J., Sauter D. A., Cordaro D. C., McNeil G. «Expression of emotion». *Handbook of emotions*. 2016; 4, 467-482.

Kohen VL. «Una visión global de los factores que condicionan la ingesta. Instrumentos de medida». *Nutricion hospitalaria*. 2011; 4(2), 14-24.

Koller K. A., Thompson K. A., Miller A. J., Walsh E. C., Bardone-Cone A. M. «Body appreciation and intuitive eating in eating disorder recovery». Int J Eat Disord. 2020; 53(8):1261-1269.

Kucharczuk A. J., Oliver T. L., Dowdell E. B. «Social media's influence on adolescents' food choices: A mixed studies systematic literature review». *Appetite*. 2022; 168:105765.

Lameiras M., Failde J. M. «Trastornos de la conducta alimentaria: del tratamiento a la prevención». Universidad de Vigo. 2000; 101.

Lameiras M. «Sexualidad e imagen corporal en mujeres con trastornos de la conducta alimentaria». *Anuario de Sexología*. 2001; 7(63-64).

Lang P. J., Bradley M. M., Cuthbert B. N. «Emotion, motivation, and anxiety: Brain mechanisms and psychophysiology». *Biological psychiatry*. 1998; 44(12), 1248-1263.

Lattimore P. «Mindfulness-based emotional eating awareness training: taking the emotional out of eating». *Eat Weight Disord*. 2020; 25(3):649-657.

Lazarevich, I., Irigoyen-Camacho M. E., Velázquez-Alva M. C., Sali- nas-Ávila J. «Psychometric characteristics of the Eating and Appraisal Due to Emotions and Stress Questionnaire and obesity in Mexican university students». Nutrición Hospitalaria. 2015; 31(6):2437-2444.

Lecube A., Monereo S., Rubio M. Á., Martínez-de-Icaya P., Martí A., Salvador J. *et al.* «Prevención, diagnóstico y tratamiento de la obesidad. Posicionamiento de la Sociedad Española para el Estudio de la Obesidad de 2016». *Endocrinología, Diabetes y Nutrición.* 2017;64: 15-22

Lee L. C., Cho Y. C., Lin P. J., Yeh T. C., Chang C. Y., Yeh T. K. Influence of Genetic Variants of the N-Methyl-D-Aspartate «Receptor on Emotion and Social Behavior in Adolescents». Neural Plast. 2016; vol. 2016: 6851592.

Lee P. C., Dixon J. B. «Food for Thought: Reward Mechanisms and Hedonic Overeating in Obesity». *Curr Obes Rep.* 2017; 6(4), 353-361.

Leehr E. J., Krohmer K., Schag K., Dresler T., Zipfel S., Giel K. E. «Emotion regulation model in binge eating disorder and obesity - a systematic review». *Neuroscience and Biobehavioral Reviews.* 2015; 49:125-134.

Lemmens S. G., Born J. M., Rutters F., Schoffelen P. F., Wouters L., Westerterp-Plantenga M. S. «Dietary restraint and control over "wanting" following consumption of "forbidden" food». Obesity (Silver Spring). 2010; 18(10):1926-31.

Li M., Tan H.E., Lu Z., Tsang K. S., Chung A. J., Zuker C. S. «Gut-brain circuits for fat preference». *Nature.* 2022; 610(7933):722-730.

Lin A. L., Parikh I., Hoffman J. D., Ma D. «Neuroimaging Biomarkers of Caloric Restriction on Brain Metabolic and Vascular Functions». Curr Nutr Rep. 2017; 6(1):41-48.

Lin J. Y., Arthurs J., Reilly S. «Conditioned taste aversion, drugs of abuse and palatability». Neurosci Biobehav Rev. 2014; 45:28-45.

Linardon J., Tylka T. L., Fuller-Tyszkiewicz M. «Intuitive eating and its psychological correlates: A meta-analysis». Int J Eat Disord. 2021 Jul;54(7):1073-1098.

Linehan M. *Manual de Entrenamiento en Habilidades DBT para el/la terapeuta.* Editorial Tres Olas; 2020.

Liu K. S. N., Chen J. Y., Ng M. Y. C., Yeung M. H. Y., Bedford L. E., Lam C. L. K. «How Does the Family Influence Adolescent Eating Habits in Terms of Knowledge, Attitudes and Practices? A Global Systematic Review of Qualitative Studies». *Nutrients*. 2021; 13(11):3717.

Lopera D. T., Restrepo M. «Aspectos psicológicos de la obesidad en adultos». *Revista de Psicología Universidad de Antioquia*. 2015; 6(1), 91-112.

López D., Villalón I., Andrades C. «Trastornos de la conducta alimentaria en la esfera de la patología funcional digestiva». *RAPD Online*. 2023; 46(4):184-193.

López Rodríguez R. *La gestión del tiempo personal y colectivo*. Editorial Graó. 2012.

Lozano-Muñoz N., Borrallo-Riego Á., Guerra-Martín M. D. « Impact of social network use on anorexia and bulimia in female adolescents: a systematic review». An Sist Sanit Navar. 2022; 45(2):e1009.

Lugli Z. «Autoeficacia y locus de control: variables predictoras de la autorregulación del peso en personas obesas». *Pensamiento lógico*. 2011; 9(17).

Macht M., Haupt C., Salewsky A. «Emotions and eating in everyday life: application of the experience-sampling method». *Ecology Food Nutrition*. 2004; 43:327-337.

Macht M. «How emotions affect eating: A five-way model». *Appetite*. 2008; 50:1-11.

Mahmood L., Flores-Barrantes P., Moreno L. A., Manios Y., González-Gil E.M. «The Influence of Parental Dietary Behaviors and Practices on Children's Eating Habits». *Nutrients*. 2021; 13(4):1138.

Marcos Retuerta S. «Nuevas tendencias alimentarias: vegetarianismo y ortorexia nerviosa» (New food trends: vegetarianism and orthorexia nerviosa). Tesis de pregrado. Universidad Autónoma de Madrid, Madrid. 2019.

Marfil R., Sánchez M. I., Herrero-Martín G., Jáuregui-Lobera I. «Alimentación familiar: influencia en el desarrollo y mantenimiento de los trastornos de la conducta alimentaria». JNNPR. 2019; 4 (9): 925-948.

Marina J. A., Marina E. *El aprendizaje de la creatividad*. Ariel. 2013.

Marrodan M. D., Roman Martínez-Álvarez J., Villarino A., Alférez-García I., González-Montero de Espinosa M., López-Ejeda N. *et al.* «Utilidad de los datos antropométricos autodeclarados para la evaluación de la obesidad en la población española; estudio EPI-NUT-AR- KOPHARMA». Nutr Hosp. 2013; 28(3):676-682.

Martínez Rubio A., Gil Barcenilla B. «Entrevista motivacional: una herramienta en el manejo de la obesidad infantil». *Rev Pediatr Aten Primaria*. 2013; 15(Suppl 23):133-141.

Martínez Selva J., Sánchez Navarro J. P. «Regulación emocional y obesidad: un enfoque psicobiológico». *Journal of Behavior and Feeding*. 2021; 1(1), 26-38.

Matheson E. M., King D. E., Everett C. J. «Healthy lifestyle habits and mortality in overweight and obese individuals». *J Am Board Fam Med*. 2012; 25(1):9-15.

Matoba N., Akiyama M., Ishigaki K., Kanai M., Takahashi A., Momozawa Y. *et al.* «GWAS of 165,084 Japanese individuals identified nine loci associated with dietary habits». *Nat Hum Behav*. 2020; 4(3):308-316.

Medina Guillen L. F., Cáceres Enamorado C. R., Medina Guillen MF. «Conductas alimentarias y actividad física asociadas a estrés, ansiedad y depresión durante la pandemia COVID-19». *MHSalud*. 2022; 19(2), 64-81.

Méndez X. G., Cano C. P., Martín-Payo R. «Motivación de las personas con diabetes mellitus tipo 2 en la realización de una dieta saludable». *Revista Iberoamericana de Enfermería Comunitaria: RIdEC*. 2018; 11(1), 30-36.

Meneses K., Carrascal J. R. «Alimentación "de verdad": realidades, luces y sombras (I)». *Revista Diabetes*. 2020; 62.

Mennella J. A., Jagnow C. P., Beauchamp G. K. «Prenatal and postnatal flavor learning by human infants». *Pediatrics*. 2001; 107(6): e88-e88.

Meule A. «A Critical Examination of the Practical Implications Derived from the Food Addiction Concept». Curr Obes Rep. 2019; 8(1):11-17.

Micanti F., Iasevoli F., Cucciniello C., Costabile R., Loiarro G., Pecoraro G., Pasanisi F., Rossetti G., Galletta D. «The relationship between emotional regulation and eating behaviour: a multidimensional analysis of obesity psychopathology». *Eat Weight Disord*. 2017; 22(1):105-115.

Miller W. R., Rollnick S. *La entrevista motivacional*. Paidós; 1999.

Mora ASR, Zabala-Haro A. «Falso delgado u obesidad en el normopeso: definiciones, diagnóstico y biomarcadores tempranos». *Ciencia Latina Revista Científica Multidisciplinar*. 2023; 7(1), 4264-4278.

Morandé G., Graell M., Blanco M. A. «Trastornos de la conducta alimentaria y obesidad. Un enfoque integral». Madrid: Panamericana; 2014.

Morigny P., Boucher J., Arner P., Langin D. «Lipid and glucose metabolism in white adipocytes: pathways, dysfunction and therapeutics». *Nature Reviews Endocrinology*. 2021; 17(5), 276-295.

Moya J. «Coaching nutricional y motivación para el cambio de conducta alimentaria». *Revista chilena de nutrición*. 2019; 46(1), 73-80.

Müller M. J., Soares M. «Do we need to re-think the obesity issue?». *European Journal of Clinical Nutrition*. 2019; 73(5), 645-646.

Murray S. B., Pila E., Mond J. M., Mitchison D., Blashill A. J., Sabiston C. M., Griffiths S. «Cheat meals: A benign or ominous variant of binge eating behavior?». *Appetite*. 2018; 130:274-278.

Nadler C., Slosky L., Kapalu C. L., Sitzmann B. «Interdisciplinary Treatment for Pediatric Feeding Disorders. In Handbook of Interdisciplinary Treatments for Autism Spectrum Disorder». 2019; (pp. 131-150). Springer, Cham.

Nardone G., Selekman M. *Hartarse, vomitar, torturarse. La terapia en tiempo breve*. Herder Editorial. 2013.

Nardone G. *Más allá de la anorexia y la bulimia*. Ediciones Paidós; 2004.

New Directions for Rational Emotive Behavior Therapy. Amherst, NY: Prometheus Books; 2001.

Ni Lochlainn M., Cox N. J., Wilson T., Hayhoe R. P. G., Ramsay S. E., Granic A. *et al*. «Nutrition and Frailty: Opportunities for Prevention and Treatment». *Nutrients*. 2021; 13(7):2349.

Njike V. Y., Smith T. M., Shuval O., Shuval K., Edshteyn I., Kalantari V., Yaroch A. L. «Snack Food, Satiety, and Weight». *Adv Nutr.* 2016; 7(5):866-78.

Nolan L. J., Halperin L. B., Geliebter A. «Emotional Appetite Questionnaire Construct validity and relationship with BMI». *Appetite.* 2010; 54(2):314-319.

Núñez Pereira C., Romer R.. *Emocionario. Di lo que sientes.* Palabras Aladas. 2013.

Ojeda-Martín A., López-Morales M. P., Jáuregui-Lobera I., Herrero-Martín G. «Uso de redes sociales y riesgo de padecer TCA en jóvenes». JONNPR. 2021; 6(10):1289-307.

Okbay A., Baselmans B. M., De Neve J. E., Turley P., Nivard M. G., Fontana M. A. *et al.* «Genetic variants associated with subjective well-being, depressive symptoms, and neuroticism identified through genome-wide analyses». *Nat Genet.* 2016; 48(6):624-33.

Oliveira C. L. P., Boulé N. G., Elliott S. A., Sharma A. M., Siervo M., Berg A., Ghosh S., Prado C. M. «A high-protein total diet replacement alters the regulation of food intake and energy homeostasis in healthy, normal-weight adults». *Eur J Nutr.* 2022; 61(4):1849-1861.

Omiwole M., Richardson C., Huniewicz P., Dettmer E., Paslakis G. «Review of Mindfulness-Related Interventions to Modify Eating Behaviors in Adolescents». *Nutrients.* 2019; 11(12):2917.

Ortiz Rodríguez B., Gómez Pérez D., Ortiz M. S. «Relación entre estigma de peso y alimentación emocional: una aproximación desde el modelo de ecuaciones estructurales [Relation between weight stigma and emotional eating: an approach from structural equation modeling]». *Nutr Hosp.* 2023; 40(3):521-528.

Palomino-Pérez A. M. «Rol de la emoción en la conducta alimentaria». *Rev. chil. nutr.* 2020; 47(2): 286-291.

Panduro A., Rivera-Iñiguez I., Sepulveda-Villegas M., Roman S. «Genes, emotions and gut microbiota: The next frontier for the gastroenterologist». *World J Gastroenterol.* 2017; 23(17):3030-3042.

Pascual A., Etxebarria I., Echeburúa E. «Las variables emocionales como factores de riesgo de los trastornos de la conducta alimentaria». International Journal of Clinical and Health Psychology. 2011; 11(2).

Pathania A., Leiker A. M., Euler M., Miller M. W., Lohse K. R. «Challenge, motivation, and effort: Neural and behavioral correlates of self-control of difficulty during practice». *Biol Psychol.* 2019; 141:52-63.

Patikorn C., Roubal K., Veettil S. K., Chandran V., Pham T., Lee Y. Y., Giovannucci E. L., Varady K. A., Chaiyakunapruk N. «Intermittent Fasting and Obesity-Related Health Outcomes: An Umbrella Review of Meta-analyses of Randomized Clinical Trials». JAMA Netw Open. 2021; 4(12):e2139558.

Peiró G., Sánchez P. T., Corbelles C., Vidal M. L., de Lamo M., Medina E. *et al.* «Sintomatología Psicológica Relatada por pacientes con Trastornos Gastrointestinales Funcionales». *Revista Electrónica de Motivación y Emoción.* 2006; Vol.9: 23-24.

Penaforte F. R. O., Minelli M. C. S., Rezende L. A., Japur C. C. «Anxiety symptoms and emotional eating are independently associated with sweet craving in young adults». *Psychiatry Research.* 2018; 271, 715-720.

Peña Fernández E., Reidl Martínez L. M. «Las Emociones y la Conducta Alimentaria / Emotions and Eating Behavior». *Acta investigación psicol.* (en línea) 2015; 5(3): 2182-2193.

Pérez Mayorga M. «El adipocito como órgano endocrino: implicaciones fisiopatológicas y terapéuticas». *Revista Med.* 2007; 15(2), 225-242.

Perpiñá C. *Trastornos alimentarios y de la ingestión de alimentos.* Madrid: Síntesis; 2015.

Phillips C. M., Perry I. J. «Depressive symptoms, anxiety and well-being among metabolic health obese subtypes». *Psychoneuroendocrinology.* 2015; 62:47-53.

Piaget J., Vigotsky L. *Teorías del aprendizaje.* Materia; 2012.

Piaget J. *La teoría de Piaget. Infancia y Aprendizaje.* 1981; 4(sup2): 13-54.

Piaget J. «Part I: Cognitive development in children: Piaget development and learning». *Journal of research in science teaching.* 1964; 2(3):176-186.

Pinto González S., Martín Gutiérrez S., Jáuregui Lobera I., Herrero-Martín G. «Evaluación de la saciedad en personas que han sufrido trastornos de la conducta alimentaria». JNNPR. 2019; 4 (8):806-828.

Piñeyro Bruschi M. «Guía básica sobre la gordofobia: Un paso más hacia una vida libre de violencia». Instituto Canario de Igualdad. Gobierno de Canarias. 2020.

Prochaska J. O., DiClemente C. C. «Toward a comprehensive model of change. In Treating addictive behaviors». 1986; (pp. 3-27). Springer, Boston, MA.

Pubill M. J. *Guía para la intervención emocional breve: Un enfoque integrador*. Ediciones Paidós; 2016.

Raich RM. *Imagen Corporal. Conocer y valorar el propio cuerpo*. Madrid: Pirámide; 2013.

Raich RM. «Una perspectiva desde la psicología de la salud de la imagen corporal [A health psychology perspective of body image]». *Avances en Psicología Clínica Latinoamericana*. 2004; 22, 15-27.

RANDOLPH T. G. «The descriptive features of food addiction; addictive eating and drinking». Q J Stud Alcohol. 1956; 17(2):198-224.

Reiss S. *Who am I? The 16 Basic Desires that Motivate Our Actions and Define Our Personalities*. Berkley Trade. Berkley Publishing Corporation, U.S. 2002.

Rivarola M. F., Rovella A. T. «Restricción alimentaria e imagen corporal. Diferencias de género. VI Congreso Internacional de Investigación y Práctica Profesional en Psicología, XXI Jornadas de Investigación Décimo Encuentro de Investigadores en Psicología del MERCOSUR». Facultad de Psicología - Universidad de Buenos Aires, Buenos Aires. 2014.

Roca A. «Análisis de la motivación y cumplimiento para la realización de estilos saludables, relacionada con la alimentación y la actividad física, en estudiantes universitarios». 2017.

Rodgers R. F., Smith K., Murray S. B. «Cognitive rigidity and restrictive eating disorders: Delineating the impact of low weight, low fat, weight suppression, acute negative energy balance, and chronic restriction». *Int J Eat Disord*. 2023; 56(7):1323-1328.

Rodríguez Ruiz S., Mata J. L., Moreno S., Fernández M. C., Vila J. «Mecanismos psicofisiológicos implicados en la regulación afectiva y la restricción alimentaria de mujeres con riesgo de padecer bulimia nerviosa» Psicothema. 2007; 19 (1):30-36.

Rojas Ramírez A. T., García-Méndez M. «Construcción de una Escala de Alimentación Emocional». *Revista Iberoamericana de Diagnóstico y Evaluación - e Avaliação Psicológica* [Internet]. 2017; 3(45):85-95.

Rojas-Díaz J. S., Wilhelm P. «Ideales de belleza femenina y su impacto en la satisfacción corporal de la mujer en Latinoamérica». *Encuentros*. 2023; 21: 182-192.

Rollins B. Y., Savage J. S., Fisher J. O., Birch L. L. «Alternatives to restrictive feeding practices to promote self-regulation in childhood: a developmental perspective». Pediatr Obes. 2016; 11(5):326-32.

Rolls B. J., Rolls E. T., Rowe E. A., Sweeney K. «Sensory specific satiety in man». Physiology & behavior. 1981; 27(1), 137-142.

Romero X., Agüera Z., Granero R., Sánchez I., Riesco N., Jiménez-Murcia S., Gisbert-Rodriguez M., Sánchez-González J., Casalé G., Baenas I., Valenciano-Mendoza E., Menchon J. M., Gearhardt A. N., Dieguez C., Fernández-Aranda F. «Is food addiction a predictor of treatment outcome among patients with eating disorder?» *Eur Eat Disord Rev*. 2019; 27(6):700-711.

Rosen J. C. «Assessment and treatment of body image disturbance». IN K.D. Brownell & C.G. Fairburn (eds.), Eating Disorders and Obesity. A Comprehensive Handbook. Guildford Press, NY. 1995.

Rounsefell K., Gibson S., McLean S., Blair M., Molenaar A., Brennan L., Truby H., McCaffrey T.A. «Social media, body image and food choices in healthy young adults: A mixed methods systematic review». *Nutr Diet*. 2020 Feb; 77(1):19-40.

Rubino F., Puhl R. M., Cummings D. E., Eckel R. H., Ryan D. H., Mechanick J. I. *et al.* «Joint international consensus statement for ending stigma of obesity». *Nat Med*. 2020; 26(4):485-497.

Ruiz Á., Quiles Y. «Prevalencia de la Ortorexia Nerviosa en estudiantes universitarios españoles: relación con la imagen corporal y con los trastornos alimentarios». *Anales de Psicología*. 2021; 37(3), 493-499.

Running C. A., Craig B. A., Mattes R. D. «Oleogustus: The Unique Taste of Fat». *Chem Senses.* 2015; 40(7):507-16.

Rushforth L., Bell L. *Superar una imagen corporal distorsionada. Un programa para personas con trastornos alimentarios.* Madrid: Alianza editorial; 2010.

Russell S. J., Croker H., Viner R. M. «The effect of screen advertising on children's dietary intake: A systematic review and meta-analysis». *Obes Rev.* 2019 Apr;20(4):554-568. doi: 10.1111/obr.12812. Epub 2018 Dec 21. PMID: 30576057; PMCID: PMC6446725.

Sánchez Benito J. L., Pontes Torrado Y. «Influencia de las emociones en la ingesta y control de peso». Nutrición Hospitalaria. 2012; 27(6), 2148-2150.

Sánchez Carracedo D. «Obesity stigma and its impact on health: A narrative review». *Endocrinol Diabetes Nutr* (Engl Ed). 2022; 69(10):868-877.

Sánchez R., De La Villa A. «Realfooding, dietas, ayuno intermitente y otros hábitos alimenticios y su relación con la imagen corporal». Trabajo Fin de Grado. Universidad Europea de Madrid. 2022.

Sánchez Salguero L. «Influencia de la cultura en los hábitos alimenticios. Comparativa entre Estados Unidos y España». Trabajo Fin de Grado. Universidad Pontificia de Comillas. 2020.

Saraçli Ö., Atasoy N., Akdemir A., Güriz O., Konuk N., Sevinçer G. M. *et al.* «The prevalence and clinical features of the night eating syndrome in psychiatric out-patient population». *Compr Psychiatry.* 2015; 57:79-84.

Satherley R. M., Higgs S., Howard R. «Disordered eating patterns in coeliac disease: a framework analysis». *J Hum Nutr Diet.* 2017; 30(6):724-736.

Scaglioni S., De Cosmi V., Ciappolino V., Parazzini F., Brambilla P., Agostoni C. «Factors Influencing Children's Eating Behaviours». *Nutrients.* 2018; 10(6):706.

Seijo N. «El yo rechazado. Cómo trabajar con la imagen corporal en los trastornos de la conducta alimentaria». *ESTD Newsletter.* 2016; 5(4).

Serretti A. «Genetics and pharmacogenetics of mood disorders». *Psychiatr Pol.* 2017; 51(2):197-203.

Siahpush M., Tibbits M., Shaikh R. A., Singh G. K., Sikora Kessler A., Huang T. T. «Dieting Increases the Likelihood of Subsequent Obesity and B. M. I. Gain: Results from a Prospective Study of an Australian National Sample». *Int J Behav Med.* 2015; 22(5):662-71.

Silva C., Fernández N., Rodríguez N. «Depresión, ansiedad y autoeficacia para bajar de peso en mujeres en tratamiento nutricional». *Psicología y Salud.* 2019; 29(1), 41-49.

Simian M. D., Quera R. «Manejo integral de la enfermedad inflamatoria intestinal: Más allá de una terapia farmacológica adecuada». *Revista Médica de Chile.* 2016; 144(4), 488-495.

Sinha R. «Role of addiction and stress neurobiology on food intake and obesity». *Biol Psychol.* 2018; 131:5-13.

Skaczkowski G., Durkin S., Kashima Y., Wakefield M. «The effect of packaging, branding and labeling on the experience of unhealthy food and drink: A review». *Appetite.* 2016 Apr 1;99:219-234.

Sorokowska A., Chabin D., Hummel T., Karwowski M. «Olfactory perception relates to food neophobia in adolescence». *Nutrition.* 2022; 98:111618.

Sourbron J., Klinkenberg S., van Kuijk S. M. J., Lagae L., Lambrechts D., Braakman H. M. H., Majoie M. «Ketogenic diet for the treatment of pediatric epilepsy: review and meta-analysis». *Childs Nerv Syst.* 2020; 36(6):1099-1109.

Spence C. «Eating with our ears: assessing the importance of the sounds of consumption on our perception and enjoyment of multisensory flavour experiences». *Flavour.* 2015; 4(1): 3.

Steenhuis I., Poelman M. «Portion Size: Latest Developments and Interventions». *Curr Obes Rep.* 2017; 6(1):10-17

Stice, E. «Risk and maintenance factors for eating pathology: a meta-analytic review». *Psychol Bull.* 2002; 128(5):825-48.

St-Onge M. P. «Sleep-obesity relation: underlying mechanisms and consequences for treatment». *Obes Rev.* 2017; 18 Suppl. 1:34-39.

Stunkard A., Mclaren-Hume M. «The Results of Treatment for Obesity: A Review of the Literature and Report of a Series». AMA Arch Intern Med. 1959; 103(1):79-85.

Suárez-Carmona W., Sánchez-Olive, A. J., González-Jurado J. A. «Fisiopatología de la obesidad: Perspectiva actual». *Revista chilena de nutrición*, 2017; 44(3), 226-233.

Suárez-Carmona W., Sánchez-Oliver A.J. «Índice de masa corporal: ventajas y desventajas de su uso en la obesidad. Relación con la fuerza y la actividad física». *Nutrición Clínica*. 2018; 12(3-2018), 128-139.

Tabares S. *Ellas entrenan*. Editorial Tutor; 2022.

Tamayo D., Restrepo M. «Aspectos psicológicos de la obesidad en adultos». *Revista de Psicología Universidad de Antioquia*. 2014; 6(1):91-112.

Tan H. E., Sisti A. C., Jin H., Vignovich M., Villavicencio M., Tsang K. S., Goffer Y., Zuker C. S. «The gut-brain axis mediates sugar preference». *Nature*. 2020; 580(7804):511-516.

Thompson J. K., Heinberg L. J., Altabe M., Tantleff-Dunn S. «Exacting beauty: Theory, assessment, and treatment of body image disturbance». *Editorial American Psychological Association*. 1999.

Torreblanca Valero S. «Realfooding y actitudes alimentarias en estudiantes universitarios/as». Trabajo Fin de Grado. Universidad Miguel Hernández. 2022.

Torres-Fuentes C., Schellekens H., Dinan T. G., Cryan J. F. «The microbiota-gut-brain axis in obesity». *Lancet Gastroenterol Hepatol*. 2017; 2(10):747-756.

Tracy J. L., Matsumoto D. «The spontaneous expression of pride and shame: Evidence for biologically innate nonverbal displays». *Proceedings of the National Academy of Sciences*. 2008; 105(33), 11655-11660.

Tribole E., Resch E. *Alimentación intuitiva. El retorno a los hábitos alimentarios naturales*. Gaia ediciones; 2021.

Tribole E., Resch E. *Intuitive eating: A revolutionary anti-diet approach*. St. Martin's Essentials.;2020.

Valassi E., Scacchi M., Cavagnini F. «Neuroendocrine control of food intake». *Nutr Metab Cardiovasc Dis*. 2008;18(2):158-68.

Valdez-Aguilar M., Vázquez-Arévalo R., Guzmán-Saldaña R. M. E., Figueroa-Hernández J. A., Rodríguez-Nabor A. «Intervención multidisciplinar en línea para mujeres con trastorno por atracón». Terapia psicológica. 2022; 40(2), 171-195.

Vall-Roqué H., Andrés A., Saldaña C. «The impact of COVID-19 lockdown on social network sites use, body image disturbances and self-esteem among adolescent and young women». Prog Neuropsychopharmacol Biol Psychiatry. 2021; 110:110293.

van der Bend D. L. M., Jakstas T., van Kleef E., Shrewsbury V. A., Bucher T. «Making sense of adolescent-targeted social media food marketing: A qualitative study of expert views on key definitions, priorities and challenges». *Appetite*. 2022 Jan 1;168:105691.

Van Middelkoop M., Ligthart K. A. M., Paulis W. D., van Teeffelen J., Kornelisse K., Koes B. W. «A multidisciplinary intervention programme for overweight and obese children in deprived areas». Fam Pract. 2017; 34(6), 702-707.

Van Strien T.H., Donker M. H., Ouwens M. A. «Is desire to eat in response to positive emotions an 'obese' eating style: Is Kummerspeck for some people a misnomer?». *Appetite*. 2016a; 100:225-235.

Van Strien T., Konttinen H., Homberg J. R., Engels R. C., Winkens L.H. «Emotional eating as a mediator between depression and weight gain». *Appetite*. 2016b; 100: 216-224.

Vandenplas Y., Carnielli V. P., Ksiazyk J., Luna M. S., Migacheva N., Mosselmans J. M., Picaud J. C., Possner M., Singhal A., Wabitsch M. «Factors affecting early-life intestinal microbiota development». Nutrition. 2020; 78:110812.

Vega-Robledo G. B., Rico-Rosillo M. G. «Tejido adiposo: función inmune y alteraciones inducidas por obesidad». *Revista alergia México*. 2019; 66(3), 340-353.

Verzijl C.L., Ahlich E., Schlauch R. C., Rancourt D. «The role of craving in emotional and uncontrolled eating». Appetite. 2018; 123:146-151.

Vinai P., Cardetti S., Studt S., Carpegna G., Ferrato N., Vallauri P. *et al*. «Clinical validity of the descriptor. "Presence of a belief that one must eat in order to get to sleep" in diagnosing the Night Eating Syndrome». *Appetite*. 2014; 75: 46-48.

Vindas-Smith R., Vargas-Sanabria D., Brenes J. C. «Consumo de alimentos altamente procesados y de alta palatabilidad y su relación con el sobrepeso y la obesidad». *Población y Salud en Mesoamérica.* 2022; 19(2), 355-379.

Visschers V. H., Hess R., Siegrist M. «Health motivation and product design determine consumers' visual attention to nutrition information on food products». *Public Health Nutr.* 2010; 13(7):1099-106.

Warren J. M., Smith N., Ashwell M. «A structured literature review on the role of mindfulness, mindful eating and intuitive eating in changing eating behaviours: effectiveness and associated potential mechanisms». *Nutr Res Rev.* 2017; 30(2):272-283.

Watts A. W., Valente M., Tu A., Mâsse L. C. «Eating Away from Home: Influences on the Dietary Quality of Adolescents with Overweight or Obesity». *Can J Diet Pract Res.* 2017; 78(4):166-171.

Weiss E. M., Freudenthaler H. H., Fink A., Reiser E. M., Niederstätter H., Nagl S., Parson W., Papousek I. «Differential influence of 5-HTTLPR - polymorphism and COMT Val158Met - polymorphism on emotion perception and regulation in healthy women». *J Int Neuropsychol Soc.* 2014; 20(5):516-24.

Wells J., Swaminathan A., Paseka J., Hanson C. «Efficacy and Safety of a Ketogenic Diet in Children and Adolescents with Refractory Epilepsy-A Review». *Nutrients.* 2020; 12(6):1809.

Westerterp-Plantenga M. S. «Sleep, circadian rhythm and body weight: parallel developments». Proc Nutr Soc. 2016; 75(4):431-439.

Vigarello G. *Las metamorfosis de la grasa: Historia de la obesidad. Desde la Edad Media al siglo XX* (Vol. 442). Grupo Planeta Spain, 2011.

Wiklund C. A., Rania M., Kuja-Halkola R., Thornton L. M., Bulik C. M. «Evaluating disorders of gut-brain interaction in eating disorders». *Int J Eat Disord.* 2021; 54(6):925-935.

Wilkinson L. L., Brunstrom J. M. «Sensory specific satiety: More than 'just'habituation?». *Appetite.* 2016; 103, 221-228.

Yannakoulia M., Anastasiou C. A., Karfopoulou E., Pehlivanidis A., Panagiotakos D. B., Vgontzas A. «Sleep quality is associated with weight loss maintenance status: the MedWeight study». *Sleep Med.* 2017; 34:242-245.

Zaragoza C. M. C., Navarro C. O., Serrano L. S. «Principales riesgos para la salud con motivo de realizar "dietas milagro"». In BIAH 2018. International Congress of Body Image & Health 6, 7 y 8 de junio de 2018: Libro de actas (p. 80). Editorial Universidad de Almería. 2019.

Zuraikat F. M., Wood R. A., Barragán R., St-Onge M. P. «Sleep and diet: mounting evidence of a cyclical relationship». *Annual Review of Nutrition.* 2021; 41, 309-332.

Zurita J., Chías M. *Técnicas de trabajo emocional en psicoterapia.* Madrid: Editorial Niño Libre. 2016.

Enlaces web

Acabemos con la gordofobia. Magda Piñeyro.
Disponible en: https://www.youtube.com/watch?v=Oq7ilt6FAcc

Alimentación emocional, ¿quién elige lo que comemos? Comer o no comer.
Disponible en: https://comeronocomer.es/con-respuesta/
alimentacion-emocional-quien-elige-lo-que-comemos

Cómo manejar las burlas físicas. Cómete el Mundo TCA.
Disponible en: https://cometeelmundotca.es/index.php/blog/
item/70-como-manejar-las-burlas-fisicas

Cómo pasar de la zona de preocupación a la zona de influencia. Rincón de
psicología, Jennifer Delgado.
Disponible en: https:// www.rinconpsicologia.com/2018/10/zo-
na-de-preocupacion-influencia.html?m=1#.W8XN51q6YKE.twitter

Cómo puedo perder el miedo a engordar. Cómete el Mundo TCA.
Disponible en: https://cometeelmundotca.es/index.php/blog/
item/353-plantando-la-semilla-del-miedo-a-engordar-y-segando-des-
pues

Criando niñxs segurxs con sus cuerpos. Raquel Lobatón.
Disponible en:
https://raquel-lobaton.com/como-criar-ninxs-segurxs-con-sus-scuerpos/

Cuáles son los alimentos más adictivos y deseados. Lo que dice la ciencia
para adelgazar.
Disponible en: https://loquedicelacien- ciaparadelgazar.blogspot.
com/2014/11/cuales-son-los-alimentos-mas-adictivos.html

Cuando la alimentación saludable se convierte en una trampa. Cómete el Mundo TCA.
Disponible en: https://cometeelmundotca.es/index.php/blog/item/427-cuando-la-alimentacion-saludable-se-convierte-en-una-trampa

Diez formas de mejorar tu relación con la comida. Psicoalimentación.
Disponible en: https://www.youtube.com/watch?v=D-Jxfd3S4B4

El ABC en la terapia cognitiva y las distorsiones cognitivas. Alberto Soler.
Disponible en: https://www.albertosoler.es/el-abc-en-la-terapia-cognitiva-y-las-distorsiones-cognitivas/

El canon de belleza nos enferma. Gema García Marco.
Disponible en: https://www.ucv.es/actualidad/todas-las-noticias/artmid/5804/articleid/9302/el-canon-de-belleza-nos-enferma-gema-garcia-las-provincias

El papel del nutricionista en el trabajo en psiconutrición. Centro Cristina Andrades.
Disponible en: https://centrocristinaandrades.com/blog/el-papel-del-nutricionista-en-el-trabajo-en-psiconutricion/nutricion/irene-villalon/

El peso de la vida. Documental RTVE.
Disponible en: https://www.rtve.es/play/videos/documentos-tv/documentos-tv-peso-vida/3303698/

Energía, calorías y obesidad: últimas teorías. Lo que dice la ciencia para adelgazar.
Disponible en: http://loquedicelacienciaparadelgazar. blogspot.com.es/2017/02/energia-calorias-y-obesidad-ultimas.html

Existe la adicción a la comida. Lo que dice la ciencia para adelgazar.
Disponible en: https://loquedicelacienciaparadelgazar.blogspot.com/2018/04/existe-la-adiccion-la-comida-primera.html

Fondo de armario. Norte Salud Psiconutrición.
Disponible en: https:// nortesalud.com/fondo-de-armario-nutritiontips-ii/

Gordofobia en cine y TV. Andrea Compton.
Disponible en: https://www.youtube.com/watch?v=AhqKVdVrhEY

Guía Básica sobre gordofobia. Infocop.
Disponible en: https://www.infocop.es/pdf/gu%C3%ADa-gordofobia.pdf

Guía de prevención de Trastornos de Conducta Alimentaria. Gobierno de Aragón. Grupo ZARIMA.
Disponible en: https://aragon.es/documents/20127/2555757/DIGITAL_Guía+TCA_22042022.pdf/0e0f8b27-7f0d-b1d1-a5f7-8f4e930cd4c5?t=1653384728955

Hábitos saludables en las redes sociales. National Institutes of Health.
Disponible en: https://salud.nih.gov/recursos-de-salud/nih-noticias-de-salud/habitos-saludables-en-las-redes-sociales

Hacia la prevención integrada de la obesidad y los trastornos de la conducta alimentaria. Infocop.
Disponible en: http://www.infocop. es/view_article.asp?id=3437

La despensa emocional de la primera infancia. Cómete el mundo TCA.
Disponible en: http://cometeelmundotca.es/index.php/blog/item/161-la-despensa-emocional-de-la-primera-infancia

La docena sucia de la imagen corporal. Cómete el mundo TCA.
Disponible en: http://cometeelmundotca.es/index.php/blog/item/118- la-docena-sucia-de-la-imagen-corporal

La huella dietante. Cómete el mundo TCA.
Disponible en: https://www.cometeelmundotca.es/index.php/blog/item/360-la-huella-dietante

La lluvia, la casa y el hambre emocional. Cómete el Mundo TCA.
Disponible en: https://cometeelmundotca.es/index.php/blog/item/320-la-lluvia-la-casa-y-el-hambre-emocional

Las dietas para adelgazar como forma de violencia. Psicoalimentación.
Disponible en: https://www.youtube.com/watch?v=zrbdGjGaFeA

Las grandes mentiras de la cultura de la dieta. Raquel Lobatón.
Disponible en: https://raquel-lobaton.com/las-grandes-mentiras-de-la-cultura-de-dietas/

Los problemas con la comida cuando la comida no es el problema. Centro Cristina Andrades.
Disponible en: https://centrocristinaandrades.com/blog/los-problemas-con-la-comida-cuando-la-comida-no-es-el-problema/blog/cristina-andrades/

Mi talla es una D. Norte Salud Psiconutrición.
Disponible en: https:// nortesalud.com/
mi-talla-es-una-d-de-lo-que-me-da-la-gana/

Mindfulness para una alimentación consciente. Cómete el mundo TCA.
Disponible en: http://cometeelmundotca.es/index.php/blog/
item/126-mindfulness-para-una-alimentacion-consciente

Pautas de prevención de TCA. Centro Cristina Andrades.
Disponible en: https://centrocristinaandrades.com/blog/
pautas-prevencion-tca/blog/rocio-jimenez/

Publicidad emocional. Norte Salud Psiconutrición.
Disponible en: https://nortesalud.com/publicidad-emocional/

Qué es eso de escucharme y cómo puedo hacerlo. Clínica Cabal.
Disponible en: https://cabalpsicologos.es/
que-es-eso-de-escucharme-y-como-puedo-hacerlo/

Qué opinan los psicólogos de la psiconutrición. Norte Salud Psiconutrición.
Disponible en: https://nortesalud.com/
que-opinan-los-psi- cologos-de-la-psiconutricion/

Rueda emociones. Adrián Silisque.
Disponible en: http://adriansilis- que.com/
emociones-basicas-y-una-rueda-de-palabras-emocionales/

Seis mitos del comer emocional. Norte Salud Psiconutrición.
Disponible en: https://nortesalud.com/6-mitos-del-comer-emocional/

Tipos de hambre. Psicoalimentación.
Disponible en: https://www.youtube.com/watch?v=JMXlidg9F5w

Tres puntos clave en psiconutrición. Norte Salud Psiconutrición.
Disponible en: https://nortesalud.com/
tres-puntos-clave-en-psiconutricion/

Tu cuerpo y tú. Cómete el Mundo TCA.
Disponible en: https://cometeelmundotca.es/index.php/blog/
item/442-tu-cuerpo-y-tu

Tú no eres tu diagnóstico. Cómete el Mundo TCA.
Disponible en: https://cometeelmundotca.es/index.php/blog/
item/387-tu-no-eres-tu-diagnostico